四川大学老子研究院重大项目成果
国家社会科学基金重大项目阶段性成果
四川大学道教与宗教文化研究所重大项目成果
教育部哲学社会科学重大攻关课题阶段性成果

老子学刊

第十四辑

半年刊 二〇一九年第二期

尊道贵德
关怀生命
文化养生
和谐修真

詹石窗◎主编

巴蜀书社

图书在版编目（CIP）数据

老子学刊. 第十四辑/詹石窗主编. —成都：巴蜀书社，2019.12

ISBN 978-7-5531-1262-6

Ⅰ.①老… Ⅱ.①詹… Ⅲ.①道家—研究—丛刊 Ⅳ.①B223.05—55

中国版本图书馆 CIP 数据核字（2020）第 017953 号

老子学刊（第十四辑） 詹石窗 主编

策划组稿 施 维
责任编辑 肖 静 邱沛轩
出 版 巴蜀书社
成都市槐树街 2 号 邮编 610031
总编室电话：(028)86259397
网 址 www.bsbook.com
发 行 巴蜀书社
发行科电话：(028)86259422 86259423
经 销 新华书店
照 排 四川胜翔数码印务设计有限公司
印 刷 成都蜀通印务有限责任公司
版 次 2019 年 12 月第 1 版
印 次 2019 年 12 月第 1 次印刷
成品尺寸 185mm×260mm
印 张 12.5
字 数 250 千
书 号 ISBN 978-7-5531-1262-6
定 价 58.00 元

目 录

老子专题研究

《老子》第四十一章中的真理认识观探析 …………………………………………… 祝 捷（ 3 ）
净慧长老对《老子》的吸收和运用 ……………………………………………… 韩焕忠（12）
释读《老子》第三章的新视角
——兼释第四十四章 ……………………………………………………………… 鲁亚曦（19）
从《老子注》分析王弼的儒道会通思想 ………………………………………… 潘姚梅（34）

道学研究

女丹溯源
——兼论清代女丹修炼法门的兴起 ……………………………………………… 萧登福（47）
台南地区灵宝道派的朝参给牒科仪 ……………………………………………… 姜守诚（71）
《庄子》是六经思想的延展 ……………………………………………………… 管国兴（94）
唐代城隍信仰的时空分布及相关问题辨析 ……………………………………… 王建勇（104）
论道教题材影视作品对道教的阐扬 ……………………………………………… 袁方明（119）
《老子像名经》初探 ……………………………………………………………… 周金垚（128）
晚近《周易参同契》注解研究综述 ……………………………………………… 屈燕飞（134）
从"天钧"视角重建庄子"道"形上学 …………………………………………… 温海明（143）

传统文化与三教关系研究

明代“三教合流”思潮的发展与演变
——以儒道僧的交游活动为视角 …………………………………………… 寇　磊（157）
汉代画像石中的牛形象崇拜初探 …………………………………… 张雪敏　李　冀（166）

高道玄韵

行修孝道和光同尘
——记江西省修水县闸化道院李云山道长 ……………… 罗永梅　曾　勇　刘思贝（179）

书　评

道教南宗文献研究的拓新之作
——逄礼文《〈修真十书〉研究》述评 ……………………………………… 杨荣涛（187）

《老子学刊》稿约 …………………………………………………………………………（191）

老子學刊

老子专题研究

《老子》第四十一章中的真理认识观探析

祝　捷*

内容提要：《老子》第四十一章中的内容，比较晦昧难通，特别是“上士闻道，勤而行之；中士闻道，若存若亡；下士闻道，大笑之。不笑，不足以为道”一句，古今很多道家思想研究者对其理解有分歧，尤其是对其中“上士”“下士”态度的理解。本文通过对《老子》用词的界定与文字的分析，深入探论该章真正赞许的“下士”精神及思想内涵。由于正确理解“下士”对真理（“道”）的认知方式，与《老子》文本中的整体思想体系息息相关，所以本文对于该章的分析讨论是理解《老子》认知论、自然哲学与政治哲学的思想门径。

关键词：《老子》　上士　下士　为道

一、前言：文字、版本与问题

本文所讨论的“《老子》第四十一章”指的是最为通行的王弼本《老子》第四十一章，也就是如下这段文字：

> 上士闻道，勤而行之；中士闻道，若存若亡；下士闻道，大笑之，不笑不足以为道。故建言有之：明道若昧，进道若退，夷道若类。上德若谷，大白若辱，广德若不足，建德若偷，质真若渝。大方无隅，大器晚成，大音希声，大象无形。道隐无名，夫唯道善贷且成。①

由于这段文字的行文较其他章节更为晦昧，不仅给我们现在理解老子思想造成了困难，

---

* 祝捷（1981—），男，湖北武汉人，历史学博士，云南师范大学历史系讲师，研究方向为中国思想文化史。

① （魏）王弼注，楼宇烈校释：《老子道德经注校释》，北京：中华书局 2008 年版，第 111—113 页。

也给很多前人造成了理解和运用上的困难。尤其是对于“上士”“中士”“下士”的评价和理解，今人容易产生多种误解。本文兹就此段文字蕴含之义从诸方面进行考析。

版本问题是讨论《老子》思想不可回避之问题，甚至涉及对其思想体系的理解。1993 年郭店楚简《老子》与 1973 年长沙马王堆帛书《老子》甲、乙本，是已发现的最为古老的《老子》版本。这几个版本的《老子》，均为《德经》在前，《道经》在后。而出于战国晚期的《韩非子》一书中《解老》《喻老》二篇对《老子》的解读，也是《德经》在前，《道经》在后。因此在《老子》思想中，《德经》可能是《道经》的基础；也即，如果要讨论《老子》篇章中的逻辑体系，《德经》中的篇章，实际上较《道经》的篇章更为独立，并不依赖于《道经》的思想体系。因此，本文讨论的《老子》第四十一章，实际上为古本《德经》的第四章。

本文仍以“《老子》第四十一章”为题，是因为学人对王弼本的《老子》更为熟悉，更能方便确指本文讨论的章节。

二、“四十一章”与前后章节的思想理路

由于《老子》原本《德经》在前，因此，在讨论第四十一章的思想内涵时，本文将从位于其前的《德经》诸章来探析这章在老子思想体系中的内涵。

（一）第三十八章：“上德不德”“失道而后德”

第三十八章事实上是《老子》的第一章，本章开宗明义地表明“上德不德，是以有德；下德不失德，是以无德”①。即高层次的“德”是不去表现“德”，而且“上德无为而无以为，下德为之而有以为”② 也进一步表明，高层次的“德”是不需要去特意作为的。在此基础之上，后面的文字用来说明“失道而后德”，随着“道”“德”“仁”“义”“礼”的逐渐演变，社会也变得更加混乱，而“礼”是“乱之首”。因此，本章的内涵实际上是：最高尚的道德是“道”，而“道”是不需要通过“有德”来彰显的。“得道”才是真的“上德”。从这章的内涵，我们也就可以进一步得知，为何从第三十八章开始是《德经》，然而各章的内容却始终是“道”，因为“得道”才是真的“上德”。

（二）第三十九章：“得一”

第四十二章讨论了道：“道生一，一生二，二生三，三生万物。”③ 因此，第三十九章开章的“昔之得一者”的“一”是“道”生出来的最为原初的物质内涵。如能“得一”，则距离“得道”自然也不远。由于“道”是“上德”，“一”是通过“道”之上德产生的物质起源，因此“万物得一以生，侯王得一以为天下贞”④。万物从“一”开始繁衍，统治者（“侯

① （魏）王弼注，楼宇烈校释：《老子道德经注校释》，北京：中华书局 2008 年版，第 93 页。
② 同上书，第 93 页。
③ 同上书，第 117 页。
④ 同上书，第 106 页。

王”）通过掌握“一”而获得统治天下的方法。本章的后段文字便进一步阐述了“得一”与“不得一”的诸多利弊。

（三）第四十章：“反者，道之动”

很自然的，“一”是万物的起源，万物的自然发展趋势是从“一生二，二生三，三生万物”不断地远离万物。然而若要把握万物产生发展的源头，便需要通过智慧“反其道而行之”来探寻万物的根源：“一”之“道”。因此，若要“得一”，还需要万物不去顺从自己的欲求，而求诸“道”的智慧。正如，万物只有求得了第三十九章的“一”才能安宁一样，万物必须反求之，来获得真正的“上德”“大道”。因此，本章的重点在于：“反者，道之动，弱者，道之用。”[①] 追求万物的根源并不需要强盛的欲望和剧烈的运动，而需要柔弱的虚静之道。

（四）第四十一章：“明道若昧”

由于《老子》第四十一章的内容还存在诸多疑点，因此，在此只能先粗略地推测此章的含义。本章的前半部分分别对“上士”“中士”“下士”对于“道”的态度进行了讨论；中间的部分表达了“明道若昧”“建德若偷”；最后的部分是表达“道隐无名”“唯道善贷且成”，表达了“道”的高尚——尽管不容易为万物所注意，但是它却生成了万物。本章最大的疑点是前半部分对于三类“士”的讨论。

（五）第四十二章：道生万物

本章的第一句“道生一，一生二，二生三，三生万物”[②]，是《老子》最为著名的语句之一。其实，真正理解本章在《德经》内的逻辑链条中的意义，还应当与上章“道隐无名，夫唯道善贷且成”[③] 的语句结合起来读，方更为明晰。即，尽管道是隐藏的，但是它生成了万物，它的生成过程是：道→一→二→三→万物。所以，本文认为万物“损之而后益”，得“道”需要不断地从“万物”的形式中“剥离”，抽象出“一”和“道”的本质。

为了正确理解第四十一章，本文分析了四十一章之前的几章以及毗邻的四十二章的内涵。在此将这几章的逻辑内涵合在一起，再来看看其中蕴涵的意义：1. 最高尚的“德”是“得道”；2. 要真正有“德”，万物需要“得一”以接近“道”；3. “一”是少的，而万物欲多，从多到少，是“反者，道之动”；4. 真理意义上光明的“道”在现实世界中却显得那么晦昧，但是它却生成了万物；5. 根据“道”生成万物的过程，“得道”以“损”为“益”。

因此，第四十一章在这个思想逻辑链条中的作用就在于说明真理意义上光明的“道”是如何显得如此“昧”的，而正是这个隐昧的“道”却发挥了无上的作用，生成了万物。为了进一步考察本章中前半部分的难点问题，我们对该句中的诸文字还需要细加考析。

---

① （魏）王弼注，楼宇烈校释：《老子道德经注校释》，北京：中华书局 2008 年版，第 110 页。

② 同上书，第 117 页。

③ 同上书，第 113 页。

三、文字考析

这段需要详加考析的文字是为："上士闻道，勤而行之；中士闻道，若存若亡；下士闻道，大笑之，不笑不足以为道。"[①]

（一）"上士闻道，勤而行之"

前半句疑问不多，即"上士"听闻了"道"的教导。具有价值倾向的是后半句中的"勤"和"行"字。

先考察《老子》中的"勤"字。"勤"在《老子》中共出现了3次，除了第四十一章出现的以外，在《道经》第六章中也有出现："谷神不死，是谓玄牝，玄牝之门，是谓天地根。绵绵若存，用之不勤。"[②]"牝"是"雌性"的意思。这章是说，守持天地的中央，就是玄奥的雌柔的力量，而这是天地的根本动力，绵延不绝，用之不尽。在这章中"不勤"是"不尽"的积极意义，而"勤"则是"尽"的消极意义。

另一次"勤"则出现在了《德经》第五十二章："天下有始，以为天下母。既得其母，以知其子；既知其子，复守其母，没身不殆。塞其兑，闭其门，终身不勤。开其兑，济其事，终身不救。见小曰明，守柔曰强。用其光，复归其明，无遗身殃，是为习常。"[③]这章是说"守母"可以"知其子"，要"守母"，则必须"塞其兑，闭其门，终身不勤"。这里"不勤"也是"不尽"的意思。

这两处的"勤"都是以"不勤"的形式出现的，并且"不勤"才是积极的，"勤"如"济其事"者就"终身不救"。

其次，再来考察"行"字。"行"字在《老子》中出现次数甚多，共出现了19处，先择其重要者述之。1. 第二章，"是以圣人处无为之事，行不言之教"[④]，这一句实际上是说圣人教化要以"不言"来"行"，实际上是不去表面形式化地"行"。2. 第二十四章，"企者不立，跨者不行"[⑤]，这句是说因贪求而去"跨"的人是不能行的，这是用来形容日常行为的"行"的。3. 第二十六章，"是以圣人终日行不离辎重"[⑥]，这句是说君王"行"王道是形式上的"不行"，即"行不离辎重"，也是用来形容日常行为的"行"。4. 第二十七章，"善行无辙迹"[⑦]，这句是说善于行"道"的人是不留下"行道"的痕迹的。5. 第三十三章，"知人者智，自知者明。胜人者有力，自胜者强。知足者富，强行者有志，不失其所者久，死而

---

① （魏）王弼注，楼宇烈校释：《老子道德经注校释》，北京：中华书局2008年版，第111页。
② 同上书，第16页。
③ 同上书，第139—140页。
④ 同上书，第6页。
⑤ 同上书，第60页。
⑥ 同上书，第69页。
⑦ 同上书，第70页。

不亡者寿”[1]，这句是说“强行者有志”，但不如“不失其所者久，死而不亡者寿”。6. 第四十七章，“是以圣人不行而知，不见而名，不为而成”[2]，这句是说圣人并不去“行”就能完成所有的事情。7. 第六十二章，“美言可以市，尊行可以加人。人之不善，何弃之有”[3]，这句是说“美行”可以“加人”，但“人之不善，何弃之有”。8. 第六十九章，“是谓行无行，攘无臂，扔无敌，执无兵”[4]，这句实际上是对如上诸句中“行”的用法或者意义的一个总结：要“行无行”，以“无为而无不为”。

我们对其他几处“行”也不另列章节讨论。如“独立不改，周行而不殆”[5]，这里的“行”是形容“道”的。“故物或行或随”[6] 的“行”是形容“物”的。“盖闻善摄生者，陆行不遇兕虎”[7]，此处是实际意义上的“行走”义。“千里之行，始于足下”[8]，这里也是以“行走”义。“使我介然有知，行于大道，唯施是畏。大道甚夷，而民好径”[9]，这里同样是“行走”义。

需要特别讨论的是余下的三个“行”字。第十二章“难得之货令人行妨”[10]，这里是说贵重稀有的货物会妨碍人的行为，与本章讨论的“勤而行之”的用法意义相近。但是“行”在这里出现的时候，语言使用的环境是贬义的。“吾言甚易知，甚易行，天下莫能知，莫能行”[11]，这里的用法与本章讨论的“行”字的用法意义也是相近的，而语言使用的环境也是贬义的。意思是：我的言教是很容易知道和操作的，但是天下人都不知道，不能操作。

上文对“行”字的讨论，分为了三个类型。其中，第一个类型和第三个类型的“行”的用法是相近的。而当否定意义的“行”字出现时，也即在第一部分所列举的“行不言之教”“行无行”等文句中，“不行”反倒是积极的意义。而在第三个类型中，两次单独出现的不带否定词的“行”，却是在消极的语言环境中，一个是“令人行妨”，另一个是“甚易行”但“莫能行”。而第二个部分中出现的“行”字都与本章“勤而行之”的“行”，以及第一、第三部分的“行”的用法不同。

考察完了“勤”和“行”二字在《老子》全书中的用法，再回来看“上士闻道，勤而行之”的含义，“勤”字在别处用在了贬义上，“行”在单独形容日常行为的时候也用在了贬义上。而“不勤”“不行”在《老子》中刚好是褒义、积极的含义。因此，可以肯定的是“勤

① （魏）王弼注，楼宇烈校释：《老子道德经注校释》，北京：中华书局 2008 年版，第 84 页。
② 同上书，第 126 页。
③ 同上书，第 161 页。
④ 同上书，第 173 页。
⑤ 同上书，第 62—63 页。
⑥ 同上书，第 76 页。
⑦ 同上书，第 134 页。
⑧ 同上书，第 165 页。
⑨ 同上书，第 141 页。
⑩ 同上书，第 28 页。
⑪ 同上书，第 175 页。

而行之”是贬义。如果以此来读，那么我们就知道这句话是讽刺“上士闻道”的方法是错误的，只是去“勤而行之”了，而不知道“行无行”。

为了确证这个含义，我们再来考察一下正确的“士”该怎么做。“士”字在《老子》中一共出现了5次，也即是说，除了本章出现的3次，其他章节还出现了2次。第十五章“古之善为士者，微妙玄通，深不可识”①，既然“善为士者”“深不可识”，其人的日常表现想必不是“勤而行之”。第六十八章“善为士者不武”②，这里的“士”可能是实际的高层士人，他的表现却是“不武”，而不是“勤而行之”。因此，这也是本章通过“勤而行之”讽刺“上士”的证明。而这两处“士”却是“善为士者”，这从另一个侧面说明，世俗人眼中的“上士”并不是真的“善为士”者。否则，《老子》中尽可以“上士”代替“善为士者”。

（二）“大笑之”

之所以考察这三个字，是因为朱谦之所撰的《老子校释》对这三字的诸家解法的理解都有问题，需要我们进一步厘清。朱谦之的“校释”为：

> 俞樾曰：按王氏念孙《读书杂志》曰：“‘大笑之’，本作‘大而笑之’，犹言迂而笑之也。牟子引老子，正作‘大而笑之’。抱朴子微旨篇亦云：‘大而笑之，其来久矣。’是牟、葛所见本皆作‘大而笑之’。”今按王说是也。“下士闻道，大而笑之”，与上文“上士闻道，勤而行之”，两句相对。傅奕本作：“上士闻道，而勤行之；下士闻道，而大笑之。”盖误移两“而”字于句首，然下句之有“而”字，则尚可籍以考见也。“而勤行之”，是“勤而行之”之误。然则“而大笑之”，是“大而笑之”之误，可以隅反矣。③

王念孙所称“牟子引老子”是指的《弘明集》中《牟子理惑论》中的“大而笑之”。然而，在马王堆帛书《老子》乙本中却仍是“大笑之”。故很有可能是《牟子理惑论》所用《老子》版本有误或者有意改写之。而“大笑之”与“大而笑之”的意思也相差较大。“大笑之”是说听闻了“道”的教化后一场大笑而已，用心体会“道”者不必“勤而行之”。而“大而笑之”的意思则是认为“道”的教化是“大话”，所以才笑话“道”。所以牟、葛所见本为“大而笑之”，并非《老子》原本。俞樾“今按王说是也”也就存在疑问了。他认为“勤而行之”与“大而笑之”相对，则也有问题：1. 马王堆帛书《老子》乙本中是“勤能行之”而不是“勤而行之”；2.“中士闻道”后并不带“而”；3. 此章并不追求严格对偶。

（三）“为道”

真正需要来理解下士的地方是“为道”。“为道”在《老子》中一共出现了3次，除了本

---

① （魏）王弼注，楼宇烈校释：《老子道德经注校释》，北京：中华书局2008年版，第33页。

② 同上书，第171页。

③ 朱谦之：《老子集释》，北京：中华书局1984年版，第167页。

章，还有两次。

最为重要的是第四十八章中的“为道”：“为学日益，为道日损。损之又损，以至于无为，无为而无不为。取天下常以无事，及其有事，不足以取天下。”[①] 在这章中，“为道”是获得并体现“道”的意思。而若要达到如此要求，则必须“损之又损，以至于无为。”无为也正是不去“勤而行之”的意思。“道”的获得与体现是潜移默化的。第四十八章是距离第四十一章不太远的章节，“为道”的意思也自然是相近的，而且对“为道”的解释也是相承的；再者，“损之又损，以至于无为”的“为道”也与“明道若昧，进道若退”的“为道”相近。特别要注意到“进道若退”与“勤”和“行”的态度是不同的。王弼也在这里注：“后其身而身先，外其身而身存。”[②] 应该说，王弼在此理解正确，“后其身”绝不是“勤而行之”或者“勤能行之”，倒更像是“大笑之”。

第六十五章：“古之善为道者，非以明民，将以愚之。”[③] 这里的“为道”与上例一样，也是“行道”的意思，而不是“是道”的意思。如果“为道”是“是道”的意思，那么第四十一章的“下士闻道”句则可解为：不笑，它就不是“道”了。而“为道”在《老子》中是固定用法，是“实现道”的意思。“不笑，不足以为道”的真正意思就是：不以“笑”的态度面对，就不能真正体会并实现“道”。

（四）“不足以”

这三个字组合在一起的意思比较简单，此外该三字连用在《老子》中还出现了一次，是在距离第四十一章不远的第四十八章中，“取天下常以无事，及其有事，不足以取天下”[④]。“道”在政治哲学中的体现就是治理“天下”。将两章的意思进行对比，正可理解为“不笑”＝“有事”＝“勤而行之”，三者都“不足以取天下”。而只有“大笑之”，方可“为道”，方可“取天下”。

四、哲理讨论及解译

（一）“士”的分类

理解了如上的词句，我们再来看原文，意思就更为清楚了。这章将“士”分为了三类，“上士”“闻道”后勤劳地作为，认为这样能获得“道”；“中士”“闻道”后使“道”“若存若亡”，好像要体现出“道”又好像不去体现；“下士”“闻道”就“大笑之”，因为“道”不是听来的，也不是马上就能行动出来的，只有通过潜移默化才能体会“大道”。

《老子》中出现了“善为士者”也说明一个问题：“士”并不都是高贵的，甚至大多数

① （魏）王弼注，楼宇烈校释：《老子道德经注校释》，北京：中华书局2008年版，第127－128页。
② 同上书，第112页。
③ 同上书，第167页。
④ 同上书，第128页。

“士”是不合格的，所以《老子》才谈论“古之善为士者”。对于《老子》而言，“上士”是世俗眼里的“上士”，甚至可能正是道家的争鸣对手儒者眼里的“上士”，而不是《老子》真正赞赏的“善为士者”。而“下士”的价值就在于，他看上去“下”，实质上是真正的体道者。“下”的价值还体现在第三十九章“故贵以贱为本，高以下为基”[①] 中，这里以“高”而不是“上”来对“下”的用法也值得注意。

现在还需要再通过对“若存若亡”的探讨来着重理解另外两个小句。

（二）“中士”的“若存若亡”

“中士”的理解和翻译，相比于“上士”与“下士”是比较简单的。陈鼓应先生在《老子今注今译》中将“若存若亡”翻译为“将信将疑”是没有问题的。然而在理解了“士”的分类和意义后，我们再来看这句话，就更加明白《老子》如此措辞的用意。“若存若亡”其实偏重的是说“道”的存在与不存在。“上士”以为“道”是需要去努力践行的，而“中士”则将“道”置于好像存在，又好像不存在的可有可无状态。而真正“得道”的“下士”则通过“大笑之”将“闻道”这种方法一笑了之，因为“道”不是听来的，也不是努力就能努力出来的，而是需要通过玄思体悟来获得的。

（三）“道”的状态与“为道”

所以，这章给“士人”们的建议即是：“明道若昧，进道若退，夷道若类。上德若谷，大白若辱，广德若不足，建德若偷，质真若渝。大方无隅，大器晚成，大音希声，大象无形。”[②] 这里本文还是参考陈鼓应先生的理解与翻译：

> 光明的道好似暗昧，前进的道好似后退，平坦的道好似崎岖。崇高的德好似低下的川谷，最纯洁的心灵好似含垢的样子，广大的德好似不足，刚健的德好似懦弱的样子，质性纯真好似随物变化的样子。最方正的好似没有棱角，贵重的器物总是最后完成，高大的乐声听起来无音响，最大的形象反而看不见形迹。道隐幽而没有名称。只有道，善于辅助万物并使它完成。[③]

这些“道”与“德”的状态，没有一种是通过“勤而行之”可以实现的。“昧”“退”“类（不平）”“谷”“辱（黑）”“不足”“偷（懈怠）”“渝（变化）”，都更像是通过“大笑之”来实现的。尤其是“建德若偷”，陈鼓应先生注“‘偷’作‘惰’解”。这个“建德”好像是很懒惰和懦弱的，不是“勤能行之”的。

既然需要通过玄思体悟来获得真正的“大道”，那么就不能通过现实的认知与行为来获

---

① （魏）王弼注，楼宇烈校释：《老子道德经注校释》，北京：中华书局2008年版，第106页。

② 同上书，第111—113页。

③ 陈鼓应：《老子今译今注》，北京：中华书局1984年版，第231页。

得道家智慧，而需要对俗世的认知方式“反其道而行之”，即通过看似倒退、看似不足、看似懈怠、看似虚无的方式来认知真理。这应当是《老子》第四十一章乃至全书所揭示的真理认识观。

净慧长老对《老子》的吸收和运用

韩焕忠*

内容提要：净慧长老倡导的生活禅汲取了《老子》等道家经典的思想因素。净慧长老虽然是佛教的高僧，但他的思想视野并不局限于佛教。净慧长老所追求的中国佛教的复兴，并不是单纯的佛教的复兴，而是包括儒、道、佛三家在内的中国传统文化的全面复兴。净慧长老认为，一切法都是佛法，如果道家的东西佛法不能包容，那就是佛法有到不了的地方，因此可以将《老子》纳入佛教特别是生活禅的范围之内。净慧长老在弘扬生活禅时经常引用一些《老子》的语句和观念。净慧长老对《老子》和道家的理解表明，他不仅是一位虔诚的佛教信徒，还是一位心胸宽广、视野开阔的中国传统文化的弘扬者。

关键词：净慧长老　生活禅　老子　道家思想

前　言

净慧长老提出的生活禅具有深刻的思想内涵和广泛的社会影响。作为中国佛教特别是禅宗在当代的发展，生活禅的思想来源主要是中国佛教禅宗历代祖师的修行实践，同时也包含了儒道两家经典中的一些思想观念。关于生活禅容纳和汲取儒学的状况，本人所撰《佛教四书学》一书中已有讨论，此不赘言。本文专就生活禅对《老子》等道家经典的汲取略作探讨，以就正于方家。

净慧法师，生于1933年，祖籍湖北新洲。因家贫，甫满周岁时即被家人寄养于尼庵之中；1951年在广东云门寺受比丘戒，成为虚云老和尚的侍者和传法弟子；1956年就读于中国佛学院，从学于周叔迦居士、明真法师、正果法师、赵朴初居士等；1963年被错划为

---

* 韩焕忠（1970－），山东曹县人，哲学博士，苏州大学宗教研究所教授，主要研究中国佛教与传统文化。

“右派”，先后在北京、广东、湖北参加劳动，直至1979年才得到平反，重返北京，参与中国佛教协会的恢复工作；1981年担任《法音》责任编辑；1983年至2002年，担任《法音》主编；1988年受命筹建河北佛教协会，并当选为第一任会长；1990年主持重建赵州柏林禅寺；1991年起提倡以“觉悟人生，奉献人生”为宗旨的生活禅，主张“在生活中修行，在修行中生活”；1993年当选为中国佛教协会副会长，开始举办面向高校学生的“生活禅夏令营”；2003年，应湖北黄梅、当阳等有关部门的邀请，出任黄梅四祖寺、当阳玉泉寺方丈。净慧法师的著作非常多，比较能体现其思想的有《何处青山不道场》《入禅之门》《中国佛教与生活禅》《生活禅钥》《禅在当下》等[①]。

净慧长老在弘扬生活禅时对《老子》思想的汲取主要表现在三个方面，即在中国传统文化的整体视域中理解《老子》与道家思想，将《老子》的思想观念纳入中国佛教特别是生活禅的范围之内，运用《老子》的经典语句诠释自己的生活禅理念。兹请分而述之。

一、《老子》是中国文化的重要内容

净慧长老虽然是佛教高僧，但他的思想视野并不局限于佛教。净慧长老所追求的中国佛教的复兴，并不是单纯的佛教的复兴，而是包括儒、道、佛三家在内的中国传统文化的全面复兴。

净慧长老曾对儒、道、佛三家的精神做出过非常精辟的概括。他在阐释茶文化基本精神时曾经说过：“儒家主‘正气’，道家主‘清气’，佛教主‘和气’。那么，茶文化的精神又是什么呢？我想，一个‘雅’字可以体现它……这样一来，‘正’‘清’‘和’‘雅’四个字，四种气，大致可以概括中国传统文化的主要精神。”[②] 儒家主“正气”，可以从孟子“我善养吾浩然正气”中体现出来，从文天祥狱中所著《正气歌》中体现出来，从历代大儒所追求的“正气凛然”中体现出来；道家主“清气”，可以从老子主张的“见素抱朴”“返璞归真”中体现出来，从庄子主张的“安时而处顺”“不以好恶内伤其身”体现出来；佛教主“和气”，可以从中国佛教僧团的“六和合”准则中体现出来，可以从中国佛教将因缘和合视为世间诸法的根源中体现出来。中国人普遍喜好饮茶，茶也就进入了中国传统文化的视野，成为中国传统文化的载体，寄寓着儒家、道家以及佛教的正气、清气、和气，而孕育了一种雅的精神。净慧长老因应茶会的特殊机宜，借茶说法，从茶事之雅中析出儒家之正气、道家之清气以及佛家之和气，此足见其于道家思想本有一种积极的省察与定位。净慧长老有时又将三家之精要概括为“佛家自觉觉他的精神，儒家仁者爱人的思想，道家慈俭的作风”[③]，其于儒、

① 参见马明博：《有人心的地方，就是禅的道场》，黄夏年主编：《生活禅研究》，中州古籍出版社2011年版，第584—585页。

② 净慧：《禅茶文化的精神——正清和雅》，《禅在当下》，北京：方志出版社2010年版，第77页。

③ 净慧：《在第八届禅文化夏令营闭营式上的讲话》，《夏令营的脚步》，黄梅：四祖寺2014年印行，第256页。

道、佛三家或重其精神，或重其思想，或重其作风，虽着眼不同，但视其为一体，并从此一体中准确领会道家的精神特质，毫无歧视或争竞，从而展现出对道家文化"同情理解"之伟大胸襟。

净慧长老将弘扬包括道家仁慈美德在内的中国传统文化视为自己弘法的目的。他曾经非常明确地指出过："我们中国儒家、道家、佛家的传统，都是要我们救苦救难，都是要我们行仁义，都是要我们行仁慈……维护我们中国儒家文化的仁义的美德，维护道家文化的仁慈美德，维护佛教大慈大悲、救苦救难的美德。我们要发扬这些优秀的传统美德精神，这就是我们举办禅文化夏令营的目的之一，希望大家……一定要勇敢地去承担，要努力地发扬我们中华民族优秀文化的传统美德。"① 为此他号召现代的青年人"要有担当精神、吃苦精神、吃亏精神，要以天下为己任；把佛家自觉觉他的精神、儒家仁者爱人的思想、道家慈俭的作风，贯之于身心，行之于日用，改变气质，形成习惯，脱离庸俗之气，远离犬马之风，养成浩然之气，为天地立心，为大众立命"②。由此可知，在净慧长老的心目中，如要实践佛家之自觉觉他、儒家之仁者爱人，则必须具有道家之慈俭作风，三家如此紧密地融而为一，于此尤见道家精神之重要。而为了实现这一宏伟目标，净慧长老甚至建议政府，将背诵《论语》《道德经》和《心经》作为选拔和任用干部必须具备的条件之一，呼吁要把"孔子学院"建立在每一个中国人的心中，让每一个中国人都明确地意识到自己是中国人。换言之，在净慧长老看来，意识中是否灌注了《道德经》等道家经典或思想因素，已经成为区别是否是中国人的内在标志。

很显然，净慧长老此处所说的道家，主要是指以《老子》（《道德经》）为代表的老庄道家，但也可以扩展到道家精神在当代的继承者——道教上。这些都强烈地显示出，他所致力倡导的生活禅不仅获得了中国佛教特别是禅宗思想的支持，而且还得到了《老子》等道家经典思想因素的滋养。

二、《老子》可以纳入生活禅的范围

净慧长老为了弘扬生活禅，自 1993 年起，每年都在河北赵州柏林禅寺举办生活禅夏令营活动。自 2004 年起，每年又在湖北黄梅四祖禅寺举办禅文化夏令营。在这些以在校大学生为主体的夏令营活动中，除了宣讲佛法、体验禅修等几项内容外，还会辅以歌咏等文艺活动，以增强营员对佛教日常修持的体验。如黄帅演唱的《楞严一笑》以其歌词典雅古朴、意境开阔高远、旋律优美动人等特点深受营员的喜爱，但也有营员不禁质疑："我们今天唱的《楞严一笑》里面，有一句'蝶梦南华方栩栩'，这是《南华经》中的典故。《南华经》是道

① 净慧：《普茶》，《夏令营的脚步》，黄梅：四祖寺 2014 年印行，第 271—272 页。
② 净慧：《在第八届禅文化夏令营闭营式上的讲话》，《夏令营的脚步》，黄梅：四祖寺 2014 年印行，第 256 页。

家的，怎么它的话用到佛教的歌曲里面来了？”净慧长老回答说：“一切法都是佛法，如果道家的东西佛法不能包容，那就是佛法有到不了的地方。”① 但净慧长老确实又承认佛法有到不了的地方，即世间我慢贡高、邪见深厚、沉浸五欲为“法轮三不到处”。而此三者，也是《老子》所深相警戒的地方。

净慧长老有时会引用《老子》的教诲来反对世间的我慢贡高。他向大众开示说：“我们在待人接物的时候，身子放低一点，态度放好一点，语气柔和一点。要学习水的精神。水总在向下流淌，滋润着大地万物。把自己摆得高高在上，没有问题也成了问题。这就是《道德经》中‘夫唯不争，故天下莫能与之争’的道理。”② 我慢贡高的重要表现，就是自我感觉特别良好，睥睨他人，事事必要争个我高你低。《老子》称道水，实际上就是引导人们克服这种傲慢和争竞的心态。净慧长老深明其义，屡屡苦口婆心地劝导大众：“《道德经》说：‘天下莫柔弱于水，而攻坚强者莫之能胜，其无以易之。’我经常劝人要学习水的精神。万物的生长离不开水，人类的生存离不开水。水最柔，水最弱；水最慈爱，滋养万物；水最随和，随器方圆；水在最底层，任人践踏污秽，无悔无怨，湿性不变。但是，水又能无坚不摧，无强不胜。最柔者最刚，最弱者最强。事物的辩证法，就是这样不以人的意志为转移。”③《老子》对水德之谦逊、甘处卑下的赞扬和称誉，包含了对贡高我慢的批评和警戒。

净慧长老承认老子是见道之人，也就在很大程度上承认了《老子》的真理性，承认了《老子》的言论是“正知正见”而非“邪见深厚”。他非常坦然地向请教他的人们宣说：“老子应该说也见道了。他见道以后修的是长生久视。不等于说见到真理的人都能修出世间法。真理人人有份，佛陀不能垄断真理。”④ 净慧长老的这种观念是其开放、积极心态的体现，与以往某些僧侣动辄谓道家为“邪见深厚”实有天渊之别，而他对《老子》“道法自然”的思想尤为称道：“‘人法地，地法天，天法道，道法自然’，这是中国古人用自己的生命换来的经验总结，经过人类几千年的检验，证明它是颠扑不破的真理。我们绝不能够破坏大自然，绝对不能够影响宇宙大化顺人意而流行的趋势。人心顺了天心顺，天心顺了人心更顺。”⑤ 近代以来，人类每恃科技发展之便利，忘记了《老子》“道法自然”的教导，不肯以自然为师，动辄就去开发自然、征服自然、改造自然，实是人类以自我为中心的贡高我慢的心理使然，其对人类未来所造成的问题正在以气温升高、气象反常、环境污染等形式展现出来。

净慧长老认为《老子》倡导的“俭”是对治人们“沉浸五欲”的良方。他一则说：“‘俭’字是老子的‘三宝’之一，勤俭之风不仅关系到个人优良品德的养成，更关系到社会

---

① 净慧：《开解群机》，《夏令营的脚步》，黄梅：四祖寺 2014 年印行，第 44 页。
② 净慧：《日日生活禅》，黄梅：四祖寺印行，第 265 页。
③ 同上书，第 11 页。
④ 净慧：《禅的根本前提是信》，《夏令营的脚步》，黄梅：四祖寺 2014 年印行，第 19 页。
⑤ 净慧：《日日生活禅》，黄梅：四祖寺印行，第 260 页。

良风美德的推进。以勤俭为荣，以奢侈浪费为耻的要求，不能停留在口头上，要落实到日常生活行动中去。为官的率先垂范，老百姓自然上行下效，见贤思齐。家国大事，安莫安于勤俭节约，危莫危于奢侈浪费。"① 再则说："古人说，俭之一字，其益有三：安分于己，无求于人，可以养廉；减我身口之奉，以赒极苦之人，可以广德；忍不足于目前，留有余于日后，可以福后。俭之为益，养廉、广德、福后，实为人生修养所必须。人人行之，人人受益，整个社会就会形成节俭之风。"② 他进一步引用《老子》的言论及帝王穷奢极欲而短命的事例对此进行论证说："老子曰：'五色令人目盲，五音令人耳聋，五味令人口爽，驰骋田猎，令人心发狂，难得之货，令人行妨。'财色名食睡，地狱五条根，欲不可纵，纵欲是对身心的摧残，养生之道在于清心寡欲。人人都知道皇帝可以随心所欲，却不知道自古皇帝多短命。"③ 因此，净慧长老引用《老子》教导大众要知足常乐。他说："《道德经》云：'祸莫大于不知足，咎莫大于欲得，故知足之足，常足矣。'又云：'甚爱必大费，多藏必厚亡。故知足不辱，知止不殆，可以长久。'我们要惜福惜缘，这就是修行，就能增长福报。奢侈享受，就会减少福报，福报享尽了，生命也就结束了。"④ 净慧长老的这些论述，实际上是结合当时形势的基本情况，对《老子》以俭为宝的思想的深入发挥，因而对人们的现实生活具有深远的指导意义。

净慧长老既然以《老子》的有关论述对治世间的我慢贡高、沉浸五欲，而且承认老子为见道之人，表明在他心目中以《老子》为代表的道家思想不属于"法轮三不到处"，那么《老子》自然也就可以纳入佛法，特别是他倡导的生活禅的范围。而净慧长老的这一见解，也可以从《法华经》"一切治生产业皆与实相不相违背"的经文中得到支持，是符合大乘佛教基本精神的。

三、《老子》可以阐发生活禅的理念

上揭净慧长老引用《老子》的言论，虽分属不同的节目，但都是在阐发生活禅的基本理念。净慧长老的相关论述尚有许多，兹再举数例。

净慧长老的生活禅以"觉悟人生，奉献人生"为宗旨，积极地引导大众在"觉悟人生"中"奉献人生"，在"奉献人生"中"觉悟人生"。大乘佛教倡导六度万行，首重布施，以度脱人们的悭吝之心、贪鄙之念。用今天的话说，一个真正的修行人就是会与大众共享自己财富的人。净慧长老指出："老子曰：'金玉满堂，莫之能守，富贵而骄，自遗其咎。'我们觉悟了这个道理，就能知足常乐，安贫守道。李嘉诚先生说：'对自己一定要节俭，对他人一

① 净慧：《日日生活禅》，黄梅：四祖寺印行，第 287 页。
② 同上书，第 288 页。
③ 同上书，第 313 页。
④ 同上书，第 304 页。

定要大方。’我们平常生活节俭一点，用省下来的钱去帮助弱势群体，这比独自享受要更有意义！”[1] 在净慧长老看来，社会上的绝大多数人虽然并不像李嘉诚先生那样富有，可以拿出数额庞大的财富来做各种慈善事业，但是每一个人都可以找到为他人奉献的适当方式。净慧长老提示大众：“老子曰：‘富贵者送人以财，仁人者送人以言。’有钱出钱，有力出力，帮人跑跑腿，说几句好话，做些力所能及的好事，都能起很大的作用，别人就会感激你；你再给他讲佛法，他才会相信。要不然，就算你讲得天花乱坠，也不会有人相信。”[2] 生活禅所追求的“觉悟人生”，既包括“上求菩提”以觉悟自己、提升自己，还包括“下化众生”以觉悟他人，而要达到觉悟他人的修行宗旨，则必须具有利乐他人的修行。而要真正地实现利乐他人，就要破除“我执”，做到以他为己。就如净慧长老所说的那样：“《道德经》云：‘圣人无常心，以百姓心为心。’做任何事都不能离开老百姓的生活，否则都是想入非非，绝对没有成功的可能。做事业也好，当领导也好，都踏踏实实地为老百姓服务，人民需要什么，我们就要提供什么，解决大家的困难，才有成功的可能。”[3] 净慧长老的这番话虽然是仅就成就世间善法来说的，但也可以将圆成佛道的终极目标含摄在内。

净慧长老对《老子》思想的汲取，既提升了生活禅的文化品位，丰富了生活禅的文化内涵，同时也增强了生活禅对社会大众的影响力，扩大了生活禅的摄受范围，比较容易获得那些喜爱道家经典的人们的接纳。我们认为，这也是生活禅获得广泛认同和产生重大影响的经验所在。

结　语

净慧长老毕竟是一位佛门高僧，他在弘扬生活禅的时候虽然广泛引用《老子》中的思想观念，但在终极取向上仍然是以佛教为归趣。在他看来，儒家、道家和佛教作为中国传统文化的三大支柱，都主张动与静的结合，但是在动与静如何结合的问题上，却各有见地。儒家主张一切从实际出发，将思考的重点放在了形而下问题的解决上；道家也主张从实际出发，最为重视如何实现人的长生久视、身体健康；佛家则主张从实际存在的各种痛苦烦恼之中彻底解脱出来，相比于儒道两家的追求，佛教更加重视人的终极关怀。用净慧长老的话说：“儒家说‘未知生，焉知死’，对终极关怀的重视不是很突出。道家讲长生不老，是把终极关怀寄托在有限生命的永恒性上。佛家觉得这个有限的生命不可能是永恒的，所以它追求无限生命的永恒性，那就是形而上的问题，也就是人最根本的终极关怀。”[4] 在笔者看来，净慧长老这种终极归趣最终保证了他所倡导的生活禅始终运行在佛教现代化的轨道之上。

---

① 净慧：《日日生活禅》，黄梅：四祖寺印行，第 309 页。

② 同上书，第 310 页。

③ 同上书，第 356 页。

④ 净慧：《分组交流》，《夏令营的脚步》，黄梅：四祖寺 2014 年印行，第 210 页。

但净慧长老毕竟是文化视野比较开阔的一代高僧，他一方面惋惜老子精神在当代的继承主体——道教没有将《老子》充分弘扬开来，另一方面对道教弘扬《老子》的任何举措都感到欣慰和高兴。他说："我们也经常替道教惋惜，高道不是没有，是出得太少了。高道要多一些，道教就会弘扬起来。道教目前也在抓紧人才培养，道教的发展，国家也很重视。因为中国传统文化，儒家、道家、佛家，这三大块，不管哪一块都不可缺少。所以佛教召开了'世界佛教论坛'，道教也召开了'国际《道德经》论坛'，甚至在香港发起了一个'两万儿童读诵《道德经》'的活动，在西安也有很多的小朋友读诵《道德经》。"① 他殷切地期望着道教文化或者说道教思想在今后会有一个很好的发展，他看到道教中也有一些年轻有为的道长、学者在成长，道教的各种管理也在加强，也有学风、道风的建设，他由此感到道教的未来还是充满希望的。他指出："中国不能没有佛教，不能没有儒教，更不能没有道教。没有道教是绝对不行的。"② 这样的信念表明，净慧长老不仅是一位虔诚的佛教信徒，还是一位心胸宽广、视野开阔的中国传统文化的弘扬者。

---

① 净慧：《交流答问》，《夏令营的脚步》，黄梅：四祖寺 2014 年印行，第 128 页。

② 同上书，第 128 页。

释读《老子》第三章的新视角

——兼释第四十四章

鲁亚曦*

内容提要：《老子》第三章的主旨是“治”，其“治”论建立在道德世界观中的文化模型与人格模型之上。通过首句中的“三不”“三使”，老子提出了以收“心”为要的文化策略；通过二句中的“心”“志”加“四无”，老子提出了以“虚心”为要的化人策略。《老子》前三章作为五千言之总纲，完成了“道德治”的总体哲学构架，将道德之“自然”“无为”“不争”贯彻到“人之道德”与“群之道德”中。

关键词：道德治　不争　圣人　文化　人格

一、第三章正文与意译

【正文】

《老子》第三章：

> 不尚贤，使民不争；不贵难得之货，使民不为盗；不见可欲，使民心不乱。
>
> 是以圣人之治，虚其心，实其腹，弱其志，强其骨。常使民无知无欲。使夫智者不敢为也。为无为，则无不治。①

---

* 鲁亚曦，男，重庆人，复旦大学管理学硕士，高级经济师，退休公务员。

① 陈鼓应注译：《老子今注今译》，北京：商务印书馆 2003 年版，第 442 页。本文中的《老子》引文除特别申明外，均采用陈鼓应的“老子校定文”内容，后注出自《老子今注今译》皆同此版本。

【注释】

①本章在竹简本中缺。

②“不见可欲，使民心不乱”句，傅奕本与王弼本如此；河上公本作“使心不乱”；帛书本作“使民不乱”。本章此句从王弼本。

③“使夫智者不敢为也”句，河上公本与王弼本如此；傅奕本作“使夫知者不敢为也”；帛书本作“使夫知不敢，弗为而已，则无不治矣”。

【意译】

“不”标榜推崇“贤”能地位，“使民”众“不争”夺功名权力；不珍“贵”稀见“难得”之物，“使民”众“不”为之偷“盗”强取；“不”炫耀刺激人们“欲”望的东西，“使民”众不生私“心”杂念。

“圣人”要“治”理好天下，就要使人“心”清静纯一，生活安饱；意“志”柔“弱”，精“骨”“强”健。“使民”众处于“无知无欲”的纯朴自然状态，让那些自作聪明的人“不敢”轻举妄“为”。按“无为”的道理去行事，就没有“治”理不好的天下。

在五千言中，最宜与本章主题对照理解的是第四十四章，因此我们一并加以释读。

【正文】

《老子》第四十四章：

> 名与身孰亲？身与货孰多？得与亡孰病？
> 甚爱必大费；多藏必厚亡。
> 故知足不辱，知止不殆，可以长久。[1]

【注释】

①第四十四章的内容，各传本之间相当一致，在五千言中这是很少见的。

②“故知足不辱”句，帛书本与竹简本如此；王弼本、河上公本与傅奕本作“知足不辱”。

【意译】

功“名”与生命哪个更可“亲”？生命与财产哪个更重要？获“得”与丧失哪个更有害？

过分地珍“爱”必致更多的破“费”；丰厚的贮“藏”必有惨重的损失。

“知”道满“足”则不会遭遇困“辱”，“知”道适可而“止”则不会遭遇危险，这样才能保证“长久”安生。

---

① 陈鼓应注译：《老子今注今译》，第461页。

以上这两章都没有明确的主语，但从提出的问题与对答所持的立场、观点、方法以及第三章第二句的“圣人之治”可知，两章的主语都是圣人，是圣人治人治民的主张。

由于两章的章句有很紧密的对应关系，所以我们将对应的句子放在一起进行讨论。但需要说明的是，虽然两章的对应章句讨论的是同一问题，但角度有所不同：第三章是侧重于“社会/文化”的视角，落脚点是“治与乱”或“争与不争”的问题；第四十四章是侧重于“个人/人格”的视角，落脚点是“身与物”或“安身立命”的问题。

下面我们对第三章进行逐句分析、对照与释读。

二、第三章分析与释读

不尚贤，使民不争；不贵难得之货，使民不为盗；不见可欲，使民心不乱。

首句的“三不”“三使”表明了圣人对三种关系的对应立场与选择，同时也指出了通常民众因受到诱惑而在这三种关系中所持的立场与选择。

先看第一分句：

第　三　章　不尚贤，使民不争。

第四十四章　名与身孰亲……甚爱必大费。

贤者通常具有相当的身份、名誉、地位和权力。但从社会对贤者的需要而言，其最重要的素质是要具备一种有利于社会的组织与管理的特殊才能，因而能够成为社会健康稳定发展的中坚力量。他们或者作为行政团队的首长，成为圣人治理天下的得力助手，从而建构起君圣臣贤的关系；或者其中的个别人就是圣人的后备人选。

老子时代的邦国作为大型社会组织，需要有建立在非血缘关系基础之上的管理团队进行治理。圣人（或理想的统治者）选拔管理者可以有两种不同的方式：一种是“尚贤”，即以名誉、权力、利益相诱，从而加以利用。“尚贤”会使人耻于非贤，注重其外在表现，追求身份、名誉、地位、权力，反而忽视了贤者所应具备的真实的能力。沽名钓誉、争权夺利、高高在上、以权谋私，这种风气一起，反而会让本章所说的“智者”“敢为”的现象大增，从而使人与人的关系变得复杂疏远，产生一种逆淘汰的作用，使统治者与百姓的关系变得尖锐对立。另一种方法是让贤者的管理能力在做事的过程中自然显露，如果候选者为人大公无私，业绩有目共睹，德才兼备，名声得到公认，能够以德才配位，他人无法与其相较，就能成为圣人影响并治理天下的得力助手。老子五千言对此多有论述：

是以圣人抱一为天下式。不自见，故明；不自是，故彰；不自伐，故有功；不自矜，故能长。夫唯不争，故天下莫能与之争。①

朴散则为器，圣人用之，则为官长。②

善用人者，为之下。是谓不争之德，是谓用人，是谓配天，古之极也。③

孰能有余以奉天下，唯有道者。是以圣人为而不恃，功成而不处，其不欲见贤。④

圣人自身能够做到以“不欲见贤”，当然也会对这种在自然而然的状态下产生的贤者更加肯定，同时对“尚贤”争名的风气保持警惕和反对。老子主张“圣人”或“有道者”应秉承“玄德”，以其“不欲”的自然之“朴”，得现其“贤”。这正是两种产生管理者的方式中之后者。如果这两种方法均有效，显然一种产生的是“主人”，另一种产生的是“公仆”。因此，“圣人之治”必须用贤而不尚贤，用实而不尚名。

就此问题，第四十四章从个人角度给出了对应问答：名与权作为办大事的必要条件，是要在自己的德行中以身作则去积累完善以获得公认的；忽视人的生命价值而花费巨大代价去争名争权，人被名声权力所累，失去自我，迷失人生意义，那不是健康的人生。此外，“尚贤”所追求的“有为”之恶果，与笔者在释读第二章时讨论过的人生境遇由首段到中段的转段之危有直接关系⑤。老子就此言道：“富贵而骄，自遗其咎。”⑥

再看第二分句：

第　三　章　不贵难得之货，使民不为盗。

第四十四章　身与货孰多……多藏必厚亡。

“难得之货”反映了人与自然的结合方式，反映了人对自然资源的控制能力，体现着人的经济地位、资源条件、竞争能力与抗风险的能力。但“难得之货”通常不是生活的必需品，而是私有制社会中体现主人身份地位的东西，其获得的途径也往往不免失当。老子云：“难得之货，令人行妨。”⑦ 如果去重视那些稀见难得之物，使它们身价倍增，就会引发人们的贪婪之心和盗抢之行。“德者得也”⑧，“难得之货”，失德也。超越生存需要的“难得之货”于人于己皆非有益之物，为得到这些东西所付出的常常是幸福感与亲友情。更为可怕的

---

① 陈鼓应注译：《老子今注今译》，第 451 页。

② 同上书，第 454 页。

③ 同上书，第 471 页。

④ 王弼注：《老子道德经》，北京：中华书局 1985 年版，第 71 页。

⑤ 关于人生转段的讨论，参见鲁亚曦：《释读〈老子〉第二章的新视角——兼释第三十八、五十章》，《老子学刊》第十一辑，成都：巴蜀书社 2018 年版，第 30—44 页。

⑥ 陈鼓应注译：《老子今注今译》，第 445 页。

⑦ 同上书，第 446 页。

⑧ 颜昌峣：《管子校释》，长沙：岳麓书社 1996 年版，第 328 页。

是，这种“行妨”可能因竭泽而渔而引发自然的失衡，引发“常自然”而无所求的道与追求“难得之货”而相信人定胜天的人的冲突，从而给整个人类带来灾难。

老子并非否认世间有珍贵的事物，而是主张“贵以贱为本”[1]“圣人常善救人，故无弃人；常善救物，故无弃物”[2]，与自然万物人间的和谐才是最珍贵的，故应贵道贵德贵天下。

就此问题，第四十四章从个人角度给出了对应问答：“多藏”是积而不用，结果是“人为物役”，失去自我，甚至于为此劳力费神，以致早亡。当然，不积累财富，便无法稳定给养，也无法展开创造，因此积累财富是没有问题的，但老天把财富交到你手上，你要把握它的正确来路与合理去向，你应去帮助需要的人，推动社会和谐进步。这就是老子所说的“天之道，损有余而补不足”[3]，“夫唯道，善贷且成”[4]。他希望人们明白，“尊道贵德”就是利人利己的最大财富。

此外，“贵难得之货”之恶果，亦与人生境遇转段之危有直接关系。老子就此说道：“金玉满堂，莫之能守。”[5]

最后是第三分句：

第　三　章　不见可欲，使民心不乱。

第四十四、四十六章　得与亡孰病……咎莫大于欲得。

“使民心不乱”句，各版本有不同表述。而“民”对应于前后句“使民”；“心”对应于后句“虚其心”，因此这里表述应该是准确的。老子所谓“可欲”，是指一切可以扰乱人心、令人行为失当的事物。所以他的直接主张是“不见”（即“不显露”）——以隔离乱人心智的外因。而“贤”与“货”就是“可欲”最主要、最具体的内容。但他也知道这不是根本的解决办法。“人为物役”的根本问题在内不在外，在人心不在外物，因此面对“心乱”的问题，最重要的是要“收心”。老子云：“众人皆有余，而我独若遗。我愚人之心也哉！沌沌兮！”[6]“圣人在天下，歙歙焉，为天下浑其心。”[7]“愚”针对“有余”而言，而“歙”意指收敛，两句皆指弱化收敛意志与欲望，以使天下之人的心灵皆能得到净化，复归于浑朴淳真的自然状态。

就此问题，第四十四章从个人角度提出了对应问题，但却没有相应的回答。这个回答其

---

① 陈鼓应注译：《老子今注今译》，第 458 页。
② 同上书，第 453 页。
③ 同上书，第 474 页。
④ 同上书，第 460 页。
⑤ 同上书，第 445 页。
⑥ 同上书，第 450 页。
⑦ 同上书，第 462 页。

实在第四十六章中，即“咎莫大于欲得”[①]。“贤”与“货”的问题可以归结为“可欲”，作为最大的文化与心灵之“病”，“可欲”是首先需要解决的心病。但只有由外返内、由欲反心的努力，在老子看来是不够的，不能解决根本问题。从道德的世界观出发，心物关系是由身心关系决定的，因此，社会“善治”的重心应由文化转为化人，由文化策略问题转化为人格修养问题——也就是由“群之道德”为主的问题转化为“人之道德”的问题。这样一来，文化中的内外关系问题就转变成了人格中的上下关系问题。这也就是老子所说的“化而欲作，吾将镇之以无名之朴。无名之朴，夫亦将不欲。不欲以静，天下将自正”[②]，“我无为，而民自化……我无欲，而民自朴”[③]。

我们再看第三章的第二句和对应的第四十四章末句。

第三章第二句：

是以圣人之治，虚其心，实其腹，弱其志，强其骨。常使民无知无欲。使夫智者不敢为也。为无为，则无不治。

第四十四章第三句：

故知足不辱，知止不殆，可以长久。

从人格角度讲，“虚其心，实其腹，弱其志，强其骨”这种固本健体的主张，是在身心关系中主张虚心而重身，这是老子人格论中总体性和根本性的立场。

人们常常“心”以“情”“乱”，“情”以“欲”“乱”；而“欲”则与“可欲”之对象即“知”相衔接。若能“虚其心”，进而“弱其志”，则“欲”“乱”“知”“争”都将失去其动力。同时若能“实其腹”而“强其骨”，则人们生理本能的内在需求与天然欲望都将同步得到满足。这样一来，人们的贪欲扩张受到抑制，淡泊于名利，“可欲”引发的外向“有为”的追求必然弱化，人的精“骨”体魄会更加“强”健有力。这不是使人不干事或干不成事，而是“强行者有志”[④]，即强韧行道之人能以“弱志”实现“有志”，最终达到“柔弱胜刚强”[⑤]。所以“实其腹”与“强其骨”为人们以身求道提供了内外的保障。

但这还是“有身”的主张，对“民”的主张。老子对圣人的要求更加严格，不仅要求

---

① 陈鼓应注译：《老子今注今译》，第 461 页。
② 同上书，第 457 页。
③ 同上书，第 466 页。
④ 同上书，第 456 页。
⑤ 同上书，第 457 页。

“圣人常无心”[1]，而且要“无身”[2]，即“无私”无“己”，以实现道人合一。这就是第七章所说的“圣人后其身而身先；外其身而身存。非以其无私邪？故能成其私”[3]。所以他对圣人与百姓还是有所区别的：圣人应先将利益留给百姓，最后自己也能得到成功，实现共赢。

从政治角度讲，这抓住了社会生活的重心，也可以说是重视民生的主张。其实在物质匮乏的时代，人们动心立志最主要的原因还是谋生。要在社会群体生活中更好地谋生，就需要在一个匮乏的系统中通过竞“争”取得对他人的名利优势。老子认为“服文采，带利剑，厌饮食，财货有余；是谓盗夸。非道也哉”[4]，如果以“损不足以奉有余”[5] 的方式放纵人欲，争夺名利，不免带来用奸使诈的社会风气与你死我活的激烈竞争，因此，满足人们的基本需求可以避免或减少恶性的竞争。

“常使民无知无欲”句可作“使民常无知无欲”。笔者在释读第二章首句时曾指出了“知上为上”（即“有知有为”）将会引发的转段危机。不论其“有知”是自然进程的“常有知”，还是人为追求的“有知”，皆已远离“朴”而近“道动”首段之末端，带来的必然是转段之恶果。因此“常无知”“常无欲”的状态对个人与社会都是真正有利的。

“使夫智者不敢为也”句，《老子》诸本之间略有差异。“智者”的表述在五千言中仅此一见，而帛书本的“使夫知不敢，弗为而已，则无不治矣”则是本句的另一种表述。“知不敢，弗为”是“知 X 为 X”的句型结构。因而本句无论是指少数“智者”仍然衷情于名利私欲却难以为社会所认同和响应，还是指百姓因“常无知”“常无欲”而“不敢为”，都表明社会风气一旦形成，就有风清气正、润物无声的效果。老子云：“民之难治，以其智多。故以智治国，国之贼；不以智治国，国之福。”[6] 对这两种解释都是支持的。

“为无为，则无不治。”这里涉及“为”与“治”的关系。对圣人个人而言，“为无为”即不妄为，则能“无为而无不为”[7] ——扩展到天下，“则无不治”。这实际上是圣人在约束自己的前提下，运用同样的原理，要求百姓通过人格的内收与下行，一举同时完成人格建构与文化建设这两件事，即“为之于未有，治之于未乱”[8]。这样就能实现人与己、人与人和人与万物的和谐共存，实现天下大同大治。

就此问题，第四十四章从个人的角度给出了意见。对应于“无知无欲”的主张，“故知足不辱，知止不殆，可以长久”似乎又是一种“有知”的状态。这其实是“有道者”通过

① 陈鼓应注译：《老子今注今译》，第 462 页。
② 同上书，第 446 页。
③ 同上书，第 444 页。
④ 同上书，第 464 页。
⑤ 同上书，第 474 页。
⑥ 同上书，第 469 页。
⑦ 同上书，第 462 页。
⑧ 同上书，第 469 页。

“知常曰明”“知常容”[①] 对事物发展规律的把握。老子云：

知足者富。[②]

咎莫大于欲得；祸莫大于不知足。故知足之足，常足矣。[③]

始制有名，名亦既有，夫亦将知止，知止可以不殆。[④]

“知足”“知止”在空间与时间上都与人生的转段相关。从人格状态上讲，这正是要设法避免转段时态的到来。如果说“虚心实腹”“弱志强骨”是面临转段时的小“反”策略，“知足”“知止”则强调了小“反”的必要性。

三、第三章的旨意、逻辑与预设

第三章的主旨是以“政善治”[⑤] 为目标的“治”，主要探讨如何在文化与人格的框架下，面对和解决人的贪欲本性所造成的“争”“乱”与“尊道贵德”所追求的“政善治”“和大怨”[⑥] 之间的矛盾冲突。从圣人治国安邦之道，到个人修身养性之奥，老子通过首句中的“三不”“三使”，提出了以收“心”为要的文化策略；通过二句中的“心”“志”加“四无”提出了以“虚心”为要的化人策略。后来庄子所说的“内圣外王”和儒家倡导的“修齐治平”的思想也可以说是本于此的发挥。

第三章在五千言中首次使用了“不争”一语。“不争”其实是老子“治”论最基本的要求，也是老子世界观中认定的最普遍、最和谐、最合理的万物自然存在状态。在这种总体状态下，“争”只是暂时的、局部的、自然的、服务于“和”的。只有在这种意义下，“争”才具有积极的意义。老子五千言最终以“天之道，利而不害；圣人之道，为而不争”[⑦] 结束，正说明他的终极立场是贵“和”的，这也是我们中华文化的基调。

本章的文字看似简单而直白，其讨论的内容实则涉及许多重要而复杂的关系——包括“圣人”与“民”，“圣人之治”与“智者”之治，“治”与“乱”，和与“争”，社会与“文”化，“文”化与人格，人性与人格，身与“心”，“无为”与有为等。这些关系全面地关涉人生与社会中的现实问题，其中一些直到今天仍是非常现实和突出的问题。在第一、二章中老子已经对“道”与“德”作了基础性的讨论与说明，第三章对“治”的讨论与说明也只能是

① 陈鼓应注译：《老子今注今译》，第 448 页。
② 同上书，第 456 页。
③ 同上书，第 461 页。
④ 同上书，第 455 页。
⑤ 同上书，第 444 页。
⑥ 同上书，第 475 页。
⑦ 同上书，第 476 页。

基础性的。《老子》前三章作为全文的总纲，已经将五千言的主题、框架、背景和理论要点交代清楚了。

依托于第三章，我们可以简略地讨论一下老子的人格论、文化论与善治论。

“道”可分为道体与道用，道用即“德”。对应在人类的个体生活中，“身”为体，“心”（即“精神”）为“用”——我称之为“人之道德”。老子云“修之于身，其德乃真”[①] 就含有这层意思。

对应在人类的群体生活中，“社会”为体，“文化”为用——我称之为“群之道德”。老子云“修之于邦，其德乃丰”[②] 就含有这层意思。

至于文化与人格的关系，可以简单表述为“文化即社会的人格，人格即个体的文化”。它们之间的互动共生演进关系非常密切。而在另一相反的方向上，则是文化与自然的关系。

（一）老子的人格论

老子的人格论是老子人论的主要内容之一。老子的人格论讨论了人类个体的生命意义如何实现的问题，个人如何通过自己的身心修养实现生活目标的问题。由于个人的生命追求与生活方式将决定社会的走向，因此它也是“社会/文化”生活的决定性力量。这就是本章为何要将“治”的落脚点放在“化人”上的原因。

老子的人格论建立在身心基础上，属于广义的人格论；如果只讨论“心”即精神的人格，属于狭义的人格论。如笔者在释读首章时所讨论过的，道德的体用关系在体“一”用“三”的四阶中纵向展开，对应身心的体用关系亦是在身“一”心“三”的四阶中纵向展开[③]。但在本章中表现的人格论没有这么复杂，在精神人格三阶中只着重强调了“虚无”这一阶。

可以说身心论是老子人格论的纵向展开，并构成其人格论的核心。本章虽然涉及身心两者关系，但重点是要解决“治”“民”的问题，因此将身心关系的关注重点放在了“民心”这一方面。而要解决根本问题，老子更关心的是从“圣人之治”到“治”“圣人”自己的问题，是如何从“虚心”或“无心”复归到“无身”的问题。对于这个问题，在第十三章中老子有更详细的讨论。

老子人格论的横向展开是一个复杂的系统，其基本框架是以身心为主干横向展开的一个内三外三的人格构架。这一构架由“身心”及其展开的“名”“情（志）”“欲”“知”“为”“事”这七大部分组成，分别构成老子人格论下的“身心”论、“名”论、“情（志）”论、“欲”论、“知”论、“为”论与“事”论。

老子人格论与本章第二句的对应关系如下：

---

① 陈鼓应注译：《老子今注今译》，第465页。

② 同上。

③ 鲁亚曦：《释读〈老子〉首章的新视角》，《老子学刊》第十辑，成都：巴蜀书社2017年版，第84—96页。

“事”论←“为”论←“知”论←“欲”论←“情”论←“名”论←“身心”论
无不治　　无为　　无知　　无欲　　弱志强骨（涤除玄鉴）虚心实腹

我们之所以在这里要简单介绍老子的人格论，是因为老子人格论的七大组成部分及其内在联系在本章第二句中几乎全部涉及了，只有“名”论即把握论没有出现。但在第一章中老子已经对“名”论做了说明——这使老子在后章借助各种概念以讨论“道生万物”成为可能[①]。第一章形成了道名关系的张力，其背后是道人关系或天人关系的张力。在第二章中，“圣人处无为之事，行不言之教”已经将圣人之人格框定在“名”与“事”之间。“言教”是人格教化的开始，“处事”是人格教化对外显现出的效果。两点间的人格状态与形成过程隐藏在两点张力的背后了。至于“情”论，《老子》全文中并没有出现过“情”字，但我认为老子所说的“志”就是“情志”之意。“情志”或“情感”是比欲望更高级的人类精神活动。对照同句中的“无知”“无欲”“无为”，“弱志”的意思也就是“无情”。由此我们可以了解，本章是老子人格论围绕着身心的主干在“名”与“事”之间的全部展开，也是老子人格论的全部内容在五千言中的首次亮相。这一人格框架绝无仅有的全体亮相意义非凡，它将道德世界观中最复杂的表现形态即“人之道德”全面呈现在读者面前。通过本章的编排，老子将人格论的内部关系与内外关系的关键内容清晰明白地揭示出来，为后面篇章详细讨论人格内部的多重关系做了一个绝佳的铺垫。

老子之所以要将文化中出现的“尚贤”“贵货”“可欲”的问题归结为收心的问题、化人的问题、人格的问题、“愚”圣“愚”民的问题，是因为相对而言，在文化中破“名”“利”“欲”三关易，而在人格中实现的虚心到无事却是更困难的，也是更具有决定意义的。由文化归于人心，由人心归于身心，由身心归于人性，由人性归于生命，由生命归于意义，由意义归于道德，由道德归于自然——老子一步步地引导我们深入领悟人类对于自然、人类个体对于群体和人类生命对于个体的意义与价值，让我们彻底地反思自己，为个体找到安身立命的根基，也为文化找到正确的前进方向。这正是在文化自觉和人的自觉阶段开始时一个伟大的哲人就紧抓不放、穷根究底的问题和努力方向。这就是老子对自己历史使命的定位！这一思路的基调，从先夏“虞廷十六字诀”开始就已经奠定了。

（二）老子的文化论

作为老子道德世界观的组成部分，老子构建了一个“道德仁义礼法兵”[②]的“政治”构架——我称之为“群之道德”。这一构架不仅具有静态意义上的多种形态，而且具有动态意

① 鲁亚曦：《释读〈老子〉首章的新视角》，《老子学刊》第十辑，成都：巴蜀书社2017年版，第84—96页。

② 论者多以“道德仁义礼刑兵”论之，但在《老子》中并无“刑”字，故在讨论《老子》的相关内容时改“法”字为好。

义上的正反两种走向。如果社会突破“法兵”的最终屏障，就会滑向动乱的自毁灾难中去[①]。文化最初正是在“文武”对立中呈现出来的。因而这个政治构架向内向外的扩展，就是一个建立在人类社会基础之上的文化三分域框架——这正是第三章首句“三不”“三使”的“社会/文化”背景。“三不”其实也就是一种文化主张或文化策略。

文化及其所依托的社会生活只是人类处理道人关系（或天人关系）的中介产物。文化之下的三分域框架与三大关系实则是道人关系的细化。处理文化之下的三大关系及三者相互之间的关系，实现道人关系和谐，需要向外平衡与向内平衡。这是两种截然相反的思路。老子对此已经十分清楚，他所说的“人法地，地法天，天法道，道法自然”[②]，就是向内平衡反求诸己的思路，从人的“来时路”上找寻道人平衡方法的思路。因此他才会由文化追到化人上去。

从社会角度讲，笔者曾在释读第二章时提出过，老子构建了一个由三个阶层组成的社会金字塔[③]。在某种程度上，老子的理想社会层次结构是以对“道”的领悟深浅来划分的。在第三章中，老子提醒我们，这个金字塔的社会结构与社会秩序在现实中有两种针锋相对的治理模式：一为“无为”的“圣人之治”，一为“有为”的“智者”之治。

从文化角度讲，在老子的语言中，“文化”作为一个明确的概念并没有出现，但文化的观念及其内涵在那个时代已经（甚至早已）非常明确了。那时的有识之士已经明白，人类的社会生活必须要处理三大关系，即人与自然、人与人和人与自己的关系——我们今天常以“经济”“政治”“（精神）文化”三部分，或以“器物方法”“组织制度”和“观念价值”三要素来表述。这就是在先秦时期已经出现的文化自觉。在《老子》中，这样的文化观念和相关论述有多处，列表如下：

文化三域	道人关系	人人关系	人己关系
第3章“三不”	不贵难得之货，使民不为盗；	不尚贤，使民不争；	不见可欲，使民心不乱。
第44、46章“三与”	身与货孰多？多藏必厚亡。	名与身孰亲？甚爱必大费；	得与亡孰病？咎莫大于欲得。
第19章“三绝”	绝巧弃利，盗贼无有。	绝仁弃义，民复孝慈；	绝智弃辩，民利百倍；
第67章“三宝”	二曰俭，俭故能广；	一曰慈，慈故能勇；	三曰不敢为天下先。故能成器长。

〔注：“绝仁弃义”句从王弼本。〕

① 鲁亚曦：《释读〈老子〉第二章的新视角——兼释第三十八、五十章》，《老子学刊》第十一辑，成都：巴蜀书社2018年版，第30—44页。

② 陈鼓应注译：《老子今注今译》，第452页。

③ 鲁亚曦：《释读〈老子〉第二章的新视角——兼释第三十八、五十章》，《老子学刊》第十一辑，成都：巴蜀书社2018年版，第30—44页。

对比这几章的相关论述可以发现，文化的三分域结构在其中皆清晰可见，“三不”与“三宝”的对应顺序也完全一致，在第十九章中更明确表示“此三者以为文”[①] ——“文化”的概念呼之欲出。在内容的编排上，涉“文”的这几章也基本遵循了先文化后人格的表述方式，只是在不同角度深入讨论同一问题，可以说它们共同构成了老子的文化观和文化论。

陈鼓应先生指出：“老子的整个哲学系统的发展，可以说是由宇宙论伸展到人生论，再由人生论延伸到政治论。”[②] 这其实就是基于老子的文化三分的论述逻辑，而且在前三章中得到了充分体现。

《老子》第一章主旨为“道”，以宇宙天地为第一表现。第二章主旨为“德”，以“圣人之玄德”和“群之德”为基本表现。第三章主旨为“治”，以“文化/社会”与“人格/个人”为首要对象。三种抽象论述对应着三种特别选择的具体论述。三种抽象的存在构成“道德治”的世界观与演化论，同时也是一种宏文化观；三种人与存在的关系构成小文化观。在前三章中，“道德治”哲学体系的纵向展开过程同时转化为文化论的横向展开过程，进而为道人同“大”共治天下的共治论或善治论做了铺垫。

我们可以用一张表来揭示这种编排：

	第一章	第二章	第三章
主旨（抽象）	道	德	治
特别对象（具体）	大道与天地	圣人之德与群之德	社会/文化与个人/人格

前三章每章之末，分别提示了老子所认可的三种终极永恒状态：“玄之又玄，众妙之门”——这是“天道”的终极永恒状态；“夫唯弗居，是以不去”——这是“人道”的终极永恒状态；“为无为，则无不治”——这是“治道”的终极永恒状态。三者之和，就是老子的文化理想。

如果将第三章出现的文化论与前三章揭示的文化论做一个比较。前者可称为小文化论，后者可称为宏文化论。区别在于，在小文化论中，人与物的关系即人与“难得之货”的关系——这是道人关系中最接近于人的那层关系；在宏文化论中，人与物的关系即人与道的全面关系，或内道与外道的关系。

前三章既是五千言的总纲，我们在整个八十一章中应该也能发现这样结构编排与论述逻辑。事实正是如此。如果将八十一章均分为三大部分，用统计的方法可以发现，第一部分主要讨论“道”，第二部分主要讨论“德”，第三部分主要讨论“治”。这种由章节到总纲到全文的三层同构安排绝非偶然，它正是老子自觉运用文化三分的论述逻辑的结果。由此也可以间接证明，《老子》八十一章是《道德经》而非《德道经》。

① 陈鼓应注译：《老子今注今译》，第449页。

② 同上书，第22页。

第三章作为全篇总纲的前三章的最后一章，第八十一章作为全篇的最后一章，都最终落脚于“圣人之治”，亦可证《老子》最终落脚点是内圣外王的圣人学。但作为老子最终理想的圣人，所担当的天下大治的任务不局限于人类社会，而是要将天人对立化为“人大”与“道大”而共治“天下”“万物”以成道人合一的最高境界。

进而还需指出的是，老子及其著作作为诸子百家登上历史舞台，文化三分的框架在老子手中的自觉运用也进而表现为在诸子百家中的广泛自觉运用。对此，诸子著作几乎无不涉及，荀子更是其中大家。对此笔者曾在一篇文章中有过讨论①。

（三）老子的善治论

老子善治论的基础即宏文化观，它关系到文化的走向与人类的命运。圣人之治，其对象可以是人、民、国、天下万物。正因为老子“道德治”论具有普适性，诸子百家亦以“治”为终极追求。故西汉司马谈《论六家要旨》云：“夫阴阳、儒、墨、名、法、道德，此务为治者也，直所从言之异路，有省不省耳。”② 这差不多就是老子“群之道德”中七事的分别论述。

文化是道人之间或常说的天人之间的中介产物，因而人类的文化生活既可能融洽道人关系，实现和谐共赢，也可能撕裂道人关系，不断引发危机。在华夏人类社会进入文化自觉阶段的历史时刻，老子敏锐地感受到了这一点，并以自己的文化策略呼应了这个文化转段的非凡时代。

钱大昕《老子新解序》云：“周之敝在文胜，文胜者当以质救之。不尚贤，不贵难得之货，不见可欲，清净自正，复归于朴，所以救衰周之敝也。”③ 和与争、治与乱是春秋时期人类社会文化生活的基调，也是中国历史上第一个千年时代特征。文化到这个时代已经走近一个关键性的十字路口，老子站在道德的高山之巅，其锐利的目光已经穿透未来的迷雾看到人类命运两种不同的结局，他以悲天悯人的情怀发出了自己的警示，并给人类指出了一条光明大道。

在文化自觉所带来的文化认识框架里，他提出了无“争”于人，无“盗”于物，无“乱”于心的“三不”“三使”的文化策略，而要实现这种文化策略，他的最终希望寄托在由“圣人之道”的人格修养到“圣人之治”的文化建设上。“圣人之治”的本质首先是强调一种以收心为要的精神导向，然后再体现人类存在意义的导向——道德生活的导向。进而言之，老子的广义“治”论，包括了治人治世治天下，而治圣人是治人的核心，是“圣人之治”的前提。

这就带来一个根本的问题：人类的历史是否有可能靠圣人或圣贤群体来引导，靠“他”

---

① 鲁亚曦：《独上楼台闻天籁》，成都：四川人民出版社 2007 年版，第 161 页。

② （汉）司马迁：《史记·太史公自序》，北京：线装书局 2006 年版，第 544 页。

③ （清）钱大昕：《潜研堂文集·卷二十五〈老子新解序〉》，南京：江苏古籍出版社 1997 年版，第 400 页。

或“他们”的“自然”“无为”来持续演化？或者更明白地说，人类文化本身是否有可能产生可以引导全人类的精英，由他们来拨乱反正，保持正确的前进方向，实现与自然的和谐相处？进一步的问题是，有什么机制能够保障人类社会能够选择并接受这样的一种人来领导自己？

在老子提出“圣人之治”或道德之治的理想之前后，人类已经经历了神权、集权、霸权、分权、民主、金钱等各种治理方式。表面上看，人类文明取得了巨大进步，实际上三大关系变得更加紧张——这种紧张表现得日益广泛、深刻、危险、不可逆。

在老子的时代，人的社会关系已经开始出现紧张的状态，老子的文化策略就是由此而发的。但老子之后的历史进程使这种关系更加紧张。在西方，比老子晚五百年的古罗马哲学家西塞罗在《国家篇》中也曾感叹道：“很久以前，我们先祖的习俗塑造了那些德高望重之人，然后这些卓绝不凡之人又坚守他们前辈的规范和体系。可是，我们所继承的共和国已经像年代久远的美丽图画，其上的色彩已经因年深日久而模糊；当今的世代不仅没有重新润泽图画的色彩，而且我们也没能保存其外在的形式和线条。”①

关系紧张的范围到近代更是日益扩大。托克维尔在《旧制度与大革命》一书中描述过法国大革命前的巴黎：“不惜一切代价发财致富的欲望、对商业的嗜好、对物质利益和享受的追求，便成为最普遍的感情。这种感情轻而易举地散布在所有阶级之中，甚至深入到一向与此无缘的阶级中，如果不加以阻止，它很快便会使整个民族萎靡堕落。”② 在一百六十年后的今天，这已经变成对整个人类社会的描述了。不容置疑，在今天的世界上，经济与民主的膨胀已经压缩了政治与文化的生存空间。

更严重的问题是，人与人的紧张关系开始引发人与自然关系的日益紧张。联合国教科文组织 1989 年曾在加拿大温哥华召开了“21 世纪科学与文化：生存的计划”国际研讨会。会议通过的《关于 21 世纪生存的温哥华宣言》深刻指出：“人类面临的形势是，在人类和地球其他生物之间的平衡已面临崩溃……利己主义是千万人与其同类之间及人类与自然之间缺乏和谐的首要原因。”并希冀“人或许能够找回他曾失去的一些信仰和精神上的实践方式”③。其实这些都是老子在两千五百年前已经告诫过人类的危险。只是如今连这样的呼声也很少听到了。

真正的问题在于，我们今天还可以扭转这种趋势，折返到老子提出的道路上去追求“圣人之治”吗？百年前，蜀中学人李宗吾提出了一个“三代之后无圣人”的问题，其实这个问题老子早已经提出来了。老子看好的“圣人之治”的治理范围是“小国寡民”，而从庄子开始干脆就已对“圣人之治”不抱希望了。如果说“圣人之治”一开始就只是一种传说，我们

① ［古罗马］西塞罗著，沈叔平、苏力译：《国家篇　法律篇》，北京：商务印书馆 2002 年版，第 119 页。译文有修改。

② ［法］托克维尔著，冯棠译：《旧制度与大革命》，北京：商务印书馆 1997 年版，第 35 页。

③ 《关于 21 世纪生存的温哥华宣言》，《自然辩证法研究》1992 年第 10 期。

也应该有理由相信，掌握社会权力越大的人，其德才水平理应越高，他们理应具有榜样的感召力，给人类的“社会/文化”生活以信心。

老子主张“治之于未乱”[①]，他要为天地立心，为人类的生存意义立命，为人类的前途命运示警。如今圣人不再，人类又面临一个更大的千年变局，此刻老子向往的“圣人之治”所追求的道人和谐的理想信念仍然应当是全人类共同文化的基础理念。坚守这种理念，人类就还会有美好的明天！

① 陈鼓应注译：《老子今注今译》，第469页。

从《老子注》分析王弼的儒道会通思想

潘姚梅*

内容提要：儒道会通是魏晋玄学的一个重要特征，也反映了汉魏年间的时代特点。王弼以儒学思想重新诠释《老子》，通过“崇本息末”的思想化解儒道关于名教与自然、“有”与“无”的矛盾，推动儒道走向融合，将儒道会通的思想系统化。

关键词：王弼　老子注　儒道会通　崇本息末

王弼在其《老子指略》里说：“老子之书，其几乎可一言而蔽之。噫！崇本息末而已矣。”① 王弼以“崇本息末”为指导思想将道家所明之“自然”与儒家所贵之“名教”相结合，重新构建了一个理想化的社会秩序。这不仅解决了儒道之间的根本矛盾，体现了儒道趋于融合的时代特点，也掀起了一股经久不衰的由学术对立抗衡走向学术统一融合的新思潮。笔者从社会理想的角度分析王弼在《老子注》中如何通过“崇本息末”的思想化解儒道两家思想的矛盾，从而论述王弼如何推动儒道走向融合，实现儒道会通。

一、合乎自然的名教

道家明自然，儒学贵名教，名教与自然的结合是化解儒道冲突的关键所在。所谓“名教”即当时社会政治制度以及道德伦理规范的总和，而当时社会深受名法之害，为消除名教的弊病，王弼从社会政治的角度提出了“合乎自然的名教”的社会治理思想。王弼在《老子注》中既引进了儒家伦理道德的观点，也不否定道家原本态度，以“崇本息末”的思想将儒道原本对立的伦理道德转化为“合乎自然的名教”。他将儒道思想都融合到《老子》的注解

* 潘姚梅（1994—），女，广西桂林人，四川大学道教与宗教文化研究所硕士研究生。

① （魏）王弼注，楼宇烈校释：《老子道德经注校释》，北京：中华书局2008年版，第198页。

中，构建了新的理论观点。

《老子》关于“仁”“义”的观点，可以归纳出以下几点：第一，天地和圣人都是“不仁”的，“天地不仁，以万物为刍狗；圣人不仁，以百姓为刍狗”①；第二，“道”与“仁义”是不可共存的，道废之后才有仁义，“大道废，有仁义”②，“失道而后德，失德而后仁，失仁而后义，失义而后礼”③；第三，“绝仁弃义，民复孝慈”④，仁义必须舍弃。这些观点显然与儒家伦理大相径庭。《论语》谈到“君子喻于义，小人喻于利”⑤，“克己复礼为仁，一日克己复礼，天下归仁焉”⑥。在儒家伦理中，仁义不仅是衡量善与不善的标准，也是一个好的社会构建者所必须有的内在修养，通过仁义道德才能对民众进行约束和教化。

那么，王弼如何看待这样的矛盾？首先，他对“仁”“义”是持肯定态度的。王弼注释《老子》第十九章：“圣智，才之善也；仁义，（人）［行］之善也。”⑦“善”即美好之意，可以看出王弼对于仁义的态度是肯定的。但是既然肯定了仁义，天地圣人又为何“不仁”呢？

王弼解释了天地不仁的原因：“天地任自然，无为无造，万物自相治理，故不仁也。”⑧老子之“不仁”即任自然、无为无造，无须“克己复礼”刻意地作为。“（矣）［天］地不为兽生刍，而兽食刍；不为人生狗，而人食狗。无为于万物，而万物各适其所用，则莫不赡矣。”⑨万物皆有其自然规律，无为无造则万物自适其规律生长，自相治理。他又假设仁者将要做的事及其造成的不良后果：“仁者必造立施化，有恩有为。造立施化，则物失其真，有恩有为，列物不具存。物不具存则不足以备载。”⑩造立施化、有恩有为就会导致万物丧失其本真，失其本真的物体就是有缺陷、不完备的，“若慧由已树，未足任也”⑪，故天地不仁也。最后举一反三，“圣人与天地合其德，以百姓比刍狗也”⑫，圣人不仁与天地不仁的道理是一样的，都是要适其自然状态而发展。天地圣人虽“不仁”，但“仁义”并非毫无用处。

王弼注《老子》第十八章“大道废，有仁义”⑬：“失无为之事，更以施慧立善，道进物也。”⑭“道进物”，意为失道之纯朴而进于有形之物。依王弼所说，施慧立善、制立官长这些行为的发出都是由于“失无为之事”。道之不存，故将无形的纯朴施于有形之物，是无奈

① （魏）王弼注，楼宇烈校释：《老子道德经注校释》，北京：中华书局2008年版，第13－14页。
② 同上书，第43页。
③ 同上书，第93页。
④ 同上书，第45页。
⑤ 杨伯峻译注：《论语译注》，北京：中华书局1980年版，第39页。
⑥ 同上书，第123页。
⑦ （魏）王弼注，楼宇烈校释：《老子道德经注校释》，北京：中华书局2008年版，第45页。
⑧ 同上书，第13页。
⑨ 同上，楼宇烈校“矣”为“天”。
⑩ 同上。
⑪ 同上。
⑫ 同上书，第14页。
⑬ 同上书，第43页。
⑭ 同上。

之举。王弼注《老子》第二十八章："真散则百行出，殊类生，若器也。圣人因其分散，故为之立官长，以善为师，不善为资，移风易俗，复使归于一也。"① 施行仁义的目的是"归于一"，还原为本真的状态。仁义的出现在"失道"之后，"不仁"与"仁"（施行仁义）是在"道"存与失两种不同的社会状况下自然出现的。在"道"行的时候，即任自然的和谐秩序下，"仁""义"没有提倡的必要；而当"道废"以后，自然的正常秩序被打乱，这时对仁义的提倡可以使社会回归到本真的自然状态。这就是为什么"大道废，有仁义"。

由于对仁义的提倡和施行都是为了回到"无"的任自然状态，而完全以仁义构建社会又是无法实现最终"万物自宾"② 的和谐状态的："故仁德之厚，非用仁之所能也；行义之正，非用义之所成也。"③ 所以"仁义"是手段，而非最终目的，"不仁"是"仁"的根本。

儒道关于伦理道德的另一大矛盾是"忠孝"。儒家认为忠孝是最基本的伦理要求，是维持和谐的家庭和社会秩序的重要因素。如《论语·学而》："君子务本，本立而道生。孝悌也者，其为仁之本与。"④ 儒家认为子孝则家庭和睦，臣忠则君臣亲爱，天下和谐。而另一方面，道家认为"六亲不和，有孝慈；国家昏乱，有忠臣"⑤。忠、孝乃是六亲不和、国家昏乱之后产生的。

王弼认为忠孝是合乎自然的道德伦理，是真情发于内，自然表于外。王弼注《老子》第十八章：

> 甚美之名，生于大恶，所谓美恶同门……若六亲自和，国家自治，则孝慈、忠臣不知其所在矣。鱼相忘于江湖之道，则相濡之德（不知其所）生也。⑥

亲戚和睦、国家自治的时候，人人忠孝，行为一致，没有忠孝与不忠孝现象的比较，自然难以发现孝子与忠臣的所在，正所谓"鱼相忘于江湖之道"。只有当六亲不和、国家混乱的时候，孝子和忠臣之才会格外凸显，并被那些致力于营建和谐社会的人加以提倡，此即"则相濡之德生"也。依王弼看来，"六亲不和，有孝慈；国家昏乱，有忠臣"阐述的是社会发展的自然现象和规律，老子对于忠孝的态度也并非贬斥。

儒道两家关于"礼"也产生巨大分歧。《老子》言："夫礼者，忠信之薄而乱之首。"⑦ 社会上层对"礼"的倡导具有强制性："上礼为之而莫之应，则攘臂而扔之。"⑧ 高亨《老子

---

① （魏）王弼注，楼宇烈校释：《老子道德经注校释》，北京：中华书局 2008 年版，第 74 页。
② 《老子》第三十二章："侯王若能守之，万物将自宾。"同上书，第 81 页。
③ 同上书，第 95 页。
④ 杨伯峻译注：《论语译注》，北京：中华书局 1980 年版，第 2 页。
⑤ （魏）王弼注，楼宇烈校释：《老子道德经注校释》，北京：中华书局 2008 年版，第 43 页。
⑥ 同上书，第 43 页，楼宇烈校勘补"不知其所"四字。
⑦ 同上书，第 93 页。
⑧ 同上。

正诂》引陆德明注："扔，引也。马叙伦注：'攘'借为'纕'。《说文解字》曰：'纕，援臂也。'"[①] 意思是挽起手臂，硬拽着别人使其就于礼，以强制的方式使人民遵守礼节。

与此相反，儒家思想格外强调"礼"对于国家治理的重要性。"能以礼让为国乎？何有？不能以礼让为国，如礼何？"[②]"名不正，则言不顺；言不顺，则事不成；事不成，则礼乐不兴；礼乐不兴，则刑罚不中。"[③] 礼是治理国家的有效措施。由于礼可以约束、规范人们的行为，"君子博学于文，约之以礼，亦可以弗畔矣夫"[④]，并且上层君子对礼的实行具有上行下效的模范作用，君主可以通过礼仪来倡导臣民学礼、行礼，并且获得他们的忠诚、敬畏，"上好礼，则民莫敢不敬；上好义，则民莫敢不服；上好信，则民莫敢不用情"[⑤]，"君使臣以礼，臣事君以忠"[⑥]，从而达到社会稳定和谐、巩固统治的目的。

王弼表达了对"礼"的看法："夫礼也，所始首于忠信不笃，通简不阳，责备于表，机微争制。夫仁义发于内，为之犹伪，况务外饰而可久乎！"[⑦] 又言："用不以形，御不以名，故（名）仁义可显，礼敬可彰也……各任其贞事，用其诚，则仁德厚焉，行义正焉，礼敬清焉。"[⑧]"表"，即外表，指礼节等游饰。王弼一方面认为礼是表面的饰物，不能责备于外表，为微小之事争执；另一方面，他并不反对仁义礼敬，而是要彰显它们，使"仁德厚""行义正""礼敬清"。

儒道关于仁、义、礼、忠、孝这些道德伦理的矛盾分歧，实际上也是"名教"与"自然"的冲突。无论是外饰的礼还是发于内的仁义忠孝都只是"行""名"，是"无"的外在的具体表现，即王弼所说的"末"和"子"：

> 仁义，母之所生，非可以为母。形器，匠之所成，非可以为匠也。舍其母而用其子，弃其本而适其末，名则有所分，形则有所止。虽极其大，必有不周；虽盛其美，必有患忧。功在为之，岂足处也。[⑨]

要想在社会秩序被打乱之后重新回到社会的本真状态，使仁义道德得以彰显，仅依靠道德的约束作用是无法做到的，必须以"自然无为"为载体，统筹"道德名教"之母体，崇本息末，使名教本于自然而产生作用：

---

① 高亨：《老子正诂》，北京：中华书局1959年版，第98页。
② 杨伯峻译注：《论语译注》，北京：中华书局1980年版，第38页。
③ 同上书，第133—134页。
④ 同上书，第63—64页。
⑤ 同上书，第135页。
⑥ 同上书，第30页。
⑦ （魏）王弼注，楼宇烈校释：《老子道德经注校释》，北京：中华书局2008年版，第94页。
⑧ 同上书，第95页。楼宇烈校"机"为"几"，意为"细小"。"制"通"执"，意为"极微小之事也要争执"。
⑨ 同上。

弃其所载，舍其所生，用其成形，役其聪明，仁则（诚）［尚］焉，义（其）［则］竞焉，礼则争焉。故仁德之厚，非用仁之所能也；行义之正，非用义之所成也；礼敬之清，非用礼之所济也。载之以道，统之以母，故显之而无所尚，彰之而无所竞。用夫无名，故名以笃焉；用夫无形，故形以成焉。守母以存其子，崇本以举其末，则形名俱有而邪不生，大美配天而华不作。故母不可远，本不可失。①

王弼又言：“故苟得其为功之母，则万物作焉而不辞也，万事存焉而不劳也。”② “得其为功之母”即是以“无为”为根本，做到顺应万物之自然本性，“用不以形，御不以名”③之自然无为才能有生物成物之功。王弼构建的理想社会是以道家之“自然”为本为体，以儒家之“名教”为末为用，实现“万物作焉而不辞”④“万事存焉而不劳”⑤ 的任自然的和谐状态，这种社会状态也包括儒家名教“仁义可显，礼敬可彰”⑥ 之伦理文明。王弼“守母存子”“崇本举末”的思想，既呼应了《老子》“以无为本”⑦ 的宗旨，也论证了伦理道德的合理性。王弼将儒道名教与自然之矛盾转化成了“崇”与“息”的本末问题，使其成为统一的整体。

二、以内圣外王之道实现“归致”

王弼在《老子指略》言：“法者尚乎齐同，而刑以检之。名者尚乎定真，而言以正之。儒者尚乎全爱，而誉以进之。墨者尚乎俭啬，而矫以立之。杂者尚乎众美，而总以行之。”⑧他认为法、儒、名、墨、杂各家站在各自不同的层次思考，执其一端，因此都有片面性，存在这些缺陷的原因在于没有处理好“本”与“末”的关系：“斯皆用其子而弃其母。”⑨ 王弼提出“子”与“母”、“本”与“末”的思想是为了说明本末倒置、物失其所存载，是不足以长守的。他又指出各家思想虽各有侧重，但都可以归结为同一个宗旨：“夫途虽殊，必同其归；虑虽百，必均其致。”⑩ 从主观世界来看，王弼之“归致”当是各家思想追求之同一目标，即天人和谐的理想社会，这也是王弼之理想社会。

---

① （魏）王弼注，楼宇烈校释：《老子道德经注校释》，北京：中华书局2008年版，第95页。
② 同上。
③ 同上。
④ 同上。
⑤ 同上。
⑥ 同上。
⑦ 《老子》第十一章：“故有之以为利，无之以为用。”同上书，第26－27页。
⑧ （魏）王弼著，楼宇烈校释：《王弼集校释》，北京：中华书局1980年版，第196页。
⑨ 同上。
⑩ 同上书，第197页。

王弼注释《老子》第八十章“小国寡民”[①]：“国既小，民又寡，尚可使反古，况国大民众乎!”[②]“尚”和“况”二字，可读出王弼对“小国寡民”社会状态的向往和期待。这种“小国寡民”的社会构想“绝非野蛮的原始社会”[③]，而是“民不辟而国治之”“民不令而自均”“万物自宾”的和谐状态：

> 人能处常居之宅，抱一清神能常无离乎？则万物自宾也……治国无以智，犹弃智也。能无以智乎？则民不辟而国治之也。[④]
>
> 抱朴无为，不以物累其真，不以欲害其神，则物自宾而道自得也……我守其真性无为，则民不令而自均也。[⑤]

此种和谐状态既有道家之“无为”之“不辟”“不令”“无以智”，也包含儒家“有为”而成的“国治”“民均”，可见王弼并不否定国家政治的作用。

《老子》第二十八章说：“朴散则为器，圣人用之则为官长。故大制不割。”[⑥] 对此王弼解释说：

> 朴，真也。真散则百行出，殊类生，若器也。圣人因其分散，故为之立官长，以善为师，不善为资，移风易俗，复使归于一也。大制者，以天下之心为心，故无割也。[⑦]

“百行”“殊类”指众多事物和道德品行，“器”即是“形”。《老子》第二十七章：“故善人者，不善人之师；不善人者，善人之资。”[⑧] 王弼认为国家有为之名教政治是在“朴散”即丧失无为自行的“道”之后应时而生的，也是自然之产物。“朴散”之后，人类社会通过设立官长，不善者向善者学习，以善带动不善，达到“移风易俗”，重新归返到道一的自然状态，这也是合乎自然的。

王弼具体描述了他的理想社会：

> 是以圣人之于天下歙歙焉，心无所主也。为天下浑心焉，意无所适莫也。无所察

---

① （魏）王弼注，楼宇烈校释：《老子道德经注校释》，北京：中华书局2008年版，第190页。

② 同上。

③ 冯友兰认为老子之小国寡民“非只是原始社会之野蛮境界，此乃包含有野蛮之文明境界也”。冯友兰：《中国哲学史》，北京：商务印书馆2011年版，第128页。

④ （魏）王弼注，楼宇烈校释：《老子道德经注校释》，北京：中华书局2008年版，第22—23页。

⑤ 同上书，第81页。

⑥ 同上书，第74页。

⑦ 同上书，第74—75页。

⑧ 同上书，第71页。

焉，百姓何避；无所求焉，百姓何应。无避无应，则莫不用其情矣。人无为舍其所能，而为其所不能；舍其所长，而为其短。如此，则言者言其所知，行者行其所能，百姓各皆注其耳目焉，吾皆孩之而已。①

这一纯朴和谐的社会状态不仅是王弼之社会理想，也是曹魏正始年间整个时代的理想。内圣外王之道则是实现这一社会理想的最佳方式，通过君主的“内圣”即对天道的理解和实行，达到“外王”的社会状态，实现国家稳定和谐，民众纯朴富足的目标。“内圣”要求君主具有内德，能与天地合其德，做到“抱朴无为”“以天下之心为心”，以道治国。

王弼注《老子》第五十七章：“上之所欲，民从之速也。我之所欲唯无欲，而民之无欲而自朴也。此四者，崇本息末也。”② 君主的行为对臣民具有模范作用，君主无欲则百姓也因为君主的无所欲而保持纯朴自然，“无为”“好静”“无事”“无欲”就是王弼的“崇本”之道。所以理想的君主应该与“道”同体：

道以无形无为成济万物，故从事于道者以无为为君，不言为教，绵绵若存，而物得其真。与道同体，故曰“同于道”。③

以无为为居，以不言为教，以恬淡为味，治之极也。④

君主如能与“道”同体，以正治国，无为好静，则社会政治系统将处于自然和谐的状态，这就是王弼实现社会理想的内圣外王之道。

三、“圣人体无”的儒道会通

“有”与“无”是儒道两家的主要分歧所在。“有”与“无”即表象与本质，在人事方面主要反映为“为”与“不为”。王弼提出“以无为本”的观点，认为“有”与“无”不可分，无不离有，有本于无。《老子》第四十章：“天下万物生于有，有生于无。”⑤ 王弼注释说：

天下万物，皆以有为生。有之所始，以无为本。将于全有，必返于无也。⑥

---

① （魏）王弼注，楼宇烈校释：《老子道德经注校释》，北京：中华书局2008年版，第130页。
② 同上书，第150页。
③ 同上书，第57页
④ 同上书，第164页。
⑤ 同上书，第110页。
⑥ 同上。

王弼发展了老子“有生于无”的观点，认为“有本于无”，“无”与“有”是本与末的关系，强调了“本体”的重要性。王弼在《老子》第三十八章注说：

用夫无名，故名以笃焉；用夫无形，故形以成焉。守母以存其子，崇本以举其末，则形名俱有而邪不生，大美配天而华不作。故母不可远，本不可失。①

王弼认为应该“守母以存其子，崇本以举其末”，既要“以无为本”又要“举本统末”，“本”与“末”皆不可失，“有”与“无”不可离。他在《大衍义》中也认为有无之不可分：“夫无不可以无明，必因于有，故常于有物之极，而必明其所由之宗也。”② 在王弼看来，“无”是万物之根本和原则，但“无”却是不能自明的，必须借助于“有”的表现和作用才能使人理解明白，因而“无”是“本”和“体”，“有”是“末”和“用”，“有”本于“无”，“无”也不能离开“有”。

儒家主张“有为”，道家主张“无为”，这是简而易见的。儒家之圣人孔子便是积极入世的，主张有所作为，即使明知不可为，也要强为之。《论语》记载：“子路宿于石门。晨门曰：‘奚自?’子路曰：‘自孔氏。’曰：‘是知其不可而为之者与?’”③ 孔子知世不可为而强为之也。《论语》又载：“夫子怃然曰：‘鸟兽不可与同群，吾非斯人之徒与而谁与？天下有道，丘不与易也。’”④ 此言天下无道，孔子欲以道易之。

与孔子“知其不可为而为之”相反的是老子的“无为”，即“圣人处无为之事，行不言之教，万物作焉而不辞”⑤，“道常无为，而无不为”⑥。如此说来孔子之“强为”就称不上是圣人，这对于当时致力于融合儒道思想的玄学家来说是一个难以解决的矛盾。王弼在《论语释疑》解释“志于道”⑦ 说：“道者，无之称也，无不通也，无不由也。况之曰道，寂然无体，不可为象，是道不可为体，故但志慕而已。”⑧

正因为“道”无体，不可为象，所以不可言，只可志慕和体会。王弼通过“体无”的思想解决圣人不言“无”的矛盾，既赞成“圣人与天地合其德”⑨ 都是“无为”的，又尊孔子为圣人，并认为孔子之思想高于老子。据《三国志·钟会传》裴注引何劭《王弼传》记载，

① （魏）王弼著，楼宇烈校释：《王弼集校释》，北京：中华书局1980年版，第95页。

② 同上书，第548页。

③ 杨伯峻译注：《论语译注》，北京：中华书局1980年版，第157页。

④ 同上书，第194页。

⑤ （魏）王弼注，楼宇烈校释：《老子道德经注校释》，北京：中华书局2008年版，第6页。

⑥ 同上书，第90页。

⑦ 同上书，第624页。

⑧ 同上。

⑨ 《易经·文言》：“夫大人者，与天地合其德，与日月合其明。”陈鼓应、赵建伟注译：《周易今注今译》，北京：商务印书馆2016年版，第14页。

裴徽问尚未弱冠的王弼："夫无者诚万物之所资也，然圣人莫肯致言，而老子申之无已者何？"[①] 王弼回答说："圣人体无，无又不可以训，故不说也。老子是有者也，故恒言无所不足。"[②] 从王弼的回答可以看出他认为孔子的"莫肯致言"高于老子的"申之无已"。

孔子一再称赞"天下有道则见，无道则隐"[③] 这种"适道而行"的行为："大哉尧之为君也！巍巍乎！唯天为大，唯尧则之。荡荡乎，民无能名焉。"[④] 这说明孔子在意识上认可大道之无名、无为，他也清楚自己的"强为"对礼崩乐坏的天下大势无济于事，纯朴和谐的社会秩序已无可挽回。但是在行动上，作为一个心系天下"入世"儒者，强为"易世"又是他不得不做的，如同一个殉道者看到生灵涂炭而心生怜悯，无法自禁。孔子的"知其不可为而为之"的矛盾在于内在思想与外在行为的不一，但并不能否定孔子对"无为"观点的认同。

老子站在整体的、宏观的角度看社会的发展，虽然认识到社会发展的客观规律即所谓的"道"，因而主张"道"之"无为"，故"申之不已"。但形而下的"有"却无法表达形而上的"无"。孔子虽然心知其"道"，却站在"人"的角度讨论，以"有"为"有"，以"无"为用，所以孔子不谈"无"，而是主张人之"有"。这样，王弼将孔老在言论上矛盾的化解为思想上"以无为本"的统一。儒道关于"有"与"无"的分歧，由于王弼"圣人体无"概念的提出得到了解决和融合。

四、王弼儒道会通思想总结

王弼在《老子指略》中认为法、名、儒、墨、杂等各家思想均有可取之处："法者尚乎齐同，而刑以检之。名者尚乎定真，而言以正之。儒者尚乎全爱，而誉以进之。墨者尚乎俭啬，而矫以立之。杂者尚乎众美，而总以行之。"[⑤] 他又指出各家思想存在的缺陷："夫刑以检物，巧伪必生；名以定物，理恕必失；誉以进物，争尚必起；矫以立物，乖违必作；杂以行物，秽乱必兴。"[⑥] 王弼对各家思想进行了鞭辟入里的分析，既肯定其优点又指出其缺陷，这说明王弼对诸子思想都有理性、客观的认识，因此可以说，他的思想体系是建立在对诸子思想扬弃的基础上的。在《老子注》中，王弼对儒家思想的选择性吸收是尤为突出的。

王弼以儒家思想重新解释《老子》，促使儒道的融合是玄学家为求得社会认同和政治支持的历史结果。尽管道学思想在汉魏之际取得了一定发展，但在当时的社会状况下，要实现

① （晋）陈寿：《三国志》，北京：中华书局1959年版，第795页。
② 同上。
③ 杨伯峻译注：《论语译注》，北京：中华书局1980年版，第82页。
④ 同上书，第83页。
⑤ （魏）王弼著，楼宇烈校释：《王弼集校释》，北京：中华书局1980年版，第196页。
⑥ 同上。

社会秩序的重建还存在诸多现实障碍。汉初“独尊儒术”，尽管汉末经学、名教衰落，但是儒家思想始终占有无可取代的主导地位。东汉末年，老庄思想虽为众多士人所好尚，但是儒家思想仍然是社会的主流思想，道家思想缺少类似于儒家的政治地位和社会认同。早期玄学家为取得当权者在政治上的支持，就必须依靠占统治地位的儒家学派的帮助，于是道家思想主动与儒家正统思想靠拢。这样，道家之思想才能“披着儒家的衣衫，正式成为众人理直气壮地讨论的话题”①，有了主流意识形态的认可，成为被社会普遍认同的思想。王弼采用儒家思想注释《老子》即使不是出于明确的政治目的，但他毕竟希望争取统治者的支持、获得社会的普遍认同，那么主动结合具有正统地位的儒家思想就成为必然选择。

王弼能够采用儒家的思想解释道家著作，儒道二者必有相互吸收融合的可能，即存在一定的共通性。首先，儒道二学有共同的社会目标，即构建天人和谐、无为自行的社会秩序。孔子在《论语》中表达了他天下大同的社会理想：“无为而治者其舜也与？夫何为哉？恭己正南面而已矣！”② 又言：“为政以德，譬如北辰居其所而众星共之。”③ 这与道家“天道无为”的思想不谋而合。

第二，儒道思想有相似的天命观，都认为天道是超于人事之上的无限整体，因而都信奉和遵循天命。《论语》载孔子言：“天何言哉？四时行焉，万物生焉。”④ “道之将行也与，命也；道之将废也与，命也。”⑤ 在孔子看来“天”主宰着天地万物，人力无法改变天命。“不知命，无以为君子也”⑥，“君子有三畏：畏天命，畏大人，畏圣人之言”⑦，不仅要了解天还要畏惧天。“天”与“道”也是贯穿《老子》甚至整个道家学说的主线，是老子哲学中的最高准则，“人法地，地法天，天法道，道法自然”⑧，“天长地久。天地所以能长且久者，以其不自生”⑨，这是一种统贯天人、囊括宇宙的无限整体观。

孔老思想的第三个共通点是“中和”的思想。“中庸”思想是儒家思想的重要组成部分。《礼记》还有专门论述中庸之道的篇章即《中庸》。朱熹将其抽出独立成书，成为《四书》之一的儒家经典。孔子对“中庸”的评价极高：“至矣乎！”⑩ 并警戒弟子“过犹不及”⑪。“物极必反”的辩证观点也是老子哲学的重要思想，如《老子》言“多言数穷，不如守中”⑫，

---

① 葛兆光：《中国思想史》，上海：复旦大学出版社 2001 年版，第 324 页。

② 杨伯峻译注：《论语译注》，北京：中华书局 1980 年版，第 162 页。

③ 同上书，第 11 页。

④ 同上书，第 188 页。

⑤ 同上书，第 157 页。

⑥ 同上书，第 211 页。

⑦ 同上书，第 177 页。

⑧ （魏）王弼注，楼宇烈校释：《老子道德经注校释》，北京：中华书局 2008 年版，第 64 页。

⑨ 同上书，第 19 页。

⑩ 《中庸》：“子曰：‘中庸其至矣乎！’”（宋）朱熹：《四书章句集注》，北京：中华书局 2011 年版，第 21 页。

⑪ 《论语·先进》：“子贡问：‘师与商也孰贤？’子曰：‘师也过，商也不及。’曰：‘然则师愈与？’子曰：‘过犹不及。’”杨伯峻译注：《论语译注》，北京：中华书局 1980 年版，第 114 页。

⑫ （魏）王弼注，楼宇烈校释：《老子道德经注校释》，北京：中华书局 2008 年版，第 14 页。

"天下多忌讳，而民弥贫；民多利器，国家滋昏；人多伎巧，奇物滋起；法令滋彰，盗贼多有"[①]。老子一再反对"多"，认为忌讳多则人民愈贫苦，利器多则国家愈混乱，技巧多则奇物愈多，法令愈彰显则盗贼愈猖獗，因而要"守中"，这与孔子之"中庸"的观点暗合。可见，儒道之思想并不是完全对立的，这些共通的思想也是王弼能够以儒家思想注释《老子》，实现融会儒道思想的重要前提。

在王弼之前，荀粲已经提出"言不尽意"的观点，试图用新的方法解释经典从而化解名教与自然之冲突，但是他同时又视六经为糠秕："常以为子贡称夫子之言性与天道，不可得闻，然则六经虽存，固圣人之糠秕。"[②] 这表明他的新理论存在自相矛盾之处。何晏也提出过"以无为本"的哲学命题，他尝试用改造过的道家思想重新解释儒家思想，但是也始终未能将"有无之辨"由抽象转为具体，无法从根本上解决"名教"与"自然"之矛盾。王弼运用"崇本息末"的思想诠释《老子》，成功地构建了一个周密而符合现实的理想社会蓝图，化解了儒道名家与自然、"有"与"无"的矛盾。他在此基础上，以道家思想诠释《周易》，形成了一个周密的哲学思想系统，从而打开了儒道会通、"自然"与"名教"之综合的思路。

虽然王弼所期望的理想社会最终未能实现，但是他通过以儒解道注释《老子》，又援道入儒诠释《周易》《论语》，将儒道会通思想系统化、严谨化，推动了正始玄学走向巅峰。这不仅赋予了道家思想新的内涵，提高了道学的社会政治地位，也被后世的思想家延续和发展。《晋书·阮籍传》记载了阮瞻、王戎关于儒道异同的讨论，王戎问阮瞻："圣人贵名教，老庄明自然，其旨同异?"[③] 阮瞻回答："将无同。"[④] 阮瞻虽未明确表示儒道一致，但是儒道融合显然已经成为大多数士人普遍认同的思想。东晋葛洪著《抱朴子》内外篇，内篇言神仙方术、养生禳邪等道家思想，外篇言人间得失、世事臧否等儒家思想，内外篇相互补充印证。他还在《内篇·明本》里谈到"道者儒之本也，儒者道之末也"[⑤]，"得道者圣人，则老庄是也；治世之圣人，则周孔是也"[⑥]，主张内外并举、儒道皆修。儒道走向融合的先例，也对佛家思想与中原本土思想的融合，禅宗的形成以及宋明理学继承儒道思想、融会佛老等产生了深远影响，对中国传统学术的发展具有重大意义。

---

① （魏）王弼注，楼宇烈校释：《老子道德经注校释》，北京：中华书局 2008 年版，第 149 页。
② （晋）陈寿：《三国志》，北京：中华书局 1959 年版，第 319 页。
③ （唐）房玄龄等：《晋书》，北京：中华书局 1974 年版，第 1363 页。
④ 同上。
⑤ （晋）葛洪著，张松辉译注：《抱朴子·内篇》，北京：中华书局 2011 年版，第 314 页。
⑥ 同上。

老子學刊

道学研究

女丹溯源

——兼论清代女丹修炼法门的兴起

萧登福*

内容提要：以现存文献所见，女丹修炼始于晚唐道书《太玄宝典》，以为男精女血，男肾女心，男女内丹修炼各有所重。但自唐而后，女丹修炼沉寂多时，至南宋薛道光《悟真篇》注序①，叙述吕洞宾度张珍奴时，才较有系统地谈到女丹以气聚双乳，以炼气为先，然后俟一阳初动而行河车运行。宋后，又无人言及女丹。清中叶而后，女丹大盛，假托扶鸾而行世，其中包括了妙化元君、孙不二女丹法。清代的女丹，肇始于乾隆朝妙化元君的《坤宁妙经》，而定型于道光间吕祖传、傅金铨述的《樵阳经女工修炼》。傅金铨是清代女丹理论的主要整理人与奠基人，也是清代女丹所以兴盛的关键人物。今人陈撄宁、萧天石、胡孚琛、詹石窗、董沛文、盛克琦等对女丹均有论述。于是女丹之学，渐为世人所知。

关键词：清代　女丹　妙化元君　孙不二　斩赤龙

一、女丹的定义

所谓“女丹”，顾名思义，是女子专属修炼“金丹”的法门。此金丹是偏向于修炼身中阴阳气（坎离交媾），去阴存阳的“内丹”，而不是烧炼五金八石的“外丹”。

关于女丹，陈撄宁（1880－1969）曾将之分为八个派门。后来，陈撄宁《中华仙学·（乙）坤道之部·与朱昌亚医师论仙学书》，认为女丹分为六派：（一）中条老姆派，下手先炼剑术，有法剑与道剑；（二）丹阳谌姆派，重在天元神丹之修炼，其术传予许逊；（三）南

---

* 萧登福（1950－），男，台湾屏东县人，台中科技大学应用中文系教授。

① 张继禹主编：《中华道藏》第19册，北京：华夏出版社2004年版，第401页中－402页中。以下所引皆出自此版本。

岳魏夫人派，重在精思、存想，奉《黄庭经》为正宗；（四）谢自然仙姑派，重辟谷、食气，以《中黄经》为必读之经；（五）黄文逸真人派，重清心寡欲、神不外驰、专气致柔、元和内运；（六）孙不二元君派，“此派即太阴炼形法，先从斩赤龙下手，乃正式的女子修炼工夫”[①]。其后胡孚琛《丹道法诀十二讲》下卷附录五《女子丹法传真》[②]，以及董沛文、盛克琦编《女丹仙道》上册“前言”[③]，叙述女丹派别及修炼次第，大都采用陈撄宁说。

但陈撄宁的女丹分派，是认为成仙的女子都是修炼女丹而来，对“女丹”的定义太宽泛。上述陈撄宁所分派，除孙不二外，皆是男女通修之法，因此不能称为“女丹”。如谌母，是许逊之师。净明派创于许逊，而源于谌母，其修炼法门以忠孝及内丹为主。再如南岳魏华存夫人，则是上清派第一代太师，将三十一卷上清经传予杨羲。上清是以存思身神为主。谌母、魏华存二人所传皆非女性专修，而是男女共修。其余中条老姆、谢自然仙姑、黄文逸真人，所修之法门，也是不限定于女性。如说女性修炼成仙者皆可称女丹，则西王母、九天玄女、女丸等人也都可以各自形成门派了。陈撄宁大概发现自己所说太宽泛，非专属，所以在第六派孙不二元君派下说：“乃正式的女子修炼工夫。”虽是如此，但陈撄宁据以谈论的孙不二女丹术，乃是后人扶鸾降真，托名伪撰，并不是真正出自全真七子孙不二之手。全真七子的孙不二，以一般的内丹修炼为主，和清人所说的女丹修炼并不相同。详下述。

综归之，“女丹”应有别于“男丹”，也应有别于一般男女通用的修仙法门。从字面来看，它是女性专属的修仙法门，且其修炼法门偏向于以身体为鼎炉，以精气神为药物的内丹修炼。今即以“女子专属的内丹修炼法门”一语，来定义女丹，并据此来谈女丹的源起及流变。

二、唐代女丹肇始期及其女丹修炼说

内丹始于汉代，见于《周易参同契》，所说内丹修炼法门，并未细分男女，似乎男女皆通用。但自唐代起，开始有人提到女性之心理结构和男子不同，其修丹之法也应不同。唐施肩吾撰、李竦编《西山群仙会真记·卷之三·补内》：

> 《西山记》曰：男子先生右肾，以外精而内血，阴为里也；女子先生左肾，以外血而内精，阳为里也。肾生脾，脾生肝，肝生肺，肺生心，心生小肠，小肠生大肠，大肠生胆，胆生膀胱，膀胱生三元，三元生三焦，三焦生八脉，八脉生十二经，十二经生十二络，十二络生一百八十系络，一百八十系络生一百八十缠络，一百八十缠络生三万六

---

① 陈撄宁：《中华仙学》，《藏外道书》第 26 册，成都：巴蜀书社 1994 年版，见第 214 页上。以下所引皆出自此版本。

② 胡孚琛：《丹道法诀十二讲》（下卷），北京：社会科学文献出版社 2009 年版，第 374—755 页。

③ 董沛文、盛克琦：《女丹仙道》，北京：宗教文化出版社 2012 年版。

千孙络，三万六千孙络生三百六十五骨，三百六十五骨生八万四千毛窍，胎完炁足，灵光入体，与母分离，而为人也。以内外言之，经络之内而为内，肌肤之外而为外。养命养其五脏，五脏为根，根固叶自茂矣！养形养其五炁，五炁为源，源保流自长矣！真炁大运随天，元炁小运随日，春肝旺脾弱，则养脾食甘物。五谷中粳米，五果中枣肉，五畜中牛肉，五菜中葵菜。清心无忧，忧则伤肝。隐坐避风，以肝恶风也。若日用之间，卯时以待小运，日生元炁，传送在肝。闲居冥目，以养肝，旬日见功，月可视秋毫。若修炼下功，不必如此。夏心旺肺弱，则养肺，食辛物。五谷中黄黍，五果中桃子，五畜中鸡肉，五菜中葱菜。清心少喜，喜多伤心，静坐避热，以心恶热，若日用之间，午时以待小运，日生元炁，传送在心，绝念安居，以养心，旬日见功，可炁通百脉。修炼下功，亦不必如此……一泄一炁弱，百泄一神去，千泄一脏损，已至枯竭，四大无主，乃日死矣！故真仙上圣，有还精之道。若志在玄元，肾炁交心炁，积炁生液，如悬珠垂露，颗颗还于丹田，火候无差，自然凝结，形若弹丸，色同朱橘。炁中生炁，炼炁成神，身外有身，超凡入圣。若以未悟清虚，甘作儿孙之牛马，淫邪之心未息，亦不可深究房中之术，俱以借其阴貌，赚心炁下入黄庭，而肾炁不能上升，乃以龙盘虎远，欲泄之前，弃其情爱，一则孤坐敛身，双手抱脐，使炁结为胎；一则升身，偃脊敛身，少时使肘后飞入泥丸，以填血脑，而百骨充盈，有返老还童之验矣！嗟少学无知，欲采妇女之津炁，以为阴丹。又炼无情之金石，取天地之秀炁，而为外丹，饵之填精补海。幸而药盛而时暂无损，若以元阳耗散，而丹台空虚，饵之在腹，当有不救之疾，取之于人，当有速亡之患。返以神仙之法为诳，静言思之，谁其过欤！①

文中以男女在母胎中之发育成长，来说明男女身体的基本差异，以为男由右肾，女起左肾。男外精而内血，以阴为里（外阳里阴）；女外血而内精，以阳为里（外阴里阳）。其后而成男重精女重血。人体的发展，肾先生出，然后才逐渐完成五脏六腑；五脏之后，其次再由八脉生十二经、十二脉，逐至全身大小孙络三万六千，然后再生三百六十五骨及毛窍，胎完炁足，而后离开母体。

施肩吾为唐宪宗时人。这样的胎儿在母胎器官的先后次第形成说，只是当时人的想象，并非真实情形，和今日的说法有别。由于古人重肾生精及五脏精气，所以唐代养生法以五脏配五行及五谷、五菜、五畜，以五行生克法来行养生，并进而修炼引肾气上行、心气下行、肾气心气相交于黄庭的炼精化气。

施肩吾由五脏生克涵养的养生法谈到坎离心肾二气交媾的内丹修炼术。虽然施肩吾开头也说男精女血、内外有别，所谓“男子先生右肾，以外精而内血，阴为里也；女子先生左肾，以外血而内精，阳为里也”，但所言的修丹法是男女通用，并不是女子专属的女丹修

① 《中华道藏》第19册，第130页中—131页下。

炼法。

施肩吾已注意到男女的身体结构阴阳有别，一主精，一主血。其后到了晚唐，《太玄宝典》对男女内丹修炼法开始有了区别。

《太玄宝典》撰作年代难明，以所言之修炼方式交杂胎息、守三一及炼气神看来，疑撰成于晚唐至五代，说见笔者《正统道藏总目提要》第1026《太玄宝典》提要①。

《太玄宝典·修真冲寂门·阴阳造化章》说：

> 男子禀天道，得阳之气，生肾；女子禀地道，得阴之气，生血生心。故男子炼气成真而保精，女子炼血成真而保神，阴阳造化，各有异焉，所行之道，亦各不同。男子守肾固精，炼气夹脐循脊骨上泥丸，号曰还元；女子守心养神，炼火不动，以两乳气下肾，夹肾上行亦到泥丸，号曰化真。行之百日，男子精不泄，气长生，返婴童，神灵矣；女子血不动，神自定，返处子，而收二脉，一化乳，二化血，其妙万端。久久行之，生发平乳，移肾变形焉。②

文中说“男子禀天道，得阳之气，生肾”，因而男子修炼以肾精为主；“女子禀地道，得阴之气，生血生心”，所以女子修炼以心血为主。

上述经文说法，和施肩吾男子由右肾、女子由左肾说法有别。此处以为男子由肾，女子由心。但关于其所主张的男精女血、男阳女阴，二家说法则相同。此经所说男女的差别，男肾主精，女心主血，不是同起于肾（左右）。后人大都接受此说。既是男精女血，所以男子应炼气保精，女子应炼血保神。

据经文所见，男女修炼内丹的方式各别。男子的修炼法门是守肾固精。肾为精府，由炼肾中之精，使上升交合心中气，精气两相合，再下引至脐，然后由背部循脊骨，逆行至泥丸，即所谓“炼气夹脐循脊骨上泥丸，号曰还元”。

女子的修炼法门是守心养神。心为气府，为离火。先炼心不动，将两乳间的心气下引和肾精相合交媾，再夹肾精心气的混合体，逆行到上丹田泥丸宫，即所谓“炼火不动，以两乳气下肾，夹肾上行亦到泥丸，号曰化真”。

男女用这种方式修行百日后，男子可以“精不泄，气长生，返婴童，神灵矣”；女子则可以“血不动，神自定，返处子”。不仅形貌可以返回处女，还可以化乳化血，使女子的隆乳成平乳（乳房不隆起），可以生出黑发。文中的“一化乳，二化血”：化乳，指乳平；化血，疑是后来所说的斩赤龙，使女人无月经，无经血。

《太玄宝典》对女子内丹修炼法门着墨并不多，但指出了女子修丹的大方向。汉代以来，

---

① 萧登福：《正统道藏总目提要》第1026《太玄宝典》提要，台北：文津出版社2011年版。

② 《中华道藏》第23册，第295页上。

道经中极少谈到男女内丹修炼应有差别，《太玄宝典》对女丹修炼的叙述，虽然不是长篇大论，但却是极为难得的史料。书中所说男子由肾精炼起，和一般内丹修炼书无别，但所说女子修炼法，则对后世影响甚深。宋人及明清所说女丹，大抵以此经之说为主。

三、宋代女丹修炼法门

宋代薛道光及元代的陈致虚，在《紫阳真人悟真篇三注》中，都详尽地叙述了女子修炼内丹之方式。《紫阳真人悟真篇三注》五卷，系薛道光、陆墅、陈致虚注，收入《正统道藏·洞真部·玉诀类·律字号》。此书是由元人张士弘刊行。张士弘汇集南宋薛道光、陆墅及元陈致虚三家之《悟真篇》注，刊行于世。其中薛注，元人戴起宗以为是俗人将翁葆光注误成薛注，但显然是翁葆光取道光注增添成己注，并非翁注被误挪为薛注。

《紫阳真人悟真篇三注》分为记、序及三家注。书前分别为：《悟真篇记》（包括《陆子野记》及《薛道光序》）、《陆子野注悟真篇序》、《上阳子注悟真篇序》、《紫阳真人悟真篇筌蹄》、张紫阳《悟真篇序》。其后五卷为七言律诗绝句及《西江月》等诗词及薛道光、陆墅、陈致虚三家注。书后为《紫阳真人后序》。

书首为《悟真篇记》。前面部分系陆诜孙记载张平叔往依其祖陆诜至成都，为陆诜之部属，及其父得平叔《悟真篇》事，文末“因此托其自”下有缺文。据清仇兆鳌《悟真篇集注》[①]，此文前面题《陆彦孚记》，其末云“因此托其自悲之意于末云。朝奉郎陆思诚谨记”，知《悟真篇记》即是《陆彦孚记》，系陆诜之孙陆彦孚所撰。其后低一格自“阴道厌九一”起，载述吕祖度化张珍奴事，文末为“乾道五年乙丑岁中秋日孙薛式谨书”，知是南宋薛式（道光）在宋孝宗乾道五年乙丑岁（1169）中秋日写的序，附于《悟真篇记》文末，今道藏本略去陆记后及薛序前，误合为一。

薛道光（1077—1191）为南宗第三祖，是张伯端再传门人。南宗由北宋神宗朝的张伯端创立，张伯端传石泰，石泰传薛道光，薛道光传陈楠，陈楠传白玉蟾。薛道光，即薛式，号紫贤，一号道源，亦号道光。

《紫阳真人悟真篇三注》五卷，书前首为《悟真篇记》记，文末误掺入薛道光乾道五年序语，论述房中及女丹，云：

> 阴道厌九一，浊乱弄元胞，诸术甚众多，千条有万余。彭真人云：“世人不达大道之宗元，而无非傍门曲径。此属多般，皆为左道。乖讹天理，悖乱至真。明违黄帝之言，全失老君之旨。本期永寿，反尔伤生。”钟离翁云“生我之门死我户”之意大哉。上贤说到，下稍无人承当，何哉？只为世人执己而修，则千条百径，无非傍门者矣。仙

① （清）仇兆鳌：《悟真篇集注》，萧天石主编：《道藏精华》第六集之一，台北：自由出版社1956—1992年版。

翁垂悯，直言穷取生身处，岂不忒露天机？缘为世人因业识中来，却又因业识中而去。一阳奔失，形虽男子，而身中皆阴。若执一已而修，岂能还其元而返其本哉？既不能还元返本，又将何以回阳换骨也。是以大修行人，求先天真铅，必从一初受气生身之处求之，方可得先天真一之气，以还其元而返其本也。此谓男女修行如此。

女人修仙，则以乳房为生气之所，其法尤简。是以男子修仙曰炼气，女人修仙曰炼形。女人修炼先积气于乳房，然后安鼎立炉，行太阴炼形之法，其道最易成道也，良有妙旨。昔宣和中，洞宾游吴兴，见一娼妓张珍奴，色华容美，性好淡素，虽落风尘，每夕沐浴更衣，炷香告天，求解脱去甚切。洞宾作一士访之，珍奴见之，风神异殊，心甚敬之。尽欢，士飘然而去。明日又至，亦如之。往往月余，终不及乱。张珍奴曰："荷君眷顾甚久，独不留一宿，罄枕席之娱，岂妾猥漏不足奉君子耶？"士曰："不然。人贵心相知，何必如此哉？且汝每夜告天，实何所求？"珍奴曰："失身于此，又将何为？但自念奴入是门中，妄施粉黛，以假为真，歌讴艳曲，以悲为乐。本是一团臭脓皮袋，借伪饰以惑人。每每悔叹世之愚夫不自尊贵，过我门者，睹我如花，情牵意惹，迷恋不舍。非但丧财，多致身殒。妾虽假容交欢，觉罪甚重。惟朝夕告天，早脱此门。"士曰："汝志如何，何不学道？"珍奴曰："陷于此地，何从得师？"士曰："吾为汝师乎！"珍奴即拜扣，士曰："再来乃可。"遂去。珍奴日夜望不至，深自懊恨，因书曰："逢师许多时，不说些儿个。安得仍前相对坐，懊恨韶光空自过，直到如今闷损我。"笔未竟，士忽来，见所书，续其韵："道无巧妙，与你方儿一个。子后午前定息坐，夹脊双关昆仑过。恁时得气力，思量我。"珍奴大喜，士乃以太阴炼形太丹法与之。珍奴自是神气裕然，若大开悟，不知密有，所传尤多，珍奴亦不告人。临别作《步蟾宫》云："坎离坤兑分子午，须认自家宗祖。地雷震动山头雨，要洗濯黄芽出［坤］土[①]。捉得金精牢闭固，辩甲庚，要生龙虎。待他问汝甚人传，但说先生姓吕。"珍奴方悟是吕，先审是修行，然后付焉。金玉堆里不可与焉，父子至亲亦勿与焉。盖轻泄妄漏，身则受殃，祸连九祖，门户有灾，子孙不祥。岂止如是，又将受种种恶报，或沉九地，永不受生。切戒毋忽。乾道五年乙丑岁中秋日孙薛式谨书。[②]

此段文字，又见于同书《紫阳真人悟真篇三注·卷二·七言律诗八首》上阳子注[③]。整个故事及文字皆相同，仅文末数语有别，陈致虚于文末云："珍奴方悟是吕先生，即佯狂丐于市，投荒地密修其诀。逾三年，尸解而去。修行一事，不问男女，若猛勇心坚，成道必矣。"陈致虚引文略去薛式题署。陈致虚所注的文字，又见于《紫阳真人悟真篇注疏·卷

① 傅金铨《女金丹》卷上简列数条仙真撮要，首条引吕祖《步蟾宫》词，多一"坤"字，见萧天石《道藏精华》第五集之三，台北：自由出版社1992年版，第3-4页。

② 《中华道藏》第19册，第401页中—402页中。

③ 同上书，第418页中、下。

一·七言四韵》第四首翁葆光注引上阳子语[1]。南宋翁葆光年世在元代陈致虚前，而竟引陈致虚语，可见其系元人戴起宗之误掺。此段有关吕祖传张珍奴女丹之故事，最早应是出自薛道光《悟真篇》乾道五年序，其后为陈致虚所暗引，又被翁葆光注引。有关薛道光注及翁葆光注的关系，请参见《中国道教冥思静坐史·两宋篇》“第七章　金丹南宗石泰、薛式、陈楠等三祖事迹及修行法门”。

上引薛道光所述男女修道之别说：“女人修仙，则以乳房为生气之所，其法尤简。是以男子修仙曰炼气，女人修仙曰炼形。女人修炼先积气于乳房，然后安鼎立炉，行太阴炼形之法，其道最易成道也，良有妙旨。”此段文字简短，但对世的影响却甚大。“女人修炼先积气于乳房，然后安鼎立炉，行太阴炼形之法”，说明女子先在乳房间修炼积气之法，再来才能安鼎立炉。男子内丹修炼，一般是以肾精为主，女子则以心气为主，男子修炼处在下丹田或黄庭炁穴，在黄庭气穴安鼎立炉，女子修炼先积气于乳房。吕洞宾教张珍奴女丹法是：“子后午前定息坐，夹脊双关昆仑过。恁时得气力，思量我。”静坐时机在子后午前的生气之时，不用午后子前的死气时段，和男丹相同，而引气由夹脊双关至昆仑（泥丸），也和男子内丹的河车运行相同。吕祖授予张珍奴“太阴炼形太丹法”，并以《步蟾宫》词来说明女丹，文云：“坎离坤兑分子午，须认自家宗祖。地雷震动山头雨，要洗濯黄芽出［坤］土。捉得金精牢闭固，辩甲庚，要生龙虎。待他问汝甚人传，但说先生姓吕。”从字面意思看来，也是以坎水离火二气为主，依子午时辰来行修炼，而“地雷震动山头雨”，地雷为“复卦”，一阳始生于下，系指活子时元阳祖炁初动之时；“要洗濯黄芽出土”，即是要引坎水离火二气交媾于黄庭，而得黄芽药苗；“捉得金精牢闭固，辩甲庚，要生龙虎”，即是要将铅坎中之金精牢守，分出木金（甲庚）生克，攒簇四象，擒得真龙虎，使生药种，然后行周天火候水河运行，经三关至黄庭的烹炼法，而后得金丹。其法似乎和男子的内丹修炼法，差别不大。也就是女丹在修炼之始，积气于乳房，以绛宫心房为修炼所，待血气饱足，然后移鼎至黄庭丹田待一阳气之始生，然后引坎离交媾，河车运行。

薛道光所说女丹修炼法，是吕洞宾传授予张珍奴的，所以吕祖可以说是女丹的重要传授者。女丹到南宋初才有较完整的论述。但元明二朝，女丹却没有好好地发展。直到清中叶以后，女丹之学才重新振兴起来。

四、清中叶所见女丹道书及其修炼法门

清代女丹的兴起，大抵在乾隆朝以后。所见的女丹典籍，大都是借由扶鸾降真，召请得道女仙来撰写，或将历代女仙作品中的得道诗词汇集成书。而扶鸾降真中，较著者有妙化元君，而降鸾最多者则为全真七子之一的女仙孙不二。清嘉庆、道光年间傅金铨编辑的《女金

① 《中华道藏》第19册，第299页下—300页中。

丹》上下二卷[1]，收录了多种女丹道典，也载述了傅金铨的女丹修炼理论。傅金铨是最早女丹书的编纂者。而纯阳吕祖传、济一子傅金铨述《樵阳经女工修炼》，更是借由吕纯阳传授、傅金铨述，来说女丹修炼次第。其书对晚清及民国以来的女丹学影响甚大。今人所说的女丹理论，大抵无法跳脱出傅金铨所收女丹书的范围。傅金铨其人，可以说是清代及民国以来女丹修炼理论的肇建者。

傅金铨《女金丹·序》说“丹经万卷，略女修而不言，余兹汇编成书”[2]，说明傅金铨因丹经万卷皆不言女丹，所以才汇编此书。此书二卷，所收录的女丹道典，大都是清乾隆至道光间的扶鸾之作，最早的为乾隆朝降鸾的妙化元君《坤宁妙经》，其次为孙不二《清静元君坤元经》。二人是女丹中影响较大，也是较早的，论述于后。

五、妙化元君降鸾《坤宁妙经》之女丹修炼法门

《坤宁妙经》二卷，收录于清嘉庆、道光时人傅金铨《道书十七种·一贯天机简易录·卷十一女金丹上》，又收录于萧天石《道藏精华》第五集之三《仙佛合宗女金丹法要》[3]、《藏外道书》第十一册。

《坤宁妙经》前有《序》及《缘起》，说明此经是清乾隆朝贵州彝族地区林淳修扶鸾降真之作。文昌帝君桂香内殿妙化真人（妙化元君）慈悯世间女子修仙之难，禀请上天允许，于乾隆八年癸亥（1743）降鸾著经。《坤宁妙经·序》云：

> 余以历世清净种根游神冥趣，示现女身，产体东吴，代经唐季，以孝母尽节，契道碧霄，得圣母炼形丹诀，授五雷飞剑玄功，丹证妙化之身，显灵蜀岷之境。常以坤道修持不可多见，纵有闺秀，无从得师。在昔升仙成圣，固不乏女流，而指引迷蒙，书鲜专说。……曩于蜀渝，因心忏之演，曾示符图金子以女经之传，须觅有缘，嘱为留意，迨今十有余年矣。灵根妙植，会聚黔疆，乃假清水之游，适际天人之遇，左司执籍卿者，桃源宿契，种德再生，以善因缘，招同心侣，乃有侍阁之人，早蕴夙生之慧，遂兴善念，虔祷九天，精辞三上，报云许可，敕余降笔，匝月成函。以余现女人身，借女人手，说女人法，垂女人教，本庸近之伦常，修百行之旨趣。言无雕饰，自立一家，统二十四章，分上下两卷。工竣覆奏，请命颁行。自今末世女流，无分愚智，咸当口诵心惟，实力修证，方知天壤间女人原未尝贱也。《坤宁》之名斯经也，其与“乾清”非匹者乎！符图、执籍二君之功愿不朽，即余与传经人之功愿亦不朽。将付镌印，略志颠

---

① 傅金铨：《女金丹》上下二卷，《道书十七种》。

② 萧天石主编：《道藏精华》第五集之三，台北：自由出版社1956—1992年版，第1页。

③ 同上书。

末，笔之简端，用广帝慈，永扬女教云尔。时乾隆癸亥一阳日，清真女冠兴行妙化真人序。[①]

妙化真人，也称妙化元君，元君系对女性神的尊称。上文是她在乾隆八年癸亥（1743）冬至日所撰的序文[②]。文中说妙化元君是文昌帝君桂香内殿之女真，因司典录籍，怜悯女人修仙无专属经典，曾传法于符图金子及执籍卿，后由执籍卿祷请文昌帝君，得帝君允许，而命妙化元君降笔，经一月而撰成此书。《序》后的《缘起》也详载此事。

《缘起》说妙化元君在得到文昌帝君的允许后，“于是元君辞陛，驾云驭鹤，觅缘黔地，次清水彝江，遇善男信女林淳修者，肃坛垂教，宣演《坤宁妙经》二十四章。此叙经缘起，乃瑶台司命黄真君所加，真君汉人”[③]。说明妙化元君降临在贵州清水彝族人林淳修的坛中，来演化此经。

此书的全名为《九天敕演阐微觉化度厄消灾锡嗣衍庆真一坤宁妙品经》，简称《坤宁妙经》。

《坤宁妙经》分为上下两卷。卷上：序、缘起、资生章第一、化气章第二、净业章第三、思过章第四、修善章第五、崇德章第六、诚孝章第七、节烈章第八、女教章第九、妇道章第十、经论章第十一、觉迷章第十二。

卷下：坤基章第十三、根本章第十四、性命章第十五、心体章第十六、说静章第十七、指玄章第十八、金丹章第十九、玉斗章第二十、实证章第二十一、圆通章第二十二、奉神章第二十三、广愿章第二十四。

卷上述说做人基本道理，卷下说明女丹修炼法门。

《坤宁妙经》二十四章，每章简短，约二三百字而已。由其章名，即能窥知大义。前几章勉人去除恶业，思过修善，崇德尽孝，守节养正。女教章及妇道章，教导女人做人做事的道理。经论章、觉迷章要人明经觉迷。以上是上卷的内容，和女丹真正的修行无直接关系，是女丹修行的基础功而已。傅金铨《女金丹·序》说其在编纂女丹书时，曾考虑把上卷和修炼无关的文字删除，后来考虑“人道即仙道之根，修身是修真之始”而把它完整地保留下来。傅序说：

惟《坤宁经》，既详且尽。本欲删其肤廓，揭其微奥，使鲸吞海水，独露珊瑚。复念人道即仙道之根，修身是修真之始，必德行无亏，方仙阶有分。苟妇德怀惭，节孝有忝，大本已失，虽刻志勤修，终成妄想。故敬录全经，以为后世女真之天梯云路，并观

① 《藏外道书》第11册，第515页上、下。

② 癸亥即乾隆八年，公元1743年，一阳日为冬至日。

③ 《藏外道书》第11册，第516页上。

心斋纪闻，见天人不远，法戒昭然，能即心是，戒慎恐惧，庶乎其可矣。济一子金溪傅金铨撰。①

可见《坤宁经》上卷谈人道，谈修真，和女丹无关。下卷才是谈仙道谈修真之路。

《坤宁经》下卷开始叙述女丹修行法门。《坤基章第十三》要人克己存神、寂照内虚，以此为基，所谓“下手先须克己，用功只在存神。四威仪中寂照，内观想里安心。直至天君泰定，方能运动周行”②。《根本章第十四》勉人存神守真，去妄存诚。《性命章第十五》以为“命原于性，性根于命，为天地祖，为万物灵。未立命时，本同此性；既有命后，不离此性”，“性为命宝，命为性源。养性即是存心，修命可以造道”，“全性则全受全归，修命即修仙修道，交互用功，于斯为至”。可见《坤宁经》所说性、命，同于一般内丹家之性命说。

《心体章第十六》以为“心体无为，湛然常寂”，此为先天，先天以后天为质，因后天为神用。“吾为尔等开示心体，但求道心，莫究人心；但发真心，莫生妄心；但存觉心，莫动私心；但住无心，莫执有心。如如泰定，百体从令，修道修仙，随心所证。”修行法门，在开真心，住无心，亦即去妄存真，以无心而后采药修道。

《说静章第十七》旨在去除动静之象，“我静尚无，何动可怪？尔诸女流，心本易静，只求静性，勿求静境。一静百静，心静神静，复尔性始，何静不静”。其静功，以心静而得神静，而后性定。

《指玄章第十八》以为玄牝之门（一般内丹家称为黄庭或玄关一窍）安炉立鼎，即所谓“精神凝于玄牝。生门死户，出坎入离，无踰乎此，玄为之关；橐阴籥阳，安炉立鼎，莫外乎此，玄为之键。是此玄者，乃性命主，乃造化基，乃胚胎种，乃元神宅”。男女修真皆在于此，“知此玄妙，然后采药行火，自能七返九还”。此是以黄庭炁穴为基而行修炼，男女同此法。

《金丹章第十九》所述是女丹和男丹不同的独修法门，此段文字甚为重要，文云：

> 女丹甚简，坤道甚易。晓日东升，光痕透露，运汞配铅，神气俱住。积气本生气之乡，存神为炼神之路。必先绝欲忘情，然后入室打坐，炼己同乎男修。调息绵绵勿吐，一阳动处，行子午卯酉之功；百脉通时，定乾兑坎离之位。玄牝立而鼎发黄芽，橐籥开而天垂甘露。元精凝汞上泥丸，神火运行烧玉峰，宜审潮信之将至，逆转黄河水自通。金精化液，朱汞流光，守灵丹于元室，养真气于黄房，七七固丹基，百日赤龙降，炼形即炼气，此是大丹方。③

---

① 萧天石主编：《道藏精华》第五集之三，台北：自由出版社1956—1992年版，第1—2页。

② 《藏外道书》第11册，第522页上。

③ 同上。

上文说是女子百日斩赤龙，炼形化气之法。其法和男子百日筑基炼己的炼精化气，皆是第一层功，而男女有别。女子先绝欲忘情，在晓日东升、光痕透入时，入室打坐，存神积气，调息绵绵，等候黄庭炁穴一阳气初动时①，以火候周天运行，子午二时进火退符，卯酉二时沐浴温养。在周天运行，百脉畅通后，“定乾兑坎离之位”，即立定身中之药物及鼎炉所在，在黄庭炁穴中引坎离交媾得黄芽药种，引元精元气相凝，用神火意念送上泥丸宫，下至两乳膻中，应该详细察知女人月经经期，在月经将至之前来行功，功法在于“逆转黄河水自通。金精化液，朱汞流光，守灵丹于元室，养真气于黄房”。由此可知，女人修道，以两乳间一寸二分处之穴（膻中）为炁穴，以子宫血海为下丹田，修行百日炼形化气法以两乳间炁穴及绛宫中丹田为元室黄房。但如何修炼，并无详细说明。

《玉斗章第二十》讲的是在百日斩赤龙之后，修行三年飞升的功夫。在男子称为三年炼气还神，为出阳神，破壳而去的阶段。《玉斗章第二十》说：

> 天有七政，听璇玑之权；人有七窍，运形神之妙。脉络通乎躔度，星辰会于玄窍，解悟玉斗枢衡，立跻天真位号。用施普度津梁，导尔直入仙乡。凡诸妇女，虔洁心香，每于静夜，子转一阳。凝神趺坐，闭息垂光，叩齿聚精，默诵灵章。注神元海，直过肾堂，由夹脊关，上朝玉皇。运印星光，天日焜煌。上接北斗，紫气眉扬。存想真形，照我黄房。丹元灵府，光华含吐。出五脏精，精华相辅。青赤白黄，肝心肺土。肾海玄精，成色有五。直与斗光，交映为伍。共入丹元，蕴诸精海，化真人形，迸出天顶。历北极宫，志诚朝礼，周遍斗城，还归本体。收敛金光，潜养精髓，乃先起元海之真气，继则立昆仑之极体。五炁朝元，功无踰此，勤而行之，三年遐举。是为玉斗秘密之章，可超最上一乘之理，智者实修，有缘得与。②

此章讲述修行五气朝元，出阳神之法。其法是在午夜子时，一阳初动时静坐，闭目凝神，使神光内照，叩齿专注，默诵经文。再将元神意念专注下丹田子宫元海中，往下透过两肾间，由尾闾经夹脊（前为两乳间的膻中，后为夹脊），上至泥丸（上朝玉皇）。将泥丸中的天日及北斗之光，引至眉间，形成紫气。观想真气，照我中丹田绛宫黄房，使绛宫吐放光华。五脏精气现出五色：肝青、心赤、肺白、脾黄、肾黑，和北斗之光交映为伍，共同进入中丹田绛宫，精气化成真人形状，由头顶迸出，所谓“化真人形，迸出天顶”。此身中精炁所化的真人，经历北极，朝礼北斗，还归身中。然后收起金光，潜养精髓，此是五气朝元，经三年的修炼，可以上升天界。文中所说的女丹五气朝元，三年飞升之法，即是一般男丹中

① 经中对黄庭所在无特别交代，后来的女丹书则把黄庭说成是绛宫的黄庭，或说是子宫血海中，和男子在脐后肾前的黄庭有别。

② 《藏外道书》第11册，第525页上、下。

的三年出阳神，炼气化神的阶段。至于五气朝元，《钟吕传道集·论炼形》所说五气是指五脏之气。五脏之气各依其方色：肝木青气、肺金白气、心火赤气、肾水黑气、脾土黄气。五脏所生之气，齐聚于中丹田，此为五气朝元。这是内丹修炼的第二阶段，炼气化神。

《实证章第二十一》是讲三年出阳神，“化真人形，迸出天顶”后的修行法门，重在以至诚之心，永不止息，来显现其神用，所谓“至诚无息则久，神而明之在人”。实证在于还返本原，证虚空非真空，湛寂非真寂，“都无名色，无极浑沦，了然真实，不二法门”。这是内丹修炼的第三阶段炼神还虚。

《圆通章第二十二》以戒定慧化贪嗔痴，皈道法师三宝，初由觉照而至一念不起，知本明妙心，修菩萨行，得圆通，即心即佛，直待心佛了无，灵鹫不住西方，回首即登乐国。所说偏向佛教法门。这是张伯端引佛入道，其后愈演愈烈，造成的重大弊端。

《奉神章第二十三》说明所奉之神为内神，“外相皆虚，内心无量”，“是知奉神，毋取外饰，一心坚确，可动天地。大伦完备，鬼神钦畏。然后以心念佛，佛即同心。生为至人，殁为神明，芳魂烈气，百世常存”①。此是勉人念佛，但道法修法相违，且既以心念佛即可达至生为至人，殁为神明，又何必苦修女丹？

《广愿章第二十四》劝善信妇女，“秉此心香，同诚矢愿”，“发真信心，无起疑惑；发清净心，无起贪嗔；发纯一心，无起淫欲；发喜舍心，无起杀害”②。最后以元君说经完毕，瑞云浮空，天香盈室，“各各稽首礼谢，信受奉”。

综归来说，妙化元君降鸾《坤宁妙经》二卷，上卷阐述女人修身品德，下卷阐述女丹修炼。下卷应至《实证章第二十一》即已完备，《圆通章第二十二》《奉神章第二十三》《广愿章第二十四》三章偏向佛教三学及念佛、发愿，反而是多余的，至少应移至上卷，而不宜在女丹三年炼神还虚后才来叙述。

六、托名孙不二的数种女丹道书

孙不二，由于所修炼的是北宗内丹，且为七真之一，所以较为世人所崇敬，对世人影响较深。她的著作，据《金莲正宗仙源像传记·清净散人》所说，“有诗词行于世”。但并没有说明诗词集的名称。今所见的诗词仅存一首，见于《金莲正宗记》及《金莲正宗仙源像传记》孙不二所作《卜算子》，词云：

握固披衣候，水火频交媾。万道霞光海底生，一撞三关透。仙乐频频奏，常饮醍醐

① 《藏外道书》第11册，第526页下。

② 同上书，第527页上。

酒。妙药都来顷刻间，九转丹砂就。①

此词叙述孙不二打坐以静候时至。由所述内容看来，她的静坐手诀是双手握固（大拇指在内，四指掩握），在一阳初起之后，顷刻间能使坎离交媾，引气经尾闾、夹脊、玉枕，一撞三关，饮咽津液，成就九转还丹妙药。这是她的证道词。其修行法门，和一般常见的内丹修行法相同，并不是女人专用的女丹修炼法。

除此诗外，今所见孙不二著作，皆是扶鸾降真之作。收录于清代《道藏辑要》胃集七的有：《孙不二元君法语》一卷②、《孙不二元君传述丹道秘书》三卷③。收录于清刘体恕汇辑《吕祖全书》的有：《吕祖全书》卷二十附《清静元君坤元经》④。又，傅金铨《道书十七种·一贯天机简易录·卷十二女金丹下》⑤ 有《坤诀》，傅金铨未说明《坤诀》为谁撰。但颜泽寰集《男女丹工异同辨·集说》："孙元君《坤诀》注曰：彖曰：至哉坤元，万物资生。坤属老阴，阴极阳生。……"孙元君《坤诀》注，今已不见，但世人皆以为《坤诀》为孙不二所撰。

（一）托名孙不二《清静元君坤元经》之女丹修炼法门

《清静元君坤元经》，又名《孙不二元君坤元经》。孙不二（1119—1182），号清净散人，元世祖封其为清净渊贞顺德真人，武宗加封清净渊贞玄虚顺化元君，所以也称清净（静）元君。

《清静元君坤元经》收入清刘体恕汇辑《吕祖全书》卷二十附《清静元君坤元经》⑥，又收入清嘉庆、道光时人傅金铨《道书十七种·一贯天机简易录·卷十一女金丹上》、萧天石《道藏精华》第五集之三《仙佛合宗女金丹法要》第 73 至 79 页、《藏外道书》第十一册第 530 页上至 531 页下。

《清静元君坤元经》以道经的形式写成，首句为："尔时元君在华阳洞天，与诸天延那仙姑、十二溪女，说《坤元妙经》。"末尾为："元君说是偈已，诸天延那天女、十二溪仙，香雨散花，宝珠璎珞，洞章飞舞，欢喜信受，赞叹希有，礼谢而退。"道经常是假托扶鸾降撰，此亦应是扶鸾所成道书。撰成年代，以内容看，应在清乾隆之后，傅金铨所在的道光之前。除去经文首尾，中间部分即是此经所述的女丹修行法门。其法门偏重修炼心性，以清、静来修心。

《清静元君坤元经》云：

---

① 以上据《金莲正宗记》，参见《中华道藏》第 47 册，第 68 页中。《金莲正宗仙源像传记》"妙药都来"作"妙药都无"，"来"作"无"字，其余相同。

② 《藏外道书》第 10 册，第 805 页上－806 页上。

③ 同上书，第 806 页下－809 页下。

④ 《藏外道书》第 7 册，第 357 页下－359 页上。

⑤ 《藏外道书》第 11 册，第 512 页上－541 页上。

⑥ 《藏外道书》第 7 册，第 357 页下－359 页上。

> 吾今为汝说是修清之道。夫清浊虽别于形质，而本元出自心神。汝欲心净神清，务修其性。能悟修性，便是立命。汝能悟者，即是汝性。汝性非性，汝心非心。心即是心，性即是性。……务向浊处存清，惟自静中防动。能防其动，即明其性；能明其性，即守其心；心若常修，六贼难入。惺惺觉察，五蕴何来？智慧光明，恍朗纯和。性明命立，以铅制汞，赖土成功。以汞投炉，幽潜真默，炼形化炁，炼炁归神，炼神还虚，即是本来。①

乾道动，坤道静。动浊、静清。修性在于静心，以使神清，而后性定。性明而后命立，则铅汞自能成丹。上述文字，有些和《坤宁妙经》下卷《心体章第十六》《圆通章第二十二》《广愿章第二十四》等修炼心性之说相近。经文指出修炼以清心开始，由明性守心，而后成就修命。女丹修炼三步包括炼形化炁、炼炁归神、炼神还虚，其炼形化炁，即是百日斩赤龙之功夫，同于男丹的百日筑基炼己、炼精化炁。男女丹的最大差异在第一阶段，第二、三阶段，两者大抵相同。

《清静元君坤元经》的女丹修炼之方，偏于修性，对于修命之说，仅存名相，几乎全无谈及。其内容疑受《坤宁妙经》影响，撰作在《坤宁妙经》之后。

（二）《孙不二元君法语》一卷之内丹修炼法门

《孙不二元君法语》，又名《清静散人孙不二元君功夫次第》。《孙不二元君法语》收录于《道藏辑要》胃集七、《藏外道书》第十册第805至806页。《清静散人孙不二元君功夫次第》收入傅金铨《道书十七种·一贯天机简易录·卷十二女金丹下》、萧天石《道藏精华》第五集之三《仙佛合宗女金丹法要》第103至111页、《藏外道书》第十一册第537页下至539页下。

《孙不二元君法语》以《坤道功夫次第十四首》五言律诗为主。傅金铨的本子比《道藏辑要》在书前多出五首七言绝句，但《道藏辑要》本在文末有《女功内丹》，为傅本所无。今以《道藏辑要》本为主。《孙不二元君法语》下题“清净散人著”，由《坤道功夫次第十四首》及《女功内丹》两部分所组成。《坤道功夫次第十四首》由十四首五言律诗组成，每首前有标目，依修炼次第而列，依次为：收心、养气、行功、斩龙、养丹、胎息、符火、接药、炼神、服食、辟谷、面壁、出神、冲举。《女功内丹》由七首七言绝句诗组成，说明此书系降鸾而来。其文字不长，录之于下。

《坤道功夫次第十四首》：

> 收心：吾身未有日，一气已先存。似玉磨逾润，如金炼岂昏。扫空生灭海，固守总持门。半黍虚灵处，融融火候温。

---

① 《藏外道书》第7册，第358页上、下。

养气：本是无为始，何期落后天。一声才出口，三寸已司权。况被尘劳耗，那堪疾病缠。子肥能益母，休道不回旋。

行功：敛息凝神处，东方生气来。万缘都不著，一气复归台。阴象宜前降，阳光许后栽。山头并海底，雨过一声雷。

斩龙：静极能生动，阴阳相与模。风中擒玉虎，月里捉金乌。着眼絪緼候，留心顺逆途。鹊桥重过处，丹气复归炉。

养丹：缚虎归真穴，牵龙渐益丹。性须澄似水，心欲静如山。调息收金鼎，安神守玉关。日能增黍米，鹤发复朱颜。

胎息：要得丹成速，先将幻境除。心心守灵药，息息返干初。炁复通三岛，神忘合太虚。若来与若去，无处不真如。

符火：胎息绵绵处，须分动静机。阳光当益进，阴魄要防飞。潭里珠含景，山头月吐辉。六时休少纵，灌溉药苗肥。

接药：一半玄机悟，丹头如露凝。虽云能固命，安得炼成形。鼻观纯阳接，神铅透体灵。哺含须慎重，完满即飞腾。

炼神：生前舍利子，一旦入吾怀。慎似持盈器，柔如抚幼孩。地门须固闭，天阙要先开。洗濯黄芽净，山头震地雷。

服食：大冶成山泽，中含造化情。朝迎日乌炁，夜吸月蟾精。时候丹能采，年华体自轻。元神来往处，万窍发光明。

辟谷：既得餐灵气，清冷肺腑奇。忘神无相着，合极有空离。朝食寻山芋，昏饥采泽芝。若将烟火混，体不履瑶池。

面壁：万事皆云毕，凝然坐小龛。轻身乘紫炁，静性濯清潭。炁混阴阳一，神同天地三。功完朝玉阙，长啸出烟岚。

出神：身外复有身，非关幻术成。圆通此灵炁，活泼一元神。皓月凝金液，青莲炼玉真。烹来乌兔髓，珠皎不愁贫。

冲举：佳期方出谷，咫尺上神霄。玉女骖青凤，金童献绛桃。花前弹锦瑟，月下弄琼箫。一旦仙凡隔，冷然渡海潮。

《女功内丹》：

不乘白鹤爱乘鸾，二十幢幡左右盘。偶入书坛寻一笑，降真香绕碧阑干。
小春天气暖风赊，日照江南处士家。催得腊梅先迸蕊，素心人对素心花。
资生资始总阴阳，无极能开太极光。心镜勤磨明似月，大千一粟任昂藏。
神气须如夜气清，从来至乐在无声。幻中真处真中幻，且向银盆弄化生。
蓬岛还须结伴游，一身难上碧岩头。若将枯寂为修炼，弱水盈盈少便舟。

养神惜气似持盈，喜坠阳兮怒损阴。两目内明驯虎尾，朦朦双耳听黄庭。

荆棘须教划尽芽，性中自有妙莲花。一朝忽现光明象，识得渠时便是他。①

《孙不二元君法语·坤道功夫次第十四首》首句“吾身未有日，一气已先存”，说明修仙以炼气为主，此一气即先天一气，以收心来固守心神，为总持之门。其次用养气来治病养身，以子益母。而后行功，敛息凝神，导引阴阳气之升降，此为行功。然后行斩赤龙，去除女性月经经血。但诗句“静极能生动，阴阳相与模。风中擒玉虎，月里捉金乌”仅叙述身中阴阳气（坎离、龙虎）等交媾温养及河车运行，“鹊桥重过处，丹气复归炉”，却无法得知细节，以及和男丹炼精化炁之差别所在。

在斩赤龙之后的养丹，是将龙虎交媾所得丹药，温养在下丹田黄庭炁穴中，以胎息法来调息，配合子午卯酉②来行进火退符，然后得金丹大药，以进行辟谷及炼气还神的第二阶段功夫，接着九年面壁、出神及冲举。伍守阳《伍真人丹道九篇》③丹法中，其步骤先以百日炼己为基、向上再行十月怀胎、三年乳哺出阳神、九年面壁还虚功成，出阳神在九年面壁前。《孙不二元君法语》所说次第出阳神在面壁后，和伍守阳略有不同。

又，《女功内丹》诗第一首说：“不乘白鹤爱乘鸾，二十幢幡左右盘。偶入书坛寻一笑，降真香绕碧阑干。”第一句说明是扶鸾，第三句说明在道坛，第四句是因信众祈求而降真。道教烧香祈请神祇降坛，所烧的香称为降真香。唐白居易《赠朱道士》诗云：“醮坛北向宵占斗，寝室东开早纳阳，尽日窗间更无事，唯烧一炷降真香。”④由白居易所说“唯烧一炷降真香”，可以确知烧香的作用在降真（请神降临）。以香来降真，也屡见于道经。《三洞枢机杂说》中载述了“通灵真香法”“降真香珠”“香油神烛法”“香方”“清远香方”等降真香相关之做法、使用法及禁忌。

（三）《孙不二元君传述丹道秘书》三卷

《孙不二元君传述丹道秘书》三卷收入《道藏辑要》胃集七、《藏外道书》第十册第806页下至809页下。

《孙不二元君传述丹道秘书》三卷，共收录四种道书，分别为：宝神元台真君下传《玉清胎元内养真经》、大罗真天元天大圣后紫光天母下传《玉清无上内景真经》、衡岳真子传《大道守一宝章》及范阳卢陲真姑传崔少玄本《守一诗》。前二种道经，应是扶鸾之作。后两种以“守一”法为主，辑录相关道书而来，经文文字短小，有注。四书托名为孙不二所传所注。

① 《藏外道书》第10册，第805页上—806页上。

② 子时进火，午时退符，卯酉温养，但内丹修炼的子午卯酉，是指依照身体一阳初起后的状态来进行，不是按刻板的时辰来进行。

③ 此书收入《道藏辑要》毕集六。

④ 白居易：《赠朱道士》，《全唐诗》卷四百四十九。

《孙不二元君传述丹道秘书》三卷：

《玉清胎元内养真经》，宝神元台真君下传

尔时太上老君因朝元始上帝，告太上曰：“精虚则炎上，气虚则下走。阴阳各行于水火，金木不成于夫妇。是故下土之人，真气日衰，阴邪日戾，残其本寿，精神不全，沦为下鬼。我尝受汝胎元妙道，以外玄牝合内玄牝，以外真神补内真气。聚集天之万宝，养我胎之元精，使神生于胎，气恋于神，心君潜御，气息调匀，万神敬礼，群魔束形。汝当教其兆民，先学定心，心定气住，气住神全，神全形固。绵绵若存而不息，用之不穷而见功。谷神不死，合我真宗。我愍世人外为酒色之所贼，内为思虑之所萦。惟贪名利，消落精神，恋著粉尸，巧笑娥眉，逐外忘本，崩我灵基，使坎离坏散，致魂魄流离，儿女成列，形骸渐衰，为一棺之聚土，失天地之真机，良可悲乎！汝劝世人，先持小戒以至大戒，先学息心渐入无为，因定生明，因明悟道。上品之人，以粗易细成光明身，居清净天，寿命无量。中等之人，延年住身，补复胎元不致夭伤。下品之人，远离情欲，淡薄利名，归向真风，顺行圣教。汝当以我妙语，分千万形，周流教化，渐渐接引，舍邪归正，去浊留清，证无上道。”是时太上老君恭奉圣训，即与紫光天母各化其形为尘沙众，分身世界，普度有情。未久之间，上界万二千天于莲华中化生无量天人，各各乘空诣玉清境，面对真尊，而说颂曰：

无上神父，开大方便，戒敕太上紫光天母。化形下方，广度我辈。并因戒定，咸得上生。获意生身，证无上道。我等变化，百千万身。身具万古，赞扬玄德。百千万劫，亦未能尽。巍巍功德，不可穷诘。我等信受，将何补报。誓发大愿，于未来劫，复度有情。惟此一心，是名报德。

无量天人说是妙颂，各以天华宝香，散虚空中，而为供奉。遥望真尊，百礼而退。

《玉清胎元内养真经》终。

《玉清无上内景真经》：

尔时元始至真大圣，化生开天，以大神通力大智慧力，结造世界，配合阴阳，主张造化。先于大梵真天玄空之中，化诸外象以表内景，而分九气为东方木精之色，结成九气丈人而君主之，在人为肝为魂。次分七气为西方金精之色，结化七气丈人而君主之，在人为肺为魄。次分三气为南方火精之色，结化三气丈人而君主之，在人为心为神。次分五气为北方坎精之色，结化五气丈人而君主之，在人为肾为精。四方余气，水火金木分布。中央为黄庭之色，结化一气丈人而君主之，在人为脾为思。五脏含识，共具十真。十真之英，能成九转，聚为丹药，散为甘露，周旋上下，炼养百骸，沐浊留清，消阴铸阳，复我太初，保我大全，出于昆仑，入于太渊。引其龙变，经于虎城，四气和合，成我至真。衰残易盛，耄耋还婴，朽容再鲜，白发重青，韵如钟发，身如羽轻，尽更凡骨，飞升上清。世之学士，立戒持定，而生智明。以其三力，永保亿年。履轻清之气运，定变化以超仙也。左右二玄无极真宰，以我此道广布天人，使其舍离无常之业，而入真一之妙。不老不死，湛寂常存。元始尊真于其七窍放大光明，照无量土，万二千天，百亿人界，各以自力散香雨华而为供奉，莫不欣悦，咸悟本心。尔时玉清化宫于空玄中忽见宝月，光明照暎，内外十虚。宝月之中，包含紫气之内，有一婴儿坐宝华台，口放金光，发大玉音，而说偈曰：

一心生正定，万象自然陈。逐方分五气，五气孕一灵。一灵通变化，结炼本来真。本真非有相，非有亦非无。兆能通此理，方悟摄尘珠。

玄空之中，月光之内，玉婴演教，天上天下，一时皆闻，莫不慧海湛然，业山摧毁，反观内照，永契道真。仰望圣光，作礼而去。敬信奉持。

《玉清无上内景真经》终。

《大道守一宝章》衡岳真子传，又名为《玄珠心镜》：

道无为无不为可，心证非智知何谓，知何谓，证智遣智。言既知之后，宜遗智慧，晦迹韬光。证虚应，言守空虚无为，久而神效，如响应声也。应无从，言自然而然。心乃通，心空无为，久即明道，明道则神通。通于一，万事毕，一为根。一为大道根元。事为门，得一之元，即太上心印所谓事也。事归一，一常存。言守一之事，功成归一炁，即身与虚无，自然无形，一炁常存矣。存莫有假言守。言一炁常存自身，莫令有气守者，假言守耳。守虚无，自长久。言但守虚无，自然形神与道长久也。

《大道守一宝章》终。

《守一诗》：

得一之元。道德言知白守黑。学道君子既知其白，须守其黑。阴炁，黑也。初守黑之时，身中黑如漆相似，守之不已，黑气日消，阴符消尽，纯阳白气内明。当明之时，闭目收视，自见五脏宫室，自见三万六千血脉。神灵渐至，出有入无，分身千亿，是名得一之元。守一之人，但能虚其身，空其心，常守空虚，内凝神思元始妙气，自然归流于守一人身中，主持性命。老君告文始先生曰："吾思此道，本出杳冥。"杳冥者，守黑也，即守一也。盖静定日久，天光内烛，脱身壳中，收视内观，形貌如然。此时外即光焰周身，内则分身千万，此崔女守一诗之妙也。太上说心印曰："真人巾金巾"此五字乃玉晨君之心印也。老君以此传与文始先生，守此心印，即是守一之元也，即是入天道之门。上圣高真，未有不从此而入者。要而言之，守一之元，即是守空无寂寂中元神

也。一之元不可见者，象罔是也。一之元可得者，元珠是也。匪受自天，太老之真。老或作无。无上之仙，光含影藏。此言得一之炁，须精诚守神，积功炼形，冥心无心，冥身无身，内不分己身，外不分天地，久则骨肉亦化为纯阳精气，阴气内消，始觉天光内照，焕然照蜕身之中，天光既合于内形，影灭藏于外也。形于自然。此言光含影藏，神凝空寂中，忽然呈形，此乃天仙之姿，出于自然，非寻常之身也。真安匪求。衡岳真子注云：此言道成，形凝身中，非智巧所能求，但须冥心无心，冥身无身，若苟有身心，即神不凝矣。神之久留。栖真子王损之注云：真胎所安，只藉凝思于内，元神久留耳。昔老君告文始先生曰："人能留神于身内，知而抱玄，岁月坚久，其神久留。"久留方凝成神仙。衡岳真子注云：守一功至，则神凝真形，安在我子宫之中。子宫，即气海血海也。真安在子宫，名曰神之久留，必须积公坚苦，岁月深远，方得成形。《西升经》云："藏人于人而不出，藏身于身而不现。然后天道盛矣。"旨哉言乎！又曰："无心之心，无身之身，是谓道人。"美淑则真。此言守一之久，则阳和之气，照烛一身。犹如灯烛朗朗然，了明无物，阴气尽消，真形更真。体性刚柔。此言无形妙法，真如法身，能刚能柔。柔谓揽之不盈手，刚谓贯串金石。丹霄碧墟上圣之传。

右《守一诗》终。①

上述孙不二所传道书，第一种《玉清胎元内养真经》，托名"宝神元台真君下传"，是扶鸾降真之作。经中以太上老君说法告敕紫光天母（斗母），所说修炼法门，在于"先学定心，心定气住，气住神全，神全形固。绵绵若存而不息，用之不穷而见功。谷神不死，合我真宗"，"先持小戒以至大戒，先学息心渐入无为，因定生明，因明悟道"。该法偏向于修性，且是男女通用之法门。

孙不二所传第二种道经为《玉清无上内景真经》，系"大罗真天元天大圣后紫光天母下传"，即是托名紫光天母降鸾之修丹法门。该经叙述五脏五行之关系，由五脏所生气，行龙虎交媾而得丹，所谓："引其龙变，经于虎城，四气和合，成我至真。衰残易盛，耄耋还婴。"其修法在由戒而入定，由定生慧，所谓："世之学士，立戒持定，而生智明。以其三力，永保亿年。履轻清之气运，定变化以超仙也。""一心生正定，万象自然陈。逐方分五气，五气孕一灵。一灵通变化，结炼本来真。"该经重视由戒定入手，来修行五脏精气，而得契永生。

孙不二所传第三种道书，是他为衡岳真子传的《大道守一宝章》作的注，注文以为守一之法，在于遣智韬光，心空无为而道明，守炁而忘守，使一炁常存，"自然形神与道长久也"。

孙不二所传第四种道书，为崔少玄《守一诗》。他还为之作注。注认为人闭目收视，自

① 《藏外道书》第10册，第806页下—809页下。

见五脏宫室，然后虚身空心，“内凝神思元始妙气，自然归流于守一人身中，主持性命”，“须精诚守神，积功炼形，冥心无心，冥身无身，内不分己身，外不分天地，久则骨肉亦化为纯阳精气，阴气内消，始觉天光内照，焕然照蜕身之中，天光既合于内形，影灭藏于外也”。由冥心内照，存守神炁，而得以炼化身形。其中和女丹相关者为衡岳真子注：“守一功至，则神凝真形，安在我子宫之中。子宫，即气海血海也。真安在子宫，名曰神之久留，必须积公坚苦，岁月深远，方得成形。”男子修丹，将神炁安在下丹田的黄庭炁穴，女子修丹则安在子宫气海血海中。女丹修炼重视中丹田双乳间的炁穴及子宫中的气海。

综归来说，《清静元君坤元经》《孙不二元君法语》《孙不二元君传述丹道秘书》《坤诀》四本属名孙不二所撰及所传的道书，都可以认为是道坛扶鸾、托名孙不二降真之作，撰作的确切年代难明。以女丹学盛于清代，这些书和乾隆朝托名妙化元君撰的《坤宁妙经》都是女丹看来，疑这些书亦是清人所托撰，撰作年代在《坤宁妙经》之后。

女丹书，除上述外，其影响重大者，应为纯阳吕祖传、济一子傅金铨述《樵阳经女工修炼》。此经应是傅金铨借由扶鸾所述，对女丹下手工夫、修炼次第有详细解说，其说大都为后人说女丹者所遵循，笔者将另撰专文来讨论它。

七、清代女丹学的编辑及今人研究女丹学的现况

清道光朝傅金铨编辑的《女金丹》二卷，是目前所见首次将女丹书汇辑编纂的专著，其后陆续有人继其步武，从事女丹书的编纂。今将清代所编纂的女丹书，及所收书名，略依先后，列述于下。

○清嘉庆、道光时人傅金铨《道书十七种·一贯天机简易录·卷十一卷十二女金丹上下》，今收录于《藏外道书》第十一册第512页上至541页上。所收女丹道书，卷十一女金丹上，计有：《女金丹序》《坤宁妙经》《清静元君坤元经》。卷十二女金丹下，计有：西池金母少女太真王夫人著、孚佑帝君回春子注《性功诗》十八首，《群真诗》（吴采鸾仙姑三首、樊云翘仙姑六首、月华崔少玄仙姑六首、唐广真真人四首、玄静散人周元君五首），《清静散人孙不二元君功夫次第》[①]，《坤诀》，《跋》。

○纯阳吕祖传、济一子傅金铨述《樵阳经女工修炼》，收入《藏外道书》第二十六册第428页上至432页上。

○《孙不二元君传述丹道秘书三卷》，收入《道藏辑要》胃集七、《藏外道书》第十册第806页上至809页下。

○《孙不二元君法语》，收入《道藏辑要》胃集七、《藏外道书》第十册第805页上至

① 《清静散人孙不二元君功夫次第》，又名《孙不二元君法语》，《藏外道书》第10册，第805页上－806页上。也收入《道藏辑要》胃集七。

806 页上。

〇井研贺龙骧纂辑《女丹合编》，光绪丙午年（1906）二仙庵藏版，又收入盛克琦编校《女丹仙道》上册第 50 页至 55 页。目次有：《通俗序》、颜泽寰集《男女丹工异同辨》一卷、《坤诀》、《壶天性果女丹十则》、用中贞一子《女金丹》二卷、傅金铨《樵阳经女工修炼》、二峨山人述《女功炼己还丹图说》、傅金铨《女丹撮要》、《女丹汇解》、陈永清著《女真丹诀》、傅金铨《女丹要言》、傅金铨《西池集》、《女丹诗集》、《旁门小术录》。

〇清沈太虚授、闵一得注《吕祖师重申西王母女修正途》，收入董沛文、盛克琦编《女丹仙道》上册第 251 至 262 页（北京：宗教文化出版社 2012 年版）。

〇清沈太虚授、闵一得订正《泥丸李祖师女宗双修宝符》，收入董沛文、盛克琦编《女丹仙道》上册第 263 至 272 页（北京：宗教文化出版社 2012 年版）。

〇清刘一明《道书十二种·会心集·女丹法》，收入董沛文、盛克琦编《女丹仙道》上册第 284 至 286 页（北京：宗教文化出版社 2012 年版）。

〇清傅青主抄录《卢丹宁真人养真秘笈·女真丹》，收入董沛文、盛克琦编《女丹仙道》上册第 287 至 289 页（北京：宗教文化出版社 2012 年版）。

〇清刘名瑞《道源精微歌·女真修》，收入董沛文、盛克琦编《女丹仙道》上册第 290 至 297 页（北京：宗教文化出版社 2012 年版）。

〇清黄元吉《乐育堂语录·女丹概说》，收入董沛文、盛克琦编《女丹仙道》上册第 298 至 300 页（北京：宗教文化出版社 2012 年版）。

〇清汪东亭《道统大成·列位女真诗歌·坤道丹诀》，收入董沛文、盛克琦编《女丹仙道》下册第 301 至 315 页（北京：宗教文化出版社 2012 年版）。

〇无量劫佛编辑、广东月西老人述《女丹汇解》，收入《藏外道书》第二十六册第 433 页上至 447 页上。

〇华藏山清烈古佛著《壶天性果·女丹十则》，收入《藏外道书》第二十六册第 455 页下至 464 页上。

〇清颜泽寰集《男女丹工异同辨》一卷，收入《藏外道书》第二十六册第 448 页上至 455 页上。

〇清同治年间李昌仁《玄妙镜》上下卷，收入《藏外道书》第二十六册第 385 页至 417 页下。

〇清光绪用中贞一子著《女金丹》上下卷，上卷十二戒，下卷口诀，收入井研贺龙骧纂辑《女丹合编》，光绪丙午年（1906）二仙庵藏版，又收入盛克琦编校《女丹仙道》上册第 77 至 96 页。《藏外道书》未收上卷，下卷收入《藏外道书》第二十六册第 418 页上至 427 页下。

〇清光绪六年青霞元君灵阳道人何仙姑奉勅述《女功正法》（原名《增补金华直指女工正法》），托名传自吕祖，今本所见系经陈撄宁删节本，其内容依次：总论、识基洁心、修经起用、断龙工法、炼乳还童、安鼎结胎、胎息自调、液还胎成、炼化阳神、阳神光圆、温养朝元、功成超凡。收录于萧天石《道藏精华》第五集之三第121至138页，又收入盛克琦编校《女丹仙道》下册第483至477页。

上述清代诸家所收女丹书，有的相互重复，有的是戒规，有的是和女丹关系较不密切的诗词。较重要的女丹著作，计有：《坤宁妙经》，《清静元君坤元经》，西池金母少女太真王夫人著、孚佑帝君回春子注《性功诗》十八首，《群真诗》（吴采鸾仙姑三首、樊云翘仙姑六首、月华崔少玄仙姑六首、唐广真真人四首、玄静散人周元君五首），《清静散人孙不二元君功夫次第》（又名《孙不二元君法语》），《坤诀》，纯阳吕祖传、济一子傅金铨述《樵阳经女工修炼》，《孙不二元君传述丹道秘书三卷》，《壶天性果女丹十则》，清颜泽寰集《男女丹工异同辨》一卷，清同治年间李昌仁《玄妙镜》上下卷。

上述女丹书中，《坤宁妙经》，《清静元君坤元经》，《清静散人孙不二元君功夫次第》（又名《孙不二元君法语》），《坤诀》，纯阳吕祖传、济一子傅金铨述《樵阳经女工修炼》等书，可说是女丹的基础道书。其中济一子傅金铨述《樵阳经女工修炼》更是理论与基础兼具。傅金铨可以说是女丹修炼的重要传承人物。

基本上，自清中叶以后，女丹修炼法门，在傅金铨手中已逐渐建立。在清代，女丹修炼家认为男子太阳炼气，女子太阴炼形。男子炼气，以下丹田黄庭炁穴为主，旨在炼精化气，百日筑基炼己。女子太阴炼形，以两乳间膻中为炁穴，以子宫血海为下丹田，在经血出现的二日半前，下手修行，逐渐斩赤龙去经血，使乳缩如男子，面如桃花，肤白如雪，光艳照人，此是炼形化气。

《樵阳经女工修炼》所载修炼法门，认为少年女子，气血未败，较易进行，以意守双乳间炁穴，凝神观照炁穴及血海，待真阴之气在血海中发动，然后引真阴之气，河车运行全身，再至血海中烹炼，俟真阴气化成真阳之气，即可斩赤龙，乳缩如男，经血断绝，面如桃花，肌肤如雪。中年以上的妇女，血海中真阴之气不易发动，须搓揉左右乳房各十二次，从下丹田呼气三十六口（次），及搓摩脐腹，咽津三次，然后再进行凝神向内观照，以此来激发血海中真阴气之发动。其后的修行法门与少女相同。

女丹凝神血海，俟真阴气发动，犹如男丹凝神脐内之黄庭气穴，俟元阳一炁发动，情形一样。所不同者，女子是真阴之气，男子为真阳之气。女子将真阴之气炼化成真阳之气，此是斩赤龙，百日功成，为炼气化形。男子以元阳之气来行炼精化气，经百日而功成。女子炼化真阴之气成阳气，男子炼精化气，皆将有形质之精炼化成先天之气。百日女子斩赤龙，男子炼精化气，二者有别外，其后的炼气化神，炼神还虚，基本上男女不别。

民国以后的女丹学，大抵沿承清人之说，少有创见。今人研究女丹学，较早较重要的为陈撄宁。他注释多种女丹书，也在自己所创办的杂志上，回答读者相关的女丹问题，引发了一股女丹研究之风。其后萧天石、胡孚琛、詹石窗、董沛文、盛克琦等，各有专著问世。

○陈撄宁（1881—1969）《中华仙学·乙·坤道之部》，收入于《藏外道书》第二十六册

第 212 页下至 227 页[①]。该书以书信和朱昌亚医师、陈悟玄女士等人相互问答的方式，来论述女丹实际修行情形，及少女、中女、长女、老女各年龄层修行方式。此外，陈撄宁另有《孙不二女丹诗注》《女子道学小丛书》，二书收入董沛文、盛克琦编《女丹仙道》下册第 349 至 491 页（北京：宗教文化出版社 2012 年版）。

〇徐颂尧（1896－?）《天乐集·卷六·玄修抉微·太阴与太阳》，收入董沛文、盛克琦编《女丹仙道》下册第 317 至 318 页（北京：宗教文化出版社 2012 年版）。此系短文，论述男子太阳炼气，女子太阴炼形，以太阳为心，太阴为身，看似有别，其实皆由定、忘做起，总不出阴阳二字。

〇银（冉）道源《合宗明道集·初集·第三卷·女丹秘旨》，收入董沛文、盛克琦编《女丹仙道》下册第 319 至 324 页（北京：宗教文化出版社 2012 年版）。前为《女功四铭》，其次《丹诀总录》，其次《活子时辨》《女丹下手活子时说》，以为女子在经期后，无论何日，身中感觉生气勃发，子宫血海中蒸热，即是活子时，在此时即可下手行功。

〇萧天石（1909—1986），《道藏精华》第五集之三，收录清傅金铨《仙佛合宗女金丹法要》上下卷及陈撄宁《女功正法》、冉道源《女功四铭》《丹诀总录》《活子时辨》《女丹下手活子时说》。

〇詹石窗《道教与女性》，上海古籍出版社 1990 年出版，后来又有宗教文化出版社 2010 年版。全书分上下两编，上编为《道教与女性崇拜》，下编为《道教与女性修行》。下编第六章第四节《女丹缘起及其修炼的要领和基本程序第》，专述女丹修行法门。

〇胡孚琛《丹道法诀十二讲》有上中下三卷，下卷附录五《女子丹法传真》，叙述女丹派别及修炼次第。[②]

〇董沛文、盛克琦编《女丹仙道》上下二册，宗教文化出版社 2012 年出版。收辑清代傅金铨以下及民国以来有关女丹的著作。书前《前言》详述女丹派别及修炼法门。

八、结语

女丹肇始于晚唐道书《太玄宝典》，以为男子重精，女子重血；精在肾，血在心，所以男主肾、女主心；男女内丹修炼各有所重。但该书文字极简，难有发挥。至南宋薛道光《悟真篇》注序，以为女丹始自吕洞宾度张珍奴，并说女子气聚双乳，以炼气为先，然后俟一阳初动而行河车运行，其说较有可据。至清代嘉庆、道光年间的傅金铨，所著《道书十七种·一贯天机简易录·卷十一卷十二女金丹上下》收录了许多女丹修炼道典，其中最早的为乾隆时扶鸾所成的妙化元君《坤宁妙经》，而以托名吕祖所传《樵阳经女工修炼》叙述女丹修炼

① 亦收入董沛文、盛克琦编：《女丹仙道》下册，北京：宗教文化出版社 2012 年版，第 494 页－529 页。
② 胡孚琛：《丹道法诀十二讲》下卷，北京：社会科学文献出版社 2009 年版，第 374－755 页。

法门最为详尽且有次第，以为女丹修炼，以双乳间为炁穴，以绛宫至子宫间为中极，以子宫中血海为下丹田。炁穴、中极、血海为女丹修炼的三个重要部位。女子百日太阴炼形，即在三处进行。太阴炼形，在炼化真阴之气为真阳。真阴既尽，形同男子，其后在中丹田的炼气化神，在泥丸宫上丹田的炼神还虚，皆和男子修行法门相同。

清代道光朝的傅金铨，首先辑录女丹道书，并借由扶鸾撰《樵阳经女工修炼》，所以他可以说是清代女丹理论的建立者。民国以后，陈撄宁自创刊物谈论女丹，回答读者女丹方面的问题，注解女丹道经，撰述女丹修炼理论，于是女丹之学，渐被世人所重。其后萧天石、詹石窗、胡孚琛、盛克琦继续著书立说，加上今日女性学道者日多，所以女丹学甚受女性修道者所器重及欢迎。

台南地区灵宝道派的朝参给牒科仪*

姜守诚**

内容摘要：朝参给牒科仪是南台湾灵宝道派拔度斋仪中的重要组成部分。该科仪意在通过一系列的仪式表演，拟构出这样一幅宗教场景：亡魂被引领至三清殿前，拜谢三宝、颁给牒文。这是亡魂脱离地狱后的重要转折，预示着身份及属性的蜕变和升华。台南地区灵宝道坛展演的朝参给牒科仪共计有五个节次，分别是：（1）起赞；（2）拜谢三宝；（3）宣牒·给牒；（4）朝真忏悔；（5）发愿。我们立足于田野考察中所获之第一手资料，结合台南道坛内部秘传的科仪抄本及历代传世文献，对朝参给牒科仪予以探讨。

关键词：台南地区　灵宝道派　朝参给牒

朝参给牒科仪是南台湾灵宝道派拔度斋仪中的重要组成部分。台南地区的朝参给牒科仪通常与解结科仪联袂演行，甚至以解结科仪来泛指朝参给牒和解结，抑或将朝参给牒视为解结科仪中的一部分。据笔者田野调查所见，台南地区流传的给牒与解结两种科仪文本通常合并在一起，其封面题曰《无上拔度解结释罪科仪》。实际上，朝参给牒与解结释罪是两种相对独立的科仪，不可混淆为一。这两种科仪的宗教功用及其象征意涵，诚如拔度斋坛榜文中所言——“引参三宝，给授牒文，解除口愿”。换言之，沐浴完毕的亡魂被引领至三清殿前拜谢三宝、颁给牒文（库牒、厝契），并解除口业罪。

按照台南地区仪轨行事的惯例，除了最低规格的拔度法事——灵前缴不展演参朝给牒与解结科仪之外，独局（又称“独却”“独事”）及其以上的拔度法事中均设有此二项节目。近

* 本文系国家社会科学基金一般项目“台湾南部地区灵宝道派拔度科仪研究”（批准号：17BZJ038）的阶段性成果。本成果受到中国人民大学2019年度“中央高校建设世界一流大学（学科）和特色发展引导专项资金”支持。

** 姜守诚（1975－），男，山东烟台人，哲学博士、历史学博士后，中国人民大学哲学院教授、博士生导师，教育部人文社会科学重点研究基地中国人民大学佛教与宗教学理论研究所专职研究员，学术研究方向：道教文献及道教史研究。

些年来，台南地区诸家道坛基于简化仪式流程、节省经济成本等考虑，往往将这两项科仪从独局中删减，至午夜斋科才开始排入。有关朝参给牒科仪，学界少有人关注。笔者在台南地区从事田野考察时，拍摄到朝参给牒科仪共计14场/次[①]。现依据实地调查中掌握的第一手材料，结合台南道坛内部秘传的科仪抄本及历代传世文献，对朝参给牒科仪予以探讨。

一、科仪文本的文献学分析

《太上朝参给牒科仪》（又名《太上召魂给牒真科》）是台南地区灵宝道坛展演朝参给牒科仪的文本依据，由五个节次构成，分别是：（1）起赞；（2）拜谢三宝；（3）宣牒·给牒；（4）朝真忏悔；（5）发愿。结合明《道藏》中的文献材料，我们对上述节次的内容略作考述。

（一）起赞

仪式开始，演法道众步入坛场，手执招魂幡，面朝三清幕，与后场鼓师配合，先举圣号，大声称念“总朝上帝天尊”。这一神祇称谓在宋元以后才开始出现，如《太上灵宝朝天谢罪大忏》卷十[②]，《灵宝玉鉴》卷三《灵旛宝盖门》[③]，《道法会元》卷二一《玉宸经炼返魂仪》[④]、卷三三《上清龙天通明炼度玄科》[⑤]、卷二〇五《金火天丁阳芒炼度仪》[⑥]、卷二〇六《金火天丁召孤仪》[⑦]，《太上慈悲九幽拔罪忏》卷八[⑧]，《太上灵宝下元水官消愆灭罪忏》[⑨] 等道书皆有著录，乃系法师在科仪表演时“志心朝礼”众多神尊中的一员。

举天尊圣号之后，道众旋即唱赞如下：

亡灵忏礼道，道在清微天。杳冥开祖劫，混沌立天根。顶礼壹拜元始尊，玉清圣境元始尊。惟愿天尊来拔度。求忏悔，太乙救苦天尊。

亡灵忏礼经，经在禹余天。炼金成凤篆，揉玉写龙章。顶礼二拜灵宝尊，上清真境灵宝尊。惟愿天尊来拔度，拔度亡灵早超升。求忏悔，太乙救苦天尊。

亡灵忏礼师，师在太赤天。先天传正教，浩劫拯迷津。顶礼三拜道德尊，太清仙境大圣道德尊。惟愿天尊来拔度，拔度亡灵早超升。愿供我等诸众生，罗列香花普供养。

---

① 有关台南地区朝参给牒科仪的田野调查情况，详见附录二：《台南地区灵宝道派朝参给牒科仪的田野调查案例》。

② 《太上灵宝朝天谢罪大忏》卷十，《道藏》第3册，文物出版社、上海书店、天津古籍出版社1988版，第508页。以下所引《道藏》皆出自此版本。

③ 《灵宝玉鉴》卷三，《道藏》第10册，第153页。

④ 《道法会元》卷二一，《道藏》第28册，第792页。

⑤ 《道法会元》卷三三，《道藏》第28册，第869页。

⑥ 《道法会元》卷二〇五，《道藏》第30册，第301页。

⑦ 《道法会元》卷二〇六，《道藏》第30册，第305页。

⑧ 《太上慈悲九幽拔罪忏》卷八，《道藏》第10册，第114页。

⑨ 《太上灵宝下元水官消愆灭罪忏》，《道藏》第9册，第883页。

求忏悔，太乙救苦天尊。

这段唱辞旨在为亡者皈依三宝忏罪，其文献来源可追溯至宋元道书中。如南宋吕太古集《道门通教必用集》卷三《赞咏篇》云：

稽首归依道，大罗元始尊。杳冥开祖劫，混沌立元根。愿垂清静教，救度此亡魂。（众和：往生神仙界。下同。）

稽首归依经，真文焕八方。炼金成凤篆，揉玉写龙章。愿开金口演，救度此亡魂。

稽首归依师，三乘众中尊。先天垂慜济，历劫度迷昏。愿垂无量法，救度此亡魂。①

此外，宋末元初林灵真编辑《灵宝领教济度金书》多次援引上述内容，并明确谈到这三段文字分别名曰“道宝赞”“经宝赞”“师宝赞”。如该书卷六二《科仪立成品（净供合用）·玄都大献玉山净供仪》云：

按人各恭信，宣告幽灵第一皈依无上道宝。

道宝赞：稽首皈依道，大罗元始尊。杳冥开祖劫，混沌立天根。愿垂清静法，开度此幽灵。（和：往生神仙界。）

宣告幽灵第二皈依无上经宝。

经宝赞：稽首皈依经，真文焕八方。炼金成凤篆，揉玉写龙章。愿垂清静教，开度此幽灵。（和：往生神仙界。）

宣告幽灵第三皈依无上师宝。

师宝赞：稽首皈依师，慈悲转法轮。先天传大教，历劫指迷津。愿垂清静法，开度此幽灵。（和：往生神仙界。）②

稍作比较，我们不难发现：今台南地区朝参给牒科仪中的“起赞”部分，无疑是以宋元道书中的三宝赞（道宝赞、经宝赞、师宝赞）为基础改造而成的，并增补了一些口语化措辞，使之更易于实际操作。

---

① （南宋）吕太古集：《道门通教必用集》卷三，《道藏》第32册，第20页。

② （南宋）宁全真传授、（宋末元初）林灵真编辑：《灵宝领教济度金书》卷六二，《道藏》第7册，第328页。类似内容，亦见于《灵宝领教济度金书》卷九五《科仪立成品（青玄黄箓斋用）·炼度醮仪》（《道藏》第7册，第452页）、卷九七《科仪立成品（青玄斋用）·普度净供仪》（《道藏》第7册，第468—469页）、卷一〇七《科仪立成品（明真斋）·传戒仪》（《道藏》第7册，第510—511页）、卷一一七《科仪立成品（血湖道场用）·催召仪》（《道藏》第7册，第551页）。

（二）拜谢三宝

道士口白："元皇广大，昊素昭彰。特开济度之门，方启皈依之路。"接着，又口白道："向来摄召亡过××魂仪，沐浴兰汤，荡除垢秽。南宫受炼，仙化成人。来诣道场，拜谢三宝。"这段文字点出了本节次的核心主旨——引亡魂到坛场拜谢三宝。

"拜谢三宝"环节分为三次演行：(1) 朝玉清，皈依道宝；(2) 朝上清，皈依经宝；(3) 朝太清，皈依师宝。每次礼谢的流程是相同的，皆先口白一段文字，惯例以"人各恭信，志心稽首，礼谢"开头；接着再口白一段文字，惯例以"志心皈命礼"开头；最后唱赞一段文字，分别以"皈依道/经/师宝"开头。兹将相关内容抄录如下：

> 人各恭信，志心稽首，礼谢元始法王至真天宝，顶礼极乐三清界。惟愿荐亡灵，朝玉清。
>
> 志心皈命礼，胚胎万有，开度亡魂。玉京山上演真宗，七宝林中传妙法。皈依十方常住道宝。
>
> 玉清宫，景无穷。坛下亡灵，百拜稽首。恭朝至尊，皈依道宝。澹泊存神，还精补脑。下士闻之，笑呵呵。中士闻之，若存亡。上士勤行，长生不老。
>
> 人各恭信，至心稽首，礼谢玉宸道君至真灵宝，顶礼极乐三清界。惟愿荐亡灵，朝上清。
>
> 志心皈命礼，津梁众苦，周匝群迷，掌中放出白毫光。惟此教文流妙法，皈依十方常住经宝。
>
> 上清宫，景无穷。坛下亡灵，百拜凛首。恭朝道君，皈依经宝。元始灵书，玉皇真诰。说经四遍，去沉疴。说经十遍，得长生。诵之千遍，诸天齐到。
>
> 人各恭信，志心稽首，礼谢道德高尊至真神宝，顶礼极乐三清界。惟愿荐亡灵，朝太清。
>
> 志心皈命礼，四生父母，六道医王，上睹南山，下指迷途。惟此教文玄妙法，皈依十方常住师宝。
>
> 太清宫，景无穷。坛下亡灵，百拜俯伏。恭朝老君，皈依师宝。开化通玄，辅元体道。金真演教，说金科。济度苦恼，出迷途。惟愿来临，证登妙果。

上述引文中的主体部分在台南地区开通冥路科仪的"点燃神灯"节次中亦出现过。有关其内容之分析，这里就不再赘述①。值得注意的是，引文将"三清"分别称作元始法王至真天宝、玉宸道君至真灵宝、道德高尊至真神宝，这在历代道书中并不多见。据笔者目力所

① 详见拙作《台南灵宝道派的开通冥路科仪》，待刊。

及，仅出现在《灵宝领教济度金书》卷一三一《科仪立成品（度星斋）·讲经仪》[①] 和《道法会元》卷十九《玉宸炼度请符简仪》[②]、卷二〇《玉宸经法炼度仪》[③]、卷二一《玉宸经炼返魂仪》[④]、卷二三《清微玉宸炼度符诰文检品》[⑤]、卷三三《上清龙天通明炼度玄科》[⑥]。

引文中出现的“景无穷”“坛下亡灵”等内容，当改编自《灵宝领教济度金书》卷十一《赞颂应用品（开度祈禳通用）》“朝礼偈”，如谓：

> 大有玉清宫，景无穷。坛下亡灵，谨致恭朝帝宗。大圣元始天尊。
>
> 七宝紫微宫，景无穷。坛下亡灵，谨致恭朝化宗。大圣灵宝天尊。
>
> 太清太极宫，景无穷。坛下亡灵，谨致恭朝教宗。大圣道德天尊。[⑦]

需要指出的是，今台南地区灵宝道士在科仪演法时，出于节省时间或简化流程之考虑，有时会将本节次的内容予以压缩处理，而将三次朝礼合并为一次进行，如下所示：

> 元皇广大，昊素昭彰。特开济度之门，方启皈依之路。
>
> 向来摄召亡过〇〇魂仪，沐浴兰汤，荡除垢秽。南宫受炼，仙化成人。来诣道场，拜谢三宝。
>
> 按人各恭信，志心稽首，礼谢、朝谢、拜谢至真道经师三宝天尊，顶礼极乐三清界。惟愿荐亡灵，朝三清。
>
> 志心皈命礼，四生父母，六道医王，上睹南山，下指迷途。惟此教文玄妙法，皈依十方常住师宝。
>
> 太清宫，景无穷。坛下亡灵，百拜俯伏。恭朝老君，皈依师宝。开化通玄，辅元体道。金真演教，说金科。济度苦恼，出迷途。惟愿来临，证登妙果。

（三）宣牒·给牒

朝礼三宝之后，道士口白：“向来摄召亡灵拜谢三宝已完周，所有功德牒文，恭对高真，谨当敷宣。”随即，道士宣读库牒（有关内容，详见下文）。宣牒结束后，将这份库牒给付亡

---

① （南宋）宁全真传授、（宋末元初）林灵真编辑：《灵宝领教济度金书》卷一三一，《道藏》第7册，第609—610页。

② 《道法会元》卷十九，《道藏》第28册，第779页。

③ 《道法会元》卷二〇，《道藏》第28册，第782、786页。

④ 《道法会元》卷二一，《道藏》第28册，第789页。

⑤ 《道法会元》卷二三，《道藏》第28册，第813页。

⑥ 《道法会元》卷三三，《道藏》第28册，第871页。

⑦ （南宋）宁全真传授、（宋末元初）林灵真编辑：《灵宝领教济度金书》卷十一，《道藏》第7册，第99页。上述内容亦见于《灵宝领教济度金书》卷三〇《科仪立成品（开度通用）·沐浴仪》，文字大抵相同，唯“谨致恭朝教宗”与“谨致恭朝化宗”的语序上存有差异。（《道藏》第7册，第173页）

魂，并吟唱："给牒文，太乙尊，太乙救苦天尊。"

在实地的田野调查中，我们也发现：今台南地区道坛在展演朝参给牒科仪时，往往会省略"宣牒"这一节次，亦即并不当众宣读给付亡魂的库牒，而是径直跳过此环节。这显然是为了迎合现代生活节奏而做出的适应性调整。

（四）朝真忏悔

待宣牒与给牒完毕后，演法道士随即口白道：

> 功德牒文已宣付，接引亡灵上南宫。亡灵稽首求哀，朝真忏悔。
> 亡灵自从无始劫，无明烦恼覆真心。常行杀盗与邪淫，两舌妄言并绮语。
> 诽谤大乘真正教，斗乱亲朋离间人。贪嗔痴爱纵三心，喜怒爱恶增七慢。
> 历劫罪愆难记忆，多生业垢莫能量。皈投上圣大慈悲，发露真心伸忏悔。
> 万劫千生诸罪垢，愿从忏悔悉消除。从此真心奉上圣，惟愿罪根悉愿宥。
> 忏悔以后，罪灭超生。志心稽首，礼谢无上虚皇正真三宝。

上述内容在《太上元始天尊说宝月光皇后圣母天尊孔雀明王经》和《皇经集注》中已有著录①，应是元代以降道门中较为常见的忏悔文，乃施用于礼经、拜忏等醮仪中，而非济度幽魂的拔度仪式，忏悔的主体也是道士或信众，而非今本之"亡灵"。值得一提的是，这段文字与今台南诸家道坛展演的开通冥路科仪中的"忏悔"节次是相同的。这段忏悔文在台南地区拔度科仪中使用，当是道教科仪民间化、本土化的结果。有关其含义，我们已做过分析，兹不赘述。②

（五）发愿

朝真忏悔之后，道士口白、念诵发愿文，内容如下：

> 志心再发愿：愿眼常睹玉毫相，愿耳常闻说法音，愿鼻常嗅众妙香，愿舌常赞无上道，愿身不染邪淫法，愿意常存正信心。发愿上报四重恩，发愿下济三途苦。广运慈悲怜一切，广行方便度亡灵。仰惟玉帝大慈悲，加护愿心悉成就。发愿以后，罪灭超生。志心稽首，礼谢无上虚皇正真三宝。

这段发愿文亦施用于台南地区开通冥路科仪中的"魂身开光"节次，其文献依据可追溯

---

① 《太上元始天尊说宝月光皇后圣母天尊孔雀明王经》，《道藏》第34册，第578页；（明）周玄贞集注：《皇经集注》卷一，《道藏》第34册，第637页。

② 详见拙作《台南灵宝道派的开通冥路科仪》，待刊。

至《太上元始天尊说宝月光皇后圣母天尊孔雀明王经》[1]。此外，《皇经集注》（卷一）[2] 对其文做过批注，清晰易懂，可做参考。

二、坛场陈设、科介表演与仪式文检

朝参给牒科仪的坛场陈设比较简单，仅需在三清坛前摆设桌子以供奉魂身及斗烛等物。演法道士的科介表演并不复杂，基本属于一些常规性的仪式动作。在本场仪式中施用的文检凡计有两份：一是填库合同牒之亡魂牒，一是厝契。下面，我们就这三方面的内容略作介绍。

（一）坛场陈设

朝参给牒科仪是在坛场内演行的。仪式开始前，在三清坛前的空地上临时陈设一张桌子，桌上供奉魂身一个或若干个（代表正荐及附荐亡魂）。魂身面朝三清案，其前摆放香炉和七盏斗烛。由于朝参给牒科仪与解结科仪是连续进行的，故而表演解结科仪的道具亦陈列有序——在供奉魂身的灵桌前摆一凳子，凳上放水盆（或不设凳子而将水盆直接放在桌前地上），盆内盛有清水，在水盆的边缘处横放数只线香。

图一：朝参给牒科仪的表演现场

① 《太上元始天尊说宝月光皇后圣母天尊孔雀明王经》，《道藏》第34册，第578页。

② （明）周玄贞集注：《皇经集注》卷一，《道藏》第34册，第637页。这段引文与《太上元始天尊说宝月光皇后圣母天尊孔雀明王经》仅有一字之差，即将第五句“愿身不染邪淫法”写作“愿身不染邪淫秽”。

图二：灵桌的摆放陈设

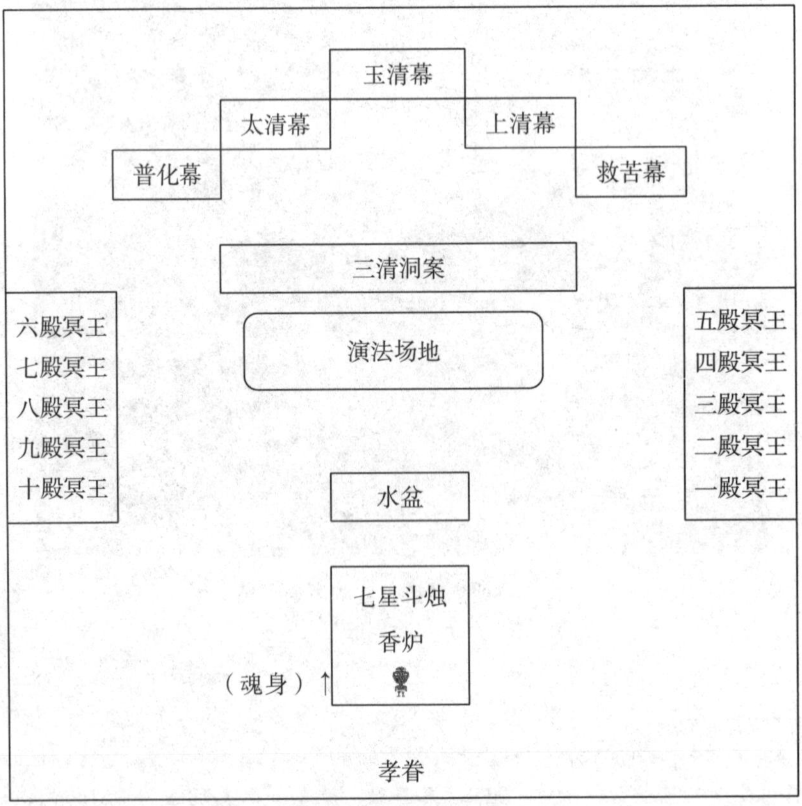

表一：朝参给牒科仪的坛场示意图

（二）科介表演

我们以实地拍摄的十四场朝参给牒科仪为案例，将其科介流程予以归纳和介绍如下：

1. 前场演法道众一人，身穿黑色海青、脚穿道鞋。后场乐师通常由四人组成：一人司鼓，一人司锣，一人弹扬琴，一人吹唢呐（兼拉胡琴）。前场道士与后场鼓师密切配合，共同展演本场科仪。全体孝眷作为陪祀人员，列队站在灵桌之后。

2. 仪式开始，全体孝眷手持线香、朝三清幕鞠躬礼拜三次。演法道士执幡入场，面朝三清吟唱，并不停地摇动招魂幡（详见图三）。在“起赞”节次中，待吟唱“顶礼一拜元始尊”“顶礼二拜灵宝尊”“顶礼三拜道德尊”时，道士平举招魂幡、单足屈膝叩拜三清，在三次吟唱“求忏悔，太乙救苦天尊”时亦执幡躬身行礼。

图三：演法道士手执招魂幡、面朝三清坛吟唱

3. 在“拜谢三宝”节次，待口白“礼谢元始法王至真天宝，顶礼极乐三清界”，“礼谢玉宸道君至真灵宝，顶礼极乐三清界”，“礼谢道德高尊至真神宝，顶礼极乐三清界”时，道士均会走到供桌的后面，双手举起魂身，依次面朝玉清幕、上清幕、太清幕鞠躬礼拜三次，借此表示亡魂朝参三宝、礼谢三清（详见图四）。不过，今台南地区各家道坛演行“拜谢三宝”节次时通常采用简化形式。当念白“礼谢、朝谢、拜谢至真道经师三宝天尊，顶礼极乐三清界”之句时，道士举起魂身，依次朝向玉清、上清、太清鞠躬礼拜一次，最后面向三清坛行礼一次（详见图五）。

图四：道士捧魂身礼拜三清（杜信颐道众）

图五：道士捧魂身礼拜三清（林子乔道众）

4. 在“宣牒·给牒”节次，道士跪于三清案前宣读给付亡魂的库牒（内容将在后文介绍，详见图六）。在宣牒的末尾，道士按照牒文中寄送库钱者的人员名单，依次询问：“孝男××，有寄库钱吗?”“孝孙××，有寄库钱吗?”“孝女××，有寄库钱吗?”每次询问后，众孝眷皆齐声回答：“有啊!”与此同时，负责坛场杂务的“香办”向众孝眷展示厝契（详见图七），并令孝眷依次在给付亡魂的库牒上按押指印（详见图八）。宣牒完毕后，香办将库牒和厝契折叠后插入魂身的背后，亦即象征给付亡魂（详见图九）。

5. 在“朝真忏悔”和“发愿”两个节次中，演法道士与后场鼓师交替口白，每人念一句，语速较快，在音乐伴奏下，极富有韵律感。

图六：道士宣读亡魂牒（林子乔道众）

图七：香办向众孝眷展示厝契

图八：孝眷依次在亡魂牒上按押指印

图九：宣牒结束，将亡魂牒与厝契折叠塞入魂身背后

图十：魂身背后塞入的亡魂牒与厝契

（三）仪式文检

台南地区灵宝道派展演朝参给牒科仪中共计使用了两份文检：其一是填库合同牒之亡魂牒（阴式库牒），其二是厝契。这两份文检均是给付亡魂收用的，乃作为其在冥界中享有财产的凭证材料，前者证明已缴纳及预存的库钱数额，后者证明厝屋地基及厝内奴婢、器物的归属权。

1. 填库合同牒之亡魂牒

所谓“填库合同牒”乃亡魂与库官针对还钱纳库事宜所订立的契约凭证，其功用主要是勘验和证明填库的真实性和有效性。在填库科仪和朝参给牒科仪中，“填库合同牒”均具有重要的作用。与世俗社会的契约合同一样，“填库合同牒”亦有两道，各由当事者分持：一道上呈库官案验（简称“库官牒”），一道给付亡魂收执（简称“亡魂牒”）。两道库牒勘合无误方可证明还钱纳库已告完成，亡魂亦可从库官那里领取寄存的库钱。在具体的科仪实践中，两道填库合同牒是在不同场合下宣读的。在填库科仪的“宣牒”节次中，道士宣读的是库官牒（即上呈库官的那份填库合同牒），完毕后将其与库官、库夫神像一起投入火中焚化。而给付亡魂收执的这份库牒则在填库之前的朝参给牒科仪中宣读，完毕后将其塞入魂身背后，待全部法事结束后，连同魂身一起焚化。有关填库合同牒之库官牒的相关内容及格式，我们有过介绍[①]，这里主要介绍亡魂牒。

① 有关填库合同牒之库官牒的详细情况，详见拙作《台南地区灵宝道派的填库科仪》，待刊。

表一：填库合同牒之亡魂牒

三寶拔亡道場　今據

中華民國臺灣省　號　居住奉

道追修禮懺拔度填庫陽世報恩

暨孝眷人等具陳哀旨痛念

亡過　一位正魂原命生於　年　月　日　時受生拜借

天曹內院第　庫　大夫案下冥財　萬貫文托生中土未遑填納不期卒于

年　月　日　時別世切慮魂歸陰府魄入南柯不逢薦拔之功

難脫沉淪之苦涓取今月吉日仗命黃冠抵就哀居追資功德代納庫錢除已具奏

天曹證盟修奉　仰冀

恩光俯垂超度外仍錄合同牒文二道一道上

天曹內院第　庫　大夫案驗一道亡靈收執照會者

右牒給付亡過　一位正魂收執為照　伏以夙債完納立

天曹原目用伸於冥府既交銷於簿籍乞昇度於人天對

聖宣揚執此為據故判內共庫錢　担　萬實批明再照

天運　年　月　日夜給陽世報恩

牒　主行齋事　花押

一報恩　另寄庫錢　担相　萬實交付亡　收用

一報恩　另寄庫錢　担相　萬實交付亡　收用

一報恩　另寄庫錢　担相　萬實交付亡　收用

一報恩　另寄庫錢　担相　萬實交付亡　收用

一報恩　另寄庫錢　担相　萬實交付亡　收用

一報恩　另寄庫錢　担相　萬實交付亡　收用

一報恩　另寄庫錢　担相　萬實交付亡　收用

一報恩　另寄庫錢　担相　萬實交付亡　收用

一報恩　另寄庫錢　担相　萬實交付亡　收用

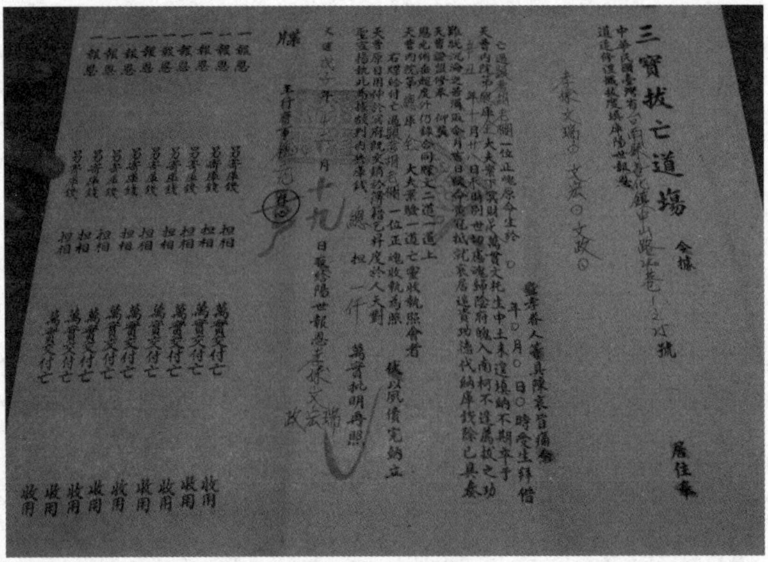

图十一：亡魂牒

此外，亡魂牒外用“可漏”封之，可漏的封函题签如下：

表二：亡魂牒的可漏式

右　牒　　給　付

三寶拔亡道場

亡過顯考\妣　一位魂儀收執為照

可漏的封函上钤盖“道经师宝印”二枚（一正、一斜）：一枚正盖于“三宝拔亡道场”题签中的“三宝”二字上，一枚斜盖于“道”字上。另外，用朱笔批点“右”字，并勾划“为照”二字。

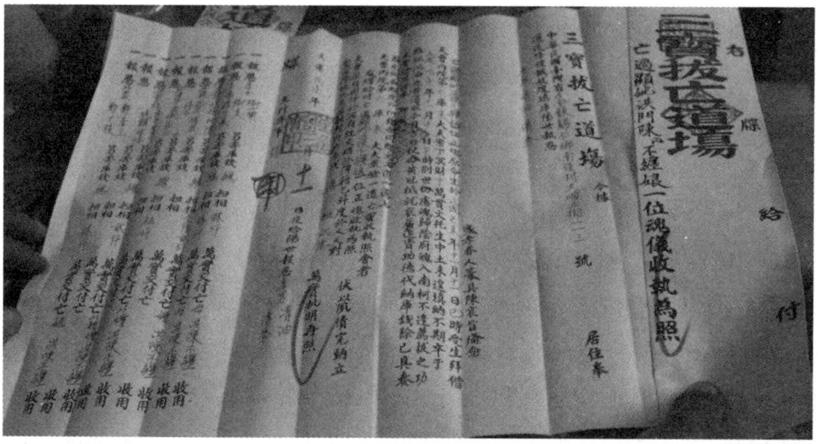

图十二：亡魂牒的内文与可漏

2. 厝契

所谓“厝契”就是阳世孝眷向地基主武夷王购买地下土地的所有权，以便为亡者提供可供居住的厝屋。为了证明土地交易的合法性和有效性，就必须出具一份契约文书。有鉴于此，这类在冥界中使用的独特“厝契”就应运而生了。兹将台南地区灵宝道坛中流行的厝契，依格式抄录如下（标点系笔者添加）：

表三：厝契

> 陰有陰司，陽有陽府。陰陽二路，物各有主。
> 立賣杜絕盡根厝，契字人武夷王，自有地基一
> 所，座落土名在酆都山下，東西南北抽出橫直
> 各四配丈，四至明白為堺。今因乏銀費用，外
> 托中引就向與陽間报　　　　等，
> 出首承買，三面言議，著下時價銀××大圓。其
> 銀將中交訖，願將地基隨踏交付銀主，請陽間
> 小匠起蓋魂厝一座三層洋樓庭院花園，
> 內帶男童女婢、家器什物在內，交付
> 亡過　　　　魂儀收入
> 居住掌管，不許外魂爭奪阻擋。如有外魂爭奪
> 阻擋，武夷王自出頭抵當，不干銀主之事。此係
> 二比甘愿，各無反悔。恐口無憑，今欲有憑，立賣
> 杜絕盡根厝契一紙，付亡為照。
> 即日仝中見收過契面銀××大圓完足，再照。
> 三寶殿前給出憑印契　　為中人土地公(存)
> 　　　　　　　　　　知見人李定度(存)
> 天運××年××月××日立杜絕根厝　契字人武夷王(存)

若就措辞用语与文书格式而言，这份厝契与清代台湾民间土地交易时签订的实用性契约文书具有较大相似性，后者在清末编撰的《台湾私法物权编》[①] 和《清代台湾大租调查书》[②]中多有收录。不过，前引厝契是在阴间使用的，并不具有现实世界的真实有效性，其约束的对象是武夷王、亡魂、外魂等地下鬼神。值得一提的是，二十世纪二三十年代，日本学者增田福太郎在台湾从事田野考察时亦获见此类厝契，其书体行文与今版大抵相同，仅个别文字上略有差异[③]。

这份厝契的中心内容是要明确阴宅土地所有权的转让事宜，亦即这块地基（地下）的原拥有者——武夷王以时价××大圆的价格，售卖给了阳世中人孝子某某，听凭其聘请工匠建造厝屋供亡魂居住使用，厝内连带的男童女婢、家器什物等亦属亡魂所有。有必要指出的是，契约中谈到的厝屋及男童女婢、家器什物等乃竹扎纸糊而成。据笔者在台湾地区从事田野调查时所见，丧家焚送给亡者的厝屋，通常制作精美、价格不菲，多数是两层或三层的花园别墅，别墅内的佣人、汽车、电器、床椅等生活用品一应俱全，堪称豪华、奢侈（详见图十三、图十四）。这寄托了孝眷希望亡者在地下世界中享受舒适生活的美好愿望。

① 《台湾私法物权编》，台湾银行经济研究室编：《台湾文献丛刊》第150种，台北：台湾银行1963年版。
② 《清代台湾大租调查书》，台湾银行经济研究室编：《台湾文献丛刊》第152种，台北：台湾银行1963年版。
③ ［日］增田福太郎著，黄有兴译：《台湾宗教论集》，南投：台湾省文献委员会2001年版，第99页。

图十三：纸厝之一

图十四：纸厝之二

前引厝契中反复强调，这份买卖阴宅地基的合同是经过友好协商、自愿达成的，购地银两已悉数交迄，双方永无反悔。值得注意的是，厝契中的契字人（即这块土地在阴间的拥有者）是武夷王，这显然是源自于大陆原乡的传统习俗。武夷王，又称武夷君，是一位古老的神祇。据《史记·封禅书》记载，汉武帝时“亳人谬忌奏祠太一方……后人复有上书，言：‘古者天子常以春解祠，祠黄帝用一枭破镜……武夷君用干鱼，阴阳使者以一牛。’令祠官领之如其方，而祠于忌太一坛旁”①。唐代司马贞《索隐》注曰：“顾氏案：《地理志》云建安

① （西汉）司马迁：《封禅书》，《史记》卷二八，北京：中华书局1959年版，第1386页。此外，这段文字亦见载于（西汉）司马迁：《孝武本纪》，《史记》卷十二，第456页；（东汉）班固撰，（唐）颜师古注：《郊祀志上》，《汉书》卷二五，北京：中华书局1962年版，第1218页。

有武夷山，溪有仙人葬处，即《汉书》所谓武夷君。是时既用越巫勇之，疑即此神。今案：其祀用干鱼，不飨牲牢，或如顾说也。”[①] 其实，武夷君信仰至迟在战国时期就已流行。湖北江陵九店五六号楚墓《日书》第 43－44 号简文是对武夷神的祝祷之辞，研究者因其篇首有云“［□］敢告□繳武强（夷）”而拟名为“告武夷”，兹抄录如下：

> ［□］敢告□繳之子武强：“尔居復（复）山之肥，不周之埜（野），帝胃（谓）尔无事，命尔司兵死者。含（今）日某牆（将）欲飤（食），某敢㠯（以）亓（其）妻□妻女（汝），［聖］肖芳粮㠯（以）譴犨（犊）某于武强㪔=（之所）：君昔受某之聖肖芳粮，囟（思）某逨（来）遈（归）飤（食）故□。[②]

引文中的武夷神乃是受天帝之命而“司兵死者”，也就是执掌死于兵战之人的鬼魂，即统领那些在战争中阵亡的将士。此外，在先秦至秦汉时期，武夷神似乎也以“避兵之神”形象示人[③]。自东汉开始，武夷王又作为地下神祇出现在镇墓文中[④]。南朝以降，世人则将武夷君附会为居于建安武夷山，为地仙或地官，遂成为闽越人的守护神[⑤]，其神祇形象亦定格为掌管坟丘冢墓、地下土地的阴间小神，与之相伴的是福建等地墓葬买地券中频见“地主武夷王”（或“武夷君”）等称呼[⑥]。受闽地风俗之浸染，台湾民众亦将武夷王视为阴间土地的地基之主，并在建筑物落成谢土时会按惯例安放“砖契”（又称“阴阳契”）。“砖契”的措辞及格式与朝参给牒科仪中施用的厝契比较接近，特别是“砖契”末尾的落款中，契字人通常是武夷王，土地公、东王公、西王母、李定度、张坚固、蒿里仁、张道陵等分别充任中人、

---

① （西汉）司马迁：《封禅书》，《史记》卷二八，第 1387 页。

② 湖北省文物考古研究所、北京大学中文系编：《九店楚简》，北京：中华书局 2000 年版，第 50 页。有关这篇简文的研究，详见饶宗颐：《说九店楚简之武强（君）与复山》，《文物》1997 年第 6 期，第 36－38 页；李零：《古文字杂识（二则）》，《第三届国际中国古文字学研讨会论文集》，香港：香港中文大学中国文化研究所、中国语言及文学系，1997 年 10 月，第 757－761 页；［美］夏德安著，陈松长译：《战国时代兵死者的祷辞》，中国社会科学院简帛研究中心编：《简帛研究译丛》（第二辑），长沙：湖南人民出版社 1998 年版，第 30－42 页；周凤五：《九店楚简〈告武夷〉重探》，《“中央研究院”历史语言研究所集刊》第七十二本第四分（2001 年 12 月），第 941－959 页；李家浩：《九店楚简“告武夷”研究》，《著名中年语言学家自选集：李家浩卷》，合肥：安徽教育出版社 2002 年版，第 318－338 页；［日］工藤元男：《从九店楚简〈告武夷〉篇看〈日书〉之成立》，武汉大学简帛中心主办：《简帛》（第三辑），上海：上海古籍出版社 2008 年版，第 47－61 页；卢美松：《武夷君传说的新材料》，《福建文博》2014 年第 1 期，第 31－32 页。

③ 李家浩：《论〈太一避兵图〉》，袁行霈主编：《国学研究》第一卷，北京：北京大学出版社 1993 年版，第 277－292 页。

④ 譬如，东汉陈叔敬镇墓文中就三次出现“武夷王”的称谓。（刘昭瑞：《汉魏石刻文字系年·附录：汉魏镇墓文》，台北：新文丰出版公司 2001 年版，第 198－201 页；刘昭瑞：《考古发现与早期道教研究》，北京：文物出版社 2007 年版，第 344－345 页）

⑤ 相关研究，详见吴之邨：《“武夷”名实考——江右史谭之二》，《安徽史学》1996 年第 3 期，第 20－29 页；刘昭瑞：《安都丞与武夷君》，《文史》2002 年第 2 期，第 51－59 页（又载刘昭瑞：《考古发现与早期道教研究》，第 336－348 页）。

⑥ 陈进国《福建买地券与武夷君信仰》，《台湾宗教研究通讯》第三期（2002 年 4 月），第 101－116 页；陈进国：《考古材料所记录的福建“买地券”习俗》，《民俗研究》2006 年第 1 期，第 165－184 页；鲁西奇：《福建所出唐宋元时期买地券考释》，《闽台文化研究》2013 年第 2 期，第 30－42 页。

证人、牙人、知见人等角色，代书人（或称代笔人）为毛笔成、兔毛笔、杨毫笔等[①]。上述冥界神祇中，有一部分是针对买地券、衣物疏、阴宅地契之类的阴阳两界契约文书而杜撰出的专职“办公人员”，其名号被赋予了强烈的象征与隐喻色彩。譬如，“李定度”与“张坚固”就属于此类。他们二人通常联袂出场，分别象征土地买卖的公平合理、符合法度以及契约合同的永久有效性[②]。至于代书人“毛笔成”“兔毛笔”“杨毫笔”等称谓则表示此文书乃用毛笔或兔毛笔、羊毫笔书写而成的。

在朝参给牒科仪中，厝契在填写相关内容后，还需钤印方可生效，通常加盖“道经师宝”或“道经师三宝印”，且钤印的位置及形状也是有讲究的。笔者在台南地区实地调查时发现，当地道坛秉持自身传统，对厝契钤印的处理略有不同：(1) 有的道坛钤印三枚（两枚斜盖、一枚正盖），在“阳间报恩××等”和“亡过××魂仪”字样上斜盖，文末“天运××年××月××日”字样上正盖（见图十五）；(2) 有的道坛钤印四枚（两枚斜盖、两枚正盖），在“价银××大圆”和“面银××大圆”字样上斜盖，文末“天运××年××月××日”和“土地公、李定度、武夷王、毛笔成”字样上正盖（见图十六）；(3) 有的道坛钤印五枚（四枚斜盖、一枚正盖），在“各四配丈”“价银××大圆”“面银××大圆”“土地公、李定度、武夷王、毛笔成”字样上斜盖，文末“天运××年××月××日”字样上正盖（见图十七）。

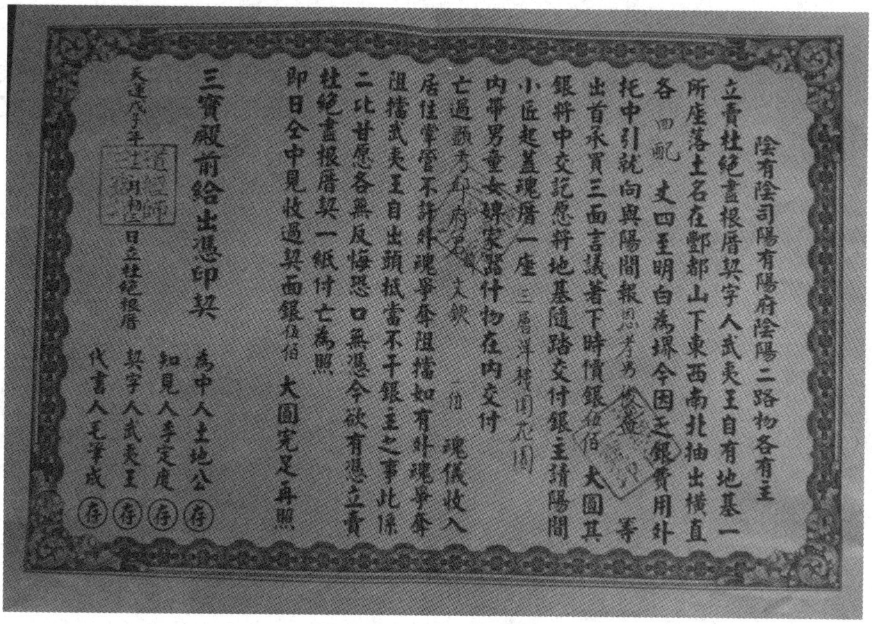
陰有陰司陽有陽府陰陽二路物各有主
立賣杜絕盡根厝契字人武夷王自有地基一
所座落土名在酆都山下東西南北抽出橫直
各四配丈四至明白為界今因乏銀費用外
托中引就向與陽間報恩孝男　等
出首承買三面言議著下時價銀伍佰大圓其
銀將中交訖愿將地基隨踏交付銀主請陽間
小匠起蓋魂厝一座三層洋樓園花園
內帶男童女婢家器什物在內交付
亡過顯考邱府君大欽一位魂儀收入
居住掌管不許外魂爭奪阻擋如有外魂爭奪
阻擋武夷王自出頭抵當不干銀主之事此係
二比甘愿各無反悔恐口無憑今欲有憑立賣
杜絕盡根厝契一紙付亡為照
即日仝中見收過契面銀伍佰大圓完足再照
三寶殿前給出憑印契
為中人土地公（存）
知見人李定度（存）
契字人武夷王（存）
代書人毛筆成（存）
天運戊子年十二月初三日立杜絕根厝

图十五：厝契钤印之一

① 相关情况，详见周政贤：《台湾民间信仰的地基主》，台北：兰台出版社2008年版，第54—102页。

② 有关张坚固、李定度的文献材料及其象征含义之考释，详见黄景春：《地下神仙张坚固、李定度考述》，《世界宗教研究》2003年第1期，第46—54页；周政贤：《台湾民间信仰的地基主》，第91—93页；吴侪：《张坚固小考兼论江西风水术——江右史话批判之二》，《江西科技师范学院学报》2010年第3期，第41—48页；费和平：《从泰山到东海抑或是从东海到地下——关于北宋中期以前买地券中一类常见用语的讨论》，《东南文化》2012年第3期，第97—104页。

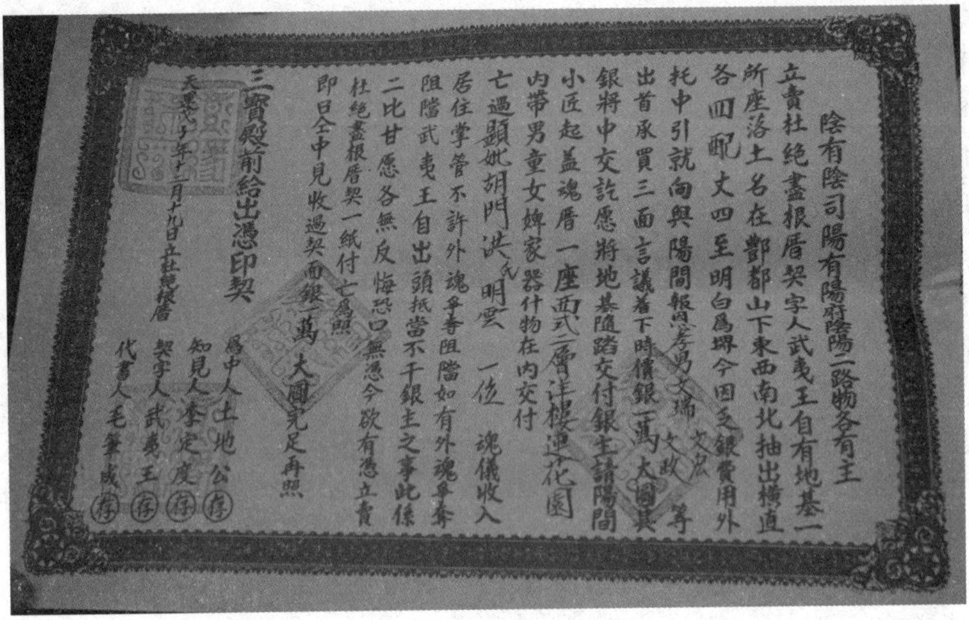

陰有陰司陽有陽府陰陽二路物各有主
立賣杜絶盡根厝契字人武夷王自有地基一
所座落土名在酆都山下東西南北抽出橫直
各四配丈四至明白爲界今因乏銀費用外
托中引就向與陽間報恩孝男文瑞 文政 文宏 等
出首承買三面言議着下時價銀一萬大圓其
銀將中交訖愿將地基隨踏交付銀主請陽間
小匠起蓋魂厝一座西式三層洋樓連花園
内帶男童女婢家器什物在内交付
七過顯妣胡門洪氏 明雲 一位 魂儀收入
居住掌管不許外魂爭奪阻擋如有外魂爭奪
阻擋武夷王自出頭抵當不干銀主之事此係
二比甘愿各無反悔恐口無憑今欲有憑立賣
杜絶盡根厝契一紙付七過照
即日仝中見收過契面銀一萬大圓完足再照
三寶殿前給出憑印契
天運戊子年十二月十九日立杜絶根厝
爲中人土地公 存
知見人李定度 存
契字人武夷王 存
代書人毛筆成 存

图十六：厝契钤印之二

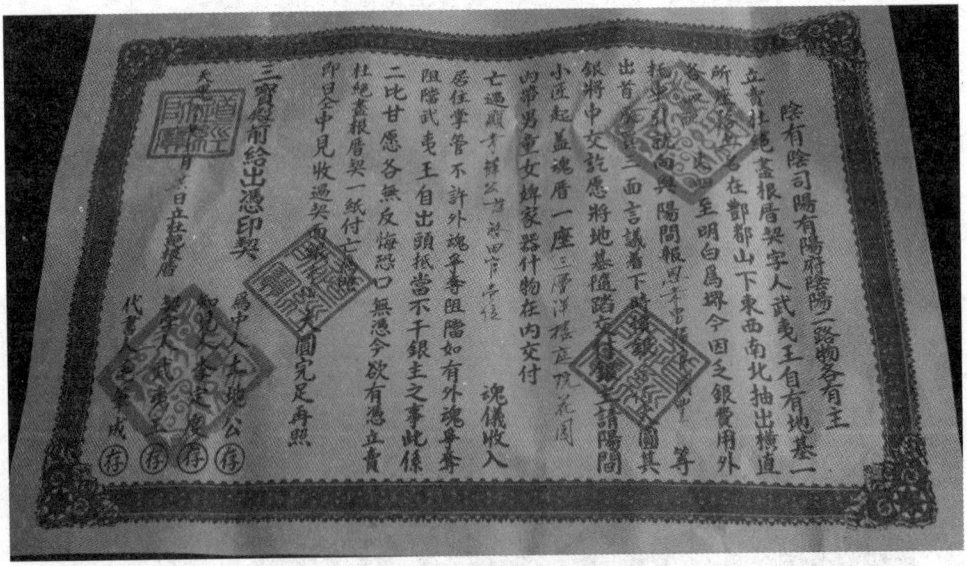

陰有陰司陽有陽府陰陽二路物各有主
立賣杜絶盡根厝契字人武夷王自有地基一
所座落土名在酆都山下東西南北抽出橫直
各四配丈四至明白爲界今因乏銀費用外
托中引就向與陽間報[illegible] 等
出首承買三面言議着下時價銀一萬大圓其
銀將中交訖愿將地基隨踏交付銀主請陽間
小匠起蓋魂厝一座三層洋樓庭院花園
内帶男童女婢家器什物在内交付
七過[illegible] 魂儀收入
居住掌管不許外魂爭奪阻擋如有外魂爭奪
阻擋武夷王自出頭抵當不干銀主之事此係
二比甘愿各無反悔恐口無憑今欲有憑立賣
杜絶盡根厝契一紙付七過照
即日仝中見收過契面銀一萬大圓完足再照
三寶殿前給出憑印契
天運[illegible]月[illegible]日立杜絶根厝
爲中人土地公 存
知見人李定度 存
契字人武夷王 存
代書人毛筆成 存

图十七：厝契钤印之三

三、结论

在整场拔度斋仪法事活动中，朝参给牒科仪颇具标志性意义。演法道士试图通过一系列的仪式表演，拟构出一幅具有特殊含义的宗教场景：亡魂被引领至三清殿前，拜谢三宝、颁给牒文。这是亡魂脱离地狱后的重大转折，预示着身份及属性的蜕变和升华。具体说来，

“朝参”意味着亡魂已获宽宥，罪愆悉被消除。亡魂在出离地狱且经沐浴之后，方有资格入坛朝参，罪灭超生。“给牒”则表示亡魂获三宝垂恩，颁给牒文。所给之牒是库牒（亡魂牒）与厝契，乃涉及亡者在冥界中的生活来源与物质保障——库牒关乎钱财之事，厝契明确宅第之属，凭此二者，阴间亡魂可安居乐业、丰衣足食，阳世孝眷亦无惊扰之虞。其实，这番仪式上的理论建构和情节设计，完全是基于对现实世界的模拟和投射，充分体现了“事死如事生”的传统理念。

附录一：太上朝参给牒科仪

起　赞

总朝上帝天尊。

亡灵忏礼道，道在清微天。杳冥开祖劫，混沌立天根。顶礼一拜元始尊，玉清圣境元始尊。惟愿天尊来拔度。求忏悔，太乙救苦天尊。

亡灵忏礼经，经在禹余天。炼金成凤篆，揉玉写龙章。顶礼二拜灵宝尊，上清真境灵宝尊。惟愿天尊来拔度，拔度亡灵早超升。求忏悔，太乙救苦天尊。

亡灵忏礼师，师在太赤天。先天传正教，浩劫拯迷津。顶礼三拜道德尊，太清仙境大圣道德尊。惟愿天尊来拔度，拔度亡灵早超升。愿供我等诸众生，罗列香花普供养。求忏悔，太乙救苦天尊。

拜谢三宝

元皇广大，昊素昭彰。特开济度之门，方启皈依之路。

向来摄召亡过××魂仪，沐浴兰汤，荡除垢秽。南宫受炼，仙化成人。来诣道场，拜谢三宝。

人各恭信，志心稽首，礼谢元始法王至真天宝，顶礼极乐三清界。惟愿荐亡灵，朝玉清。

志心皈命礼，胚胎万有，开度亡魂。玉京山上演真宗，七宝林中传妙法。皈依十方常住道宝。

玉清宫，景无穷。坛下亡灵，百拜稽首。恭朝至尊，皈依道宝。澹泊存神，还精补脑。下士闻之，笑呵呵。中士闻之，若存亡。上士勤行，长生不老。

人各恭信，至心稽首，礼谢玉宸道君至真灵宝，顶礼极乐三清界。惟愿荐亡灵，朝上清。

志心皈命礼，津梁众苦，周匝群迷，掌中放出白毫光。惟此教文流妙法，皈依十方常住经宝。

上清宫，景无穷。坛下亡灵，百拜凛首。恭朝道君，皈依经宝。元始灵书，玉皇真诰。说经四遍，去沉疴。说经十遍，得长生。诵之千遍，诸天齐到。

人各恭信，志心稽首，礼谢道德高尊至真神宝，顶礼极乐三清界。惟愿荐亡灵，朝太清。

志心皈命礼，四生父母，六道医王，上睹南山，下指迷途。惟此教文玄妙法，皈依十方常住师宝。

太清宫，景无穷。坛下亡灵，百拜俯伏。恭朝老君，皈依师宝。开化通玄，辅元体道。金真演教，说金科。济度苦恼，出迷途。惟愿来临，证登妙果。

宣牒·给牒

向来摄召亡灵拜谢三宝已完周，所有功德牒文，恭对高真，谨当敷宣。

（读牒）

给牒文，太乙尊，太乙救苦天尊。

朝真忏悔

功德牒文已宣付，接引亡灵上南宫。

亡灵稽首求哀，朝真忏悔。

亡灵自从无始劫，无明烦恼覆真心。

常行杀盗与邪淫，两舌妄言并绮语。

诽谤大乘真正教，斗乱亲朋离间人。

贪嗔痴爱纵三心，喜怒爱恶增七慢。

历劫罪愆难记忆，多生业垢莫能量。

皈投上圣大慈悲，发露真心伸忏悔。

万劫千生诸罪垢，愿从忏悔悉消除。

从此真心奉上圣，惟愿罪根悉愿宥。

忏悔以后，罪灭超生。

志心稽首，礼谢无上虚皇正真三宝。

发愿

志心再发愿：

愿眼常睹玉毫相，愿耳常闻说法音，

愿鼻常嗅众妙香，愿舌常赞无上道，

愿身不染邪淫法，愿意常存正信心。

发愿上报四重恩，发愿下济三途苦。

广运慈悲怜一切，广行方便度亡灵。

仰惟玉帝大慈悲，加护愿心悉成就。

发愿以后，罪灭超生。

志心稽首，礼谢无上虚皇正真三宝。

附录二：台南地区灵宝道派参朝给牒科仪的田野调查案例

序号	拔度斋科名称	迄始日期	执法道长	行科日期	演法时间
1	台南市永康区胜利街也门翁氏一朝宿启十回拔度	2008年11月9日～10日	府城延陵道坛吴政宪	11月10日	14：58～15：17
2	台南市南区盐埕路蔡府杜氏二朝十回拔度	2008年11月20日～22日	白砂仑道坛郭献义	11月22日	17：30～17：42
3	台南市南区盐埕路林府苏氏一朝九幽拔度	2008年11月23日～24日	白砂仑道坛郭献义	11月24日	21：01～21：06
4	高雄市茄萣乡第二公墓五朝黄箓拔度法会	2008年12月2日～7日	白砂仑道坛郭献义、郭孟杰	12月7日	8：15～8：27
5	台南市中西区民权路林氏一朝宿启十回拔度	2008年12月14日～15日	湾里道坛林仲轩	12月15日	14：10～14：27
6	台南市安南区公学路谢氏独局金书拔度	2009年1月1日	府城延陵道坛吴政宪	1月1日	16：25～16：33
7	台南市归仁乡南保村洪府陈氏午夜金书拔度	2009年1月6日	左镇乡静乙道坛杨宗斌	1月6日	17：05～17：13
8	台南市善化镇光文里中山路胡府洪氏午夜金书拔度	2009年1月14日	善化道坛钟旭武	1月14日	15：58～16：08
9	高雄市永安乡永华村忠孝街薛氏一朝宿启十回拔度	2009年1月20日～21日	永安道坛杜永昌	1月21日	16：45～16：59
10	台南市南区湾里兴南街吴氏一朝宿启十回拔度	2009年1月22日～23日	湾里道坛林仲轩	1月23日	18：20～18：35
11	高雄市路竹乡华山路陈氏一朝九幽拔度	2009年1月24日	永安道坛杜永昌	1月24日	17：08～17：22
12	台南市安南区城北路郭府黄氏午夜金书拔度	2009年2月6日	府城延陵道坛吴政宪	2月6日	14：57～15：05
13	台南市归仁市仁德乡新田村唐门吴氏一朝宿启十回拔度	2009年2月18日～19日	潭漧道坛周忠信	2月19日	15：12～15：18
14	台南市公园路吴门陈氏尾旬拔度	2009年2月23日	高阳道坛许玄丕	2月23日	15：20～15：31

《庄子》是六经思想的延展

管国兴*

内容提要：《逍遥游》之精神是庄子思想的出发点和归宿，与其余六篇文章在内容上构成总纲与六爻的关系。《齐物论》《养生主》显“地”之德；《人间世》《德充符》述“人”之性；《大宗师》《应帝王》讲“天”之道。《大宗师》所言体现道的本质及其与人的关系，其于六篇文章之重要地位，相当于六爻中“五”的位置。《庄子·内篇》延续《易》的思想与风格，主张明辨万物基础上的齐物，提倡礼乐之道中的逍遥，在各正性命的追求中达天人合一，在从心所欲中获得自然与逍遥。六经是处分之语，而《庄子》是致意之词，是六经思想的延续。

关键词：各正性命　礼乐之道　德业之辨

《庄子·内篇》是战国末年庄周的作品，以引人入胜的语言表现出微妙的哲理，可谓是“文学的哲学”和“哲学的文学”。《庄子》体现的不仅仅是道家的逍遥精神，更是六经思想的继承和延续。

一、以《易》为宗

《庄子·内篇》共七篇，从各篇文章的思想内容以及相互之间的结构配合来看，相当于《易》之总纲加上六爻。《逍遥游》是《庄子·内篇》的总纲。“逍遥游”的思想境界可以说是庄子哲学思想的出发点和归宿。《庄子·内篇》中另外六篇文章相当于易卦的六爻。其中，《齐物论》《养生主》《人间世》组成易卦的内三爻；《德充符》《大宗师》《应帝王》相当于易

* 管国兴（1964－），男，江苏金坛人，南京大学哲学博士，江苏宏德文化出版基金会副理事长兼秘书长，江苏省周易文化研究会副会长。

卦的外三爻。易卦六爻亦可视为分别表示天、地、人的卦爻。《齐物论》《养生主》所述的是关于万物、事理的内容，可以视为表示“地”的两爻；《人间世》《德充符》围绕人间万象、道德伦理展开，为表示“人”的两爻；《大宗师》《应帝王》阐述宇宙大道、帝王为政的道理，为表示“天”的两爻。《大宗师》阐述大道的本质、特征及其与人的关系，在六篇文章中居于重要的地位，相当于易卦六爻中的九五或六五爻。

“若夫乘天地之正，而御六气之辩，以游无穷者，彼且恶乎待哉！故曰：至人无己，神人无功，圣人无名。”① 顺应天地固有的规律，顺应阴、阳、风、雨、晦、明的变化，在无穷无限的世界中安时处顺，自由自在地翱翔。《逍遥游》的这段话与《易·乾·彖》中的一段话表达的思想境界极为相似：“时乘六龙以御天。乾道变化，各正性命，保合太和，乃利贞。”② 顺应六气变化，适应天道法则，就能够生活得轻松自由。天道法则变化无穷，阳刚阴柔各显本性，在相互作用中保持阴阳平衡，则万物生生不息，各自秉持天赋的本性发育成长。“乘天地之正，而御六气之辩”说的正是“时乘六龙以御天”的自由状态，此处的“正”同“乾道变化，各正性命”的“正”，是指天道发用流行之后的万物因顺应天道而各自遵循本性而生长。“乾道”也就是天道，天道的变化使得万物各得其性命之正，万物由此而具有各自的禀赋，成就各自的品性。《易》的“乾道变化，各正性命”思想在《庄子》中得到继承和延续。

“南海之帝为儵，北海之帝为忽，中央之帝为浑沌。儵与忽时相与遇于浑沌之地，浑沌待之甚善。儵与忽谋报浑沌之德，曰：‘人皆有七窍以视听食息，此独无有，尝试凿之。’日凿一窍，七日而浑沌死。”③ 人在出生之前，就如《庄子·应帝王》描述的混沌状态；出生之时，就如混沌经过七天被凿出七窍，原先在母体中受保护的状态已不复存在，可谓“混沌死”，“人”出生。人在出生落地之后，就需要逐渐掌握分辨事物的能力，这样才能生存并完成自身的使命。如果不能分辨事物，就是不明理，因为没有通过格物致知而尽性穷理。穷理就是能够准确地进行小大之辨，万物之辨。这则寓言故事看似在惋惜混沌被凿七窍，然而蕴含着有了七窍之后就要逐步获得“辨”的能力，才能在穷理基础上尽性，才能“应”帝王。《庄子》寓言的这种“辨”的思想，是以《易》为源头的。《易》的最后一卦《未济》正是要突出“君子以慎辨物居方”④ 的思想。未济卦象离上坎下，之所以“未济”，其根本原因在于卦中各爻皆失位不正，不正则事不成。未济卦启示君子要“辨物居方”，在明理基础上营造“方以类聚，物以群分”、万物各得其正的格局，使阳居阳位，阴居阴位，这样才能改变“未济”，实现“既济”。《庄子》延续了《易》的这种“辨”的思想，辨小大之别，辨天地之序，辨万物交感。从生理结构看，人的心在上，肾在下。在五脏与五行的搭配中，心属火，

① 孙通海译注：《庄子》，北京：中华书局2007年版，第10页。
② 杨天才、张善文译注：《周易》，北京：中华书局2011年版，第6页。
③ 孙通海译注：《庄子》，北京：中华书局2007年版，第158页。
④ （宋）朱熹著，柯誉整理：《周易本义》，北京：中央编译出版社2010年版，第177页。

肾属水。心在上，肾在下，这是生理之序；天在上，地在下，这是天地之序。天地万物的这些道理都需要人们明白，能够辨别出来，知道天地之序，知道物之本末，事之终始。人要知道这些差别相的存在，掌握了这些差别相的根本，而不加过多的计较，辨到最终是要泯灭一切差别之相，达于天地为一，万物一体的“齐物”之境界。

从人的生理结构来看，心在上，肾在下，这与《易》的卦象是吻合的，体现的是天地之序。自然现象反映的也是天地之序。天地之序在自然界反映为从低到高，从低等生物到高等生命的进化过程。天地之始以设立天地之序，天在上，地在下。《易》曰：“继之者善也，成之者性也。”[①]“善”和“性”是超越于善恶之对待。天地设位，圣人成能。天地生万物而设此序也。《庄子》中列举的“朝菌不知晦朔”“蟪蛄不知春秋”“冥灵与大椿”等寓言所表现的，正是天地大道和自然之序的显现，万物在天地之道中各正性命，自然而然地展示自身之性。《未济》卦表现的火上水下之象，展示的是心在上，肾在下的生命自然之序。人生在世，要知天地之序，辨万物之性，明事物之间的差别相。《否》卦卦象天上地下，显示的也是天地自然之序。天地之序体现的就是天地大道。人生在世就要顺天地大道，辨万物之序，穷理尽性以至于命。《庄子》《易》等哲学经典都主张天人合一，也就是要顺应天地大道，明辨万物之序，各正性命。人不可能改变或制造天地之序，人的一切作为都应该与天地合，人的努力是向着回复与顺应天地之序发展。这就需要“与天地合其德，与日月合其明，与四时合其序，与鬼神合其吉凶”[②]，拥有了这样的德业，才能够成为“大人”。大人之德业表现为与天地合德，与万物合序，与百姓合宜，造福万民而不强加干涉。《中庸》曰：“大德必得其位，必得其禄，必得其名，必得其寿。”[③] 当德业达到一定程度，合天地之德，合万物之序，合万民之需，大人之善德及天命本性则得以彰显。人之性命的实现，实质就是剥落蒙蔽的私欲，彰显良善的德性，以此合于天地大道。阴属水，阳属火。人的肾在下，心在上；肾属水，心属火。人的心脏与肾脏在生理上形成火上水下的“未济”卦象。明辨此理，就应该知道减少私欲，精水无欲则一阳生起，性火无我则水火交融。当人的德性彰显，达到无欲无我的时候，不但在外表现为与万物合序，安时处顺，而且内在能够与天地合德，水火既济。人的私欲减少，德性生发，性火无我，精水无人，肾水与心火交融，水火既济，阴阳平衡，人的性与天命各得其正。《齐物论》中南郭子綦修炼到“吾丧我”的境地，也就是性火里已经无我的状态，是与天地圣人之心合一的状态。这种状态是对自我的遗忘，是丢失小我的无私无欲状态，是放弃了肉体对精神的限制，是抛开了外物与自我的对立，是达到了形体与精神各自独立、天地赋予的本性尽显的状态。“南郭子綦隐几而坐，仰天而嘘，嗒焉似丧其耦。颜成子游立侍乎前，曰：‘何居乎？形固可使如槁木，而心固可使如死灰乎？今之隐几者，

---

① （宋）朱熹著，柯誉整理：《周易本义》，北京：中央编译出版社2010年版，第177页。

② 杨天才、张善文译注：《周易》，北京：中华书局2011年版，第266页。

③ 陈晓芬、徐儒宗译注：《论语·大学·中庸》，北京：中华书局2011年版，第315页。

非昔之隐几者也。’子綦曰：‘偃，不亦善乎而问之也？今者吾丧我，女知之乎？’”[①] 无己、无欲，成为廓然大公的无私之人，成为阴阳平衡的无我之人，成为明天道、正性命的“真人”。修身养性的过程与道德发展的方向是一致的。道德修养对自身的价值，一定程度上在这个过程中得以验证。这体现了乾卦九二爻的“德业之辨”。《人间世》中，庄子一再强调，不要固执于自我的欲望，不要局限于小我的窠臼，不要逆天道规律而妄为；要在任何环境中各正性命，要在安时处顺的心态中尽人事、顺天命，要在天道规律中坦然面对一切而安之若命，自觉顺应天地之道；如果世俗硬要把天地之道看作束缚手脚的镣铐，那就应该像孔子那样遵循礼乐大道，带着礼乐制度的“镣铐”而舞蹈。《人间世》提出“知其不可奈何而安之若命”[②]，这种立身处世的态度不是要委曲求全的接受，更没有逆来顺受的不满情绪和难言苦楚，而是在天道规律中自由翱翔，在人间大道的规律中尽情舞蹈。《庄子》的这种思想，继承了《易·乾》“乾道变化，各正性命”的思想，发扬了“继之者善，成之者性”这种遵循天地之序和万物之道的《易·系辞》的精神。

《庄子·内篇》的七篇文章相当于易卦的总纲和六爻，是对《易》之精神的延展和思想的继承。

二、穷理明辨后的齐物

《庄子》提出的“道通为一”不是笼统磨灭事物之间的差别，而是主张万物无论大小、长短，都有其存在的道理，要各尽天性，各正性命；《庄子》主张的“齐物”“物无贵贱”等观点，亦不是不辨事物的特性，而是要在明辨事物本性的基础上，尊重事物的差别，不以主观成见区别事物的高低贵贱，不使内心产生攀缘外物的想法。《庄子》这种明辨事物、穷理尽性的思想，与《礼记·大学》格物致知思想是一致的，是对六经思想的延续。

《庄子》用《易》的思想写内篇文章的总纲——《逍遥游》描述“乾道变化”之天道及“各正性命”之天德。通过鲲鹏之变的故事，让人们了解万物变化及天道的发用流行，旨在表达乾道变化而生出万物，各正性命是万物的天赋，辨物是认识万物的基本途径。《逍遥游》继续列举了冥灵、大椿、朝菌、蟪蛄、蜩、学鸠、斥鴳等一系列生物，正是要说明万物的存在皆有自身的道理，存在就要各正性命。《庄子》列出了这些以体现对万物之辨的态度：万物既有大小之别，又无本质区别；辨之没实质意义，又不得不在辨中认识事物。不辨别事物，就无法全面地认识事物，亦不足以领悟万物各正性命之道。《庄子》对“小大之辨”的论述，延续了《礼记·大学》的“格物致知”思想。认识万物各自的本性，也是孔子所说“十有五志于学”要“学”的对象。通过“学”以穷理尽性以至于命，“志于学”的结果就在

① 孙通海译注：《庄子》，北京：中华书局2007年版，第23页。

② 同上书，第76页。

于穷理尽性，明辨万物。

《庄子》既论述万物之辨，亦展开德业之辨。《庄子·逍遥游》中，宋荣子与列子的故事是德业之辨的典型例子。宋荣子对“知效一官，行比一乡，德合一君，而征一国者”[①] 禁不住“犹然笑之”，是因为宋荣子清楚荣誉与耻辱的界限、自我与外物的区别；即使全世界都赞扬他，他也不会为此激动，即使全世界都非议他，他也不会为此沮丧；他觉得世俗的荣辱及毁誉不过如此而已，然宋荣子仍期待于经世，列子御风而仍有所待之物，而“至人无己，神人无功，圣人无名”[②]。至人、神人、圣人，是盛德大业而有所区别的三类人。无私心、无自我欲念，不受一己私念束缚的是至人；不好大喜功，内心不受功业束缚的是神人；不盯着名闻利养，内心无名声牵挂的是圣人。把握天地的本性，顺从六气的变化，畅游于无穷的世界，对外界无任何依赖，不受私欲、功业及名声的束缚，这就是穷理后的尽性，明辨后的齐物。

至人、神人、圣人之辨，是对人之进德修业情况的辨别。《庄子》这种德业之辨的思想源自于六经。《周易·乾》：“九三，君子终日乾乾，夕惕若厉，无咎。”[③] 六经之中常常用君子指代人格高尚、道德品行良好或地位尊贵的人。《庄子》中的“至人”就是无私无欲的道德高尚之人；神人是能够建功立业而又不受功业束缚之人；盛德大业而又不受名声束缚者则是圣人。德业之辨是《庄子》对六经思想的延续。

《逍遥游》用尧与许由的故事来说明功业有别而盛德相同的道理。尧与许由都是有盛德之人，但是许由没有尧那样的政治地位而不可能有尧那样的功业。许由之“业”没有尧的“业”那么大，但是这并不影响许由有内在的德行。许由不为功业所累，不为名，不为宾，不住功业大小。尧与许由内在之德相同，而外在功业不同，他们都是有盛德的圣人。用王阳明的话来形容，“若不从驱壳上起念，即尧、舜万镒不为多，孔子九千镒不为少。尧、舜万镒，只是孔子的；孔子九千镒，只是尧、舜的，原无彼我。所以谓之圣，只论‘精一’，不论多寡。只要此心纯乎天理处同，便同谓之圣”[④]。圣人无名，名声是外在的，是来自于外界的看法或称呼。至人、神人、圣人都是道德高尚之人，是对有盛德之人的不同称谓。

“藐姑射之山，有神人居焉，肌肤若冰雪，绰约若处子，不食五谷，吸风饮露；乘云气，御飞龙，而游乎四海之外。”[⑤] 这段话描述的是神人的形象，神人的德性如下：“之人也，之德也，将磅礴万物以为一，世蕲乎乱，孰弊弊焉以天下为事！之人也，物莫之伤，大浸稽天而不溺，大旱金石流、土山焦而不热。是其尘垢秕糠，将犹陶铸尧舜者也，孰肯以物为

① 孙通海译注：《庄子》，北京：中华书局2007年版，第9页。
② 同上书，第10页。
③ 杨天才、张善文译注：《周易》，北京：中华书局2011年版，第3页。
④ （明）王阳明撰，于自力等译注：《传习录》，郑州：中州古籍出版社2008年版，第124页。
⑤ 孙通海译注：《庄子》，北京：中华书局2007年版，第13页。

事!”[1] 神人之德性混同万物浑如一体，洪水、酷暑都不能伤害他，尘垢糟糠都能够造就尧舜那样的伟人，他不会把俗世杂物放在心上。不以物为事的神人之所以有如此的德性和本领，是因为他能够明辨天地大道及五运六气的运行规律，明辨万事万物的细微差别而不执着于任何外物，可谓穷尽万物之理而尽其性，尽万物精微之理而能致广大，是有着大业盛德之人。

《逍遥游》讲述辨小知与大知、辨小年与大年、辨小大、辨长短、辨万物存在的差别，而不是一开始就“以道观之，物无贵贱”[2]。因为不辨万物就不能明理，不明理就难以尽性，不尽性就无法明道。“吾十有五而志于学，三十而立，四十而不惑，五十而知天命，六十而耳顺，七十而从心所欲，不逾矩。”[3] 孔子所说的十五志于学，就是指学穷理、格物致知的知识或本领。三十而立，立的是对格物致知所得的认识。四十而不惑，就是明白一切事物的差别相之后，懂得了其中道理而不会再被一些表象牵动内心，不再被差别相而迷惑，达到悟道的境界。“物有本末，事有终始。知所先后，则近道矣。”[4] 知物之本末，事之终始，才能接近于穷理尽性，是悟道的必然阶段。《庄子·秋水》曰：“自细视大者不尽，自大视细者不明”，“以大观小不清，以小观大不全”[5]，从大处着眼而不从细处着眼，则不了解万物的表里精粗。而明辨万物的表里精粗，才能够正确地认识万物。《齐物论》既主张不辨，更讲辨，由辨到不辨，最后到达物化的地步。期间，一定要明变化。庄子的“齐物论”实际上不是抹杀区别的齐物，而是在明辨事物，穷尽事理之后，不执着于事物的差别之相，不给内心留下任何芥蒂。无论《逍遥游》还是《齐物论》，都主张要懂得变化之辨，主张辨物。

《庄子》德业之辨思想是对《易》的延续。《乾·文言》曰：“君子进德修业，忠信，所以进德也。修辞立其诚，所以居业也。知至至之，可与几也。知终终之，可与存义也。是故，居上位而不骄，在下位而不忧。故乾乾，因其时而惕，虽危无咎矣。”[6] 九三爻辞说的正是君子进德修业之事。若不把万物之辨、德业之辨读出来，就难以读出《逍遥游》在《内篇》中所起到的总纲的作用。《齐物论》也暗含近道的基础是首先能辨万物、辨生死，辨到后来才可以不辨。只有辨才能最终进入不辨状态。

《未济》卦就是典型地说明要辨天地之序、辨天地之道的一卦。辨到后来，能够齐万物、一生死之时，就无须再辨了，达到智慧为一了。若没有穷理到一定的阶段，没有把差别相全部明白，就笼统地不辨，必然无法正确地认识和对待事物，那就是笼统杀人，肤浅害人了。孟子曰：“君子深造之以道，欲其自得之也。自得之，则居之安；居之安，则资之深；资之

---

① 孙通海译注：《庄子》，北京：中华书局2007年版，第13页。
② 同上书，第251页。
③ 陈晓芬、徐儒宗译注：《论语·大学·中庸》，北京：中华书局2011年版，第17页。
④ 同上书，第249页。
⑤ 孙通海译注：《庄子》，北京：中华书局2007年版，第248页。
⑥ 杨天才、张善文译注：《周易》，北京：中华书局2011年版，第13—14页。

深，则取之左右逢其原。故君子欲其自得之也。”① 这些都说明，不能一概笼统地讲发明本心，不读书明理，不穷理怎么可能尽性？只有用德业之辨的思想来读，才能够更全面地理解《庄子》的“齐物”，更清楚《庄子》是六经的延续。

三、礼乐之道中的逍遥

《庄子》主张的逍遥是在顺应天地大道，遵循阴阳变化之中的自由自在和独立无待。古人相信天人感应，认为礼乐制度是按照天道而制定出来的，是对天地万物规律的描述，是圣人觉察造物规律并总结出来规范世人行为的文化产品，是因道而生的、符合阴阳变化的规律，是人间世建德立业的准则和源泉。《庄子》主张的逍遥正是在人间世中顺应天地阴阳规律，在礼乐之道中从心所欲不逾矩，是对六经思想的延展。

《德充符》里兀者叔山无趾与孔子、老子的对话，表现出孔子在礼崩乐坏的时代执着于对礼乐制度的坚守，不但突出了孔子这种知其不可为而为之的精神，也通过故事表现出礼乐制度在人间世中的作用。叔山无趾是鲁国一位遭刑罚砍断了脚趾的人。他来见孔子之后，对老子这样说：“孔丘之于至人，其未邪？彼何宾宾以学子为？彼且蕲以諔诡幻怪之名闻，不知至人之以是为己桎梏邪？”② 其中所说孔子的“桎梏”就是指礼乐制度。孔子在人间世按照周礼而行。礼乐本身是按照大道运行的规律，遵照阴阳之理而制定出来的，孔子没有理由不以礼而行。这里的“礼”不是现代人常常认为的繁文缛节。孔子宁愿遵照礼乐制度而行，宁愿戴着礼乐桎梏来跳舞，宁愿戴着“镣铐”而行事，这就是孔子遵道而行、无己无功无名之圣人形象的体现。这与《论语》中晨门所说的孔子形象是相似的③。在晨门的口中，孔子所做的是大而无用的事情，是传万世而不易被人理解的事情，是知其不可为而为之的人。孔子自觉自愿地去遵循周礼，去力行传承这种文化。孔子在人间世那种知其不可为而为之的内在原因和伟大之处已经昭然纸上。

《庄子》寓言故事表面上把礼乐制度比喻成束缚手脚的桎梏，实际上是以幽默的故事体现礼乐制度在人间世中的作用，给人们以启迪。

礼乐是按照天地之道由有德有位者制定的。只有功业达到一定地步的人才有资格去造礼乐。礼乐制度在世人看来是繁文缛节，是桎梏，是手铐脚镣。但是，圣人觉得在礼乐制度中是随心所欲不逾矩的。世人希望做事要迅速达到目标，圣人知道万事万物要按照阴阳造化之理运行，按照礼乐运行，礼乐就是阴阳造化的道和理，是人们安身立命的可循规律。《庄子》中的寓言故事不是对孔子遵守礼乐制度的嘲笑，而是对孔子在人间世能够自觉自愿遵守阴阳之理的

---

① 方勇译注：《孟子》，北京：中华书局2010年版，第155页。

② 孙通海译注：《庄子》，北京：中华书局2007年版，第102页。

③ 陈晓芬、徐儒宗译注：《论语·大学·中庸》，北京：中华书局2011年版，第162页。

赞叹。

孔子所说的“志于道，据于德，依于仁，游于艺”[①]，意思是说观察并遵守天地大道的规律，以伦理道德作为行为举止的依据，思想和行为不离开仁义礼智信等伦理纲常，自由自在地活动于礼、乐、射、御、书、数六艺的范围之中。《庄子》逍遥游思想追求的自由，正是这种在天地大道规律之中的驰骋遨游，是孔子所说“不逾矩”之后的“从心所欲”。

“非天子，不议礼，不制度，不考文。”[②]《中庸》认为礼乐要由有德有位的人来制定：“虽有其位，苟无其德，不敢做礼乐焉；虽有其德，苟无其位，亦不敢做礼乐焉。”[③]《中庸》认为，德位一定要到王天下的时候才能够作礼乐。其中，德是第一位的，位一定会与德相配。有德有位是一个人具有察觉并遵守天地大道之能力的体现，只有这样的人，才能够准确地制定反映天地大道的礼乐制度，才能够给人间世带来遵道而行的法则，才能够给人间世带来从心所欲不逾矩的逍遥。《逍遥游》最终要点明的“至人无己，神人无功，圣人无名”所表现的正是：在明辨德业、格物致知、穷理尽性以至于命之后，发现并自觉遵循天地大道，放弃一切个人偏见和思想障碍，才能够不再依赖于任何外在条件，遨游在天地大道之中，达到真正的逍遥。在内心真正做到了无己、无功、无名之后，不再有任何思想的枷锁和个人的欲望，成为自觉遵循天地之道的至人、神人、圣人，实现“从心所欲不逾矩”的逍遥。

《庄子》之所以把孔子描述得那么迂腐守旧与多事，令人容易产生庄子对故事中的孔子持批判态度的想法。这种写法正是因为庄子看透了世道浑浊，不可正告。如果把其中的道理明明白白地说出来，人们反而不去相信。这也是《庄子》艺术手法的高明之处。《庄子》故事中的孔子常常做一些看似无用之事，这不是庄子对孔子的批判，而是要表达道的无用之用。大道发用流行之后，一定是有用的。君子也是要以安时处顺的态度体现自身与世无争的无为之存在。道本身是不可言说的，但有时候又不得不辨，不辨而难以明道。只有理解了这些，才不会误读《庄子》，不至于把庄子的思想给理解到反面。

《大宗师》里面还有一个故事：子桑户、孟子反、子琴张相与为友，子桑户去世之时，孔子派子贡去协助处理葬礼方面的事务，孟子反和子琴张或编曲，或鼓琴。子贡回去后与孔子的对话，体现了孔子在人间世戴着手铐脚镣为人间作为的观点。针对子贡对孟子反、子琴张临尸而歌的感叹，孔子指出：“彼游方之外者也，而丘游方之内者也。外内不相及，而丘使女往吊之，丘则陋矣！”[④]这则故事说明了孟子反、子琴张比普通之人更加闻道，知道人世间所有利益皆不应该影响到人心。人来到世间，如《养生主》所言“适来，夫子时也；适去，夫子顺也。安时而处顺，哀乐不能入也，古者谓是帝之县解”[⑤]，追求的是自身不以好

① 陈晓芬、徐儒宗译注：《论语·大学·中庸》，北京：中华书局2011年版，第76页。

② 同上书，第346页。

③ 同上书，第347页。

④ 孙通海译注：《庄子》，北京：中华书局2007年版，第133页。

⑤ 同上书，第60页。

恶内伤其身。孟子反、子琴张认为子桑户之去世如生命之回家，与天道合而为一，不必为之悲哀，无论唱歌还是做别的，哀乐皆不入心，要追求自身精神的逍遥游。但是，这种境界还远远不够，是只有德而尚无业的状态。孔子说自己是游于方之内的。这里的“方”是说礼乐制度，自己是按照礼乐制度来人世间做事的。在方之内当受到礼乐制度的约束。孟子反、子琴张是明道之人，却没有在世间行道。从而反映出，在世间拥有盛德、做出大业才是庄子真正的主张。如果仅仅从这段话的字面去理解，很容易认为孔子在精神上没有孟子反、子琴张那么逍遥。这样的理解则是对庄子思想的误解。孔子主张不要把性与天道挂在嘴上，罕言性与天道，但是孔子时时刻刻都在行着雅言。“子所雅言，《诗》《书》、执礼，皆雅言也。”[①]雅言中孕育着的就是罕言性与天道。所以说，孔子不仅是儒家的代表，更是万世之师。

《大宗师》指出：“其为物，无不将也，无不迎也，无不毁也，无不成也。其名为撄宁。撄宁者，撄而后成者也。”[②] 意思是说，摒除了生也就没有死，留恋于生也就不存在生。作为事物，“道”无不有所送，也无不有所迎；无不有所毁，也无不有所成，这就叫作“撄宁”。到了庄子所说的这种“撄宁者”，也就是动而后成之人。“撄而后成者”的“撄”是说明在世间要积极有为。庄子并不仅仅追求个人的精神逍遥，他要追求的反而是要像神人一样的在世间“尘垢秕糠”都能够化作尧舜，在世间积极有为之后，不会以物为事，以天下为事，这才是撄宁的真意，不是说对一切外来给予的名利都不要，因为这样的做法还是在意外在的东西。只有内心早就没有了名利的概念，还在人间世积极有为，把分内的事，把自己的天命完成，顺天命而为，撄而后成者，方为撄宁者，而并不是要像孟子反、子琴张那样不在方内。这才是庄子的真精神，庄子的真精神就是这种撄宁者，而不是仅仅是“逍遥游”。

《大宗师》主张人在修行中要做到遗忘或超越天下，遗忘万物，遗忘生命，使内心不受干扰。然后，要做到思想上的透彻通达，有如阳光照亮一切，具有整体洞察事物的能力，视一切皆源于“道”合而为一，进而没有古今之分，没有时间长短的差别，最后达到不死不生，即与“道”合一，永恒不变。这一过程也就是在《大宗师》所述的把修行分为外天下、外物、外生、朝彻、见独、无古今、不死不生等七个阶段。《中庸》讲到：“子曰：天下国家可均也，爵禄可辞也，白刃可蹈也，中庸不可能也。”[③] 这也是说明，外天下是相对容易做到的，辞爵禄稍微难一些，蹈白刃更加容易，做到坚守中庸之道是最难的了。孟子说：“万物皆备于我矣，反身而诚，乐莫大焉；强恕而行，求仁莫近焉。”[④] 意为万物皆为我所用所有，何必再藏起据为己有呢？

《大宗师》末尾有一个寓言故事，是子舆和子桑的对话。子桑若哭若歌的行为，说明了

---

① 陈晓芬、徐儒宗译注：《论语·大学·中庸》，北京：中华书局2011年版，第80页。
② 孙通海译注：《庄子》，北京：中华书局2007年版，第126页。
③ 陈晓芬、徐儒宗译注：《论语·大学·中庸》，北京：中华书局2011年版，第299页。
④ 郭齐勇主编：《中国古典哲学名著选读》，北京：人民出版社2005年版，第150页。

他的贫富观[①]。如果不能够看破贫富的差别，人我之间、外在与自我之间就会如两座山一样对立。这些都是说明要看破天下万物，“天无私覆，地无私载”，无论贫富，人要追求的都是要知天命，穷理尽性以至于命，要看破生死，然后才能“朝彻，见独，无古今，不死不生”。

《应帝王》中“南海之帝为儵，北海之帝为忽，中央之帝为浑沌。儵与忽时相与遇于浑沌之地，浑沌待之甚善。儵与忽谋报浑沌之德，曰：‘人皆有七窍以视听食息，此独无有，尝试凿之。’日凿一窍，七日而浑沌死。”[②] 混沌代表昆仑，代表天地未分之前的状态。天地分了就生万物，天地有阴阳。混沌就是道，是一阴一阳相合的状态。人在出生之前，也是一混沌。出生以后，耳目口鼻有了，也就是被凿破了的道。生后之人，怎样复归道？《庄子》又把它上升到“剥烂复反”的地步，用《复》卦的思想写了这样一个故事，让人知道物极必反、道极必反的道理，用庄周梦蝶的故事，把物化、变化全部显现出来，用首尾呼应的两个故事表现物化、变化的必然。庄周梦蝶表现的是一个物化的故事。《应帝王》的“应”象征着，所有帝王知道的都收摄在这里，帝王之道都在这一篇之中。佛经里面的含摄、收摄，用这个“应”来解释最好。

《庄子》所说的“大宗师”就相当于《尚书》所说的皇建有极。皇建有极的“极”就是中道。“无偏无颇，遵王之义；无有作好，尊王之道；无或作恶，尊王之路。”[③]《尚书·洪范》中这段话的意思是：不偏私，不阿党，君王之道平坦广阔；没有偏私，没有不平，遵从先王的正义；没有偏爱，遵从先王治国之法；没有私怨，遵从先王治国之道。尊义、尊道、尊路，都是人君要做的中道之事。《庄子·养生主》主张的“缘督以为经”“安时而处顺，哀乐不能入”[④] 等中道思想正是六经思想的延续。

《庄子·内篇》的七篇文章，类似《易》之总纲加六爻的形式，表现出对“乾道变化，各正性命”的褒扬，对礼乐制度及中道思想的肯定，对穷理尽性之后明辨德业、齐物逍遥的向往。六经是处分之语，《庄子》是致意之词也。可以说，《庄子》是六经思想的延展，是以《易》为宗的经典。

---

① 孙通海译注：《庄子》，北京：中华书局2007年版，第143页。

② 同上书，第158页。

③ 钱宗武解读：《尚书》，北京：国家图书馆出版社2017年版，第267页。

④ 孙通海译注：《庄子》，北京：中华书局2007年版，第60页。

唐代城隍信仰的时空分布及相关问题辨析

王建勇*

内容提要：六朝时起源于荆楚一带的城隍信仰，在唐代得到充分发展。地方史志等材料所蕴含的丰富信息，为重新较为全面地透视唐代城隍信仰的发展面貌提供了极大的便利。从区域分布来看，因巫鬼习俗、城市经济、战乱动荡、自然灾害等不同因素的作用，唐代城隍信仰呈现出分布不平衡的状况；从时间分布来看，国家礼典的灵活规定和文人士大夫的推动，使城隍信仰在玄宗朝及其之后发展迅速。

关键词：唐代　城隍信仰　区域　时间

赵翼《陔余丛考》卷三五称："城隍之祀盖始于六朝也，至唐则渐遍。"[①] 肇始于政权更迭频仍、社会动乱不堪的南北朝时期的城隍信仰，在大一统的唐代迎来了极为重要的发展契机。学界关于唐代城隍信仰的研究成果颇丰，但所使用的材料主要集中在文人诗文、笔记小说、敦煌遗书等方面，至于蕴含丰富信息的地方史志却仍未得到足够重视。本文既全面利用文人诗文、笔记小说等传统研究材料，又充分挖掘地方史志的重要价值，并在数量更多、搜罗更全的《唐代城隍神简表》的基础上，从区域分布和时间分布两个角度，对当前学界的一些看法提出不同意见，以期更加深入地透视唐代城隍信仰的风貌。

一、唐代城隍神概览

唐代关于城隍信仰的史料并非通常认为的那样丰富，无论是官修史书（如《旧唐书》

* 王建勇（1990—），男，苗族，重庆彭水人，南京大学文学院中国古典文献学 2016 级博士研究生，主要研究方向为古典文献学、道教文学。

① （清）赵翼撰，曹光甫校点：《陔余丛考》，上海：上海古籍出版社 2011 年版，第 699 页。

《新唐书》等），还是记载一代典章礼仪的政书（如《通典》《大唐开元礼》等），都付之阙如（借此也可略窥国家政权对城隍信仰的态度）。在其他史料文献匮乏的情况下，文人诗文、地方史志、笔记小说、敦煌遗书等却保留了为数不少而价值又极为重要的文献依据。然而一直以来，地方史志文献的价值在研究中并没有得到足够重视。这种失位所造成的研究结果的片面性仍在局限着我们的视野。有鉴于此，笔者在统计唐代城隍神的时候，就不仅全面利用《全唐文》《全唐诗》等收录唐代诗文的总集和唐宋笔记小说、敦煌出土文献，而且尤其注意挖掘历代地方史志所涵盖的有效信息①。即便表一罗列的55处城隍神仍只是当时实际数量的一部分，但已能基本反映城隍信仰初期的发展面貌。

表一　唐代城隍神简表②

序号	时间	地点	出处	备注
1	武德四年（621）	台州（江南东道）	《（嘉定）赤城志》卷三一	武德四年建，奉祀东吴尚书屈晃子屈坦。
2	武德后期（622－626）	洪州高安（江南西道）	武允蹈《城隍庙碑记》（《全宋文》卷三八〇三）	武德五年后州人建，奉祀故靖州刺史应智项。
3	武德九年（626）	岳州湘阴（江南西道）	《（乾隆）湘阴县志》卷二四	武德九年建。
4	贞观中（627－649）	越州（江南东道）	《（嘉泰）会稽志》卷六	贞观中邑民建，钱镠《镇东军墙隍神庙记》（《全唐文》卷一三〇）记梁开平二年（908）重修该庙。
5	神龙元年（705）	饶州平江（江南西道）	《（乾隆）平江县志》卷九	神龙初建。
6	神龙二年（706）	明州象山（江南东道）	《（宝庆）四明志》卷二一	神龙二年建。
7	开元中（713－741）	抚州南丰（江南西道）	刘壎《州城隍庙记》（《全元文》卷三四八）	开元中县民建，奉祀故县宰游茂洪。
8	同前	滑州（河南道）	《太平广记》卷三〇二“韦秀庄”引《广异记》	《唐刺史考全编》疑韦秀庄乃韦季庄之误③。

①　若所记确系伪托，则不列表中，如：溧水县城隍庙建于宋哲宗元符间（《（至正）金陵新志》），明清以来的方志多误会为唐元和间由县衙改建而成（《（万历）应天府志》《（乾隆）溧水县志》等）；晋江县城隍庙建于明太祖洪武四年（《（弘治）八闽通志》），清黄昌遇《新建晋江县城隍庙碑记》（《（道光）晋江县志》引）却云“始于唐”；《（乾隆）延长县志》谓唐太宗封“驿城隍庙”为城隍，实属后人编造。

②　关于此表有以下说明：（1）本表以武德元年（618）李渊称帝为上限，以天祐四年（907）朱温篡唐为下限，按时间先后顺序排列。钱镠《镇东军墙隍神庙记》（作于梁开平二年）、杜光庭《蜀州孟驸马就衙设销灾迁拔黄箓道场词》（作于后唐明宗时）、陈致雍《议废淫祀状》（作于南唐保大八年）等文尽管收入《全唐文》，然其作文时间都在五代，不予列入。（2）城隍庙所在州县相同而出现时间不同者，只列出时间最早例，其余入“备注”栏，如序号4、10、12等。

③　郁贤皓：《唐刺史考全编》，合肥：安徽大学出版社2000年版，第788页。

续表一

序号	时间	地点	出处	备注
9	开元五年（717）	荆州（山南东道）	张说《祭城隍文》（《全唐文》卷二三三）	张说是年四月十七日抵达荆州（《荆州谢上表》），二十日即祭城隍。
10	开元十五年（727）	洪州（江南西道）	张九龄《祭洪州城隍神文》（《全唐文》卷二九三）	张九龄是年三月十三日授洪州刺史（《授洪州刺史制》），六月十日到任后不久即祭城隍。又，《报应录》① 详记唐末洪州城隍神事（《太平广记》卷一二四“王简易”引）。
11	开元十七年（729）	宣州溧阳（江南西道）	蒋日用《溧阳县城隍庙记》（《全唐文补编》卷三二）	开元十七年建，亦见《宝刻丛编》卷十五、《（景定）建康志》卷十八等。
12	开元末（740—741）	宣州（江南西道）	《太平广记》卷三〇三“宣州司户”引《纪闻》	羊士谔《城隍庙赛雨二首》（《全唐诗》卷三三二）记贞元二十一年（805）左右酬谢宣州城隍神。
13	天宝十载（751）	苏州（江南东道）	赵居贞《新修春申君庙记》（《全唐文》卷二九六）	天宝十载太守赵居贞重修，奉祀楚相春申君，亦见《中吴纪闻》卷一、《宝刻丛编》卷十四、《吴郡志》卷十二等。
14	至德二载（757）②	宋州（河南道）	许远③《祭城隍文》（《全唐文》卷三四五）	王涛《唐五代城隍神分布简表》既据《唐诗纪事》卷二五误收之张巡《祭城隍》以为天宝末宋州有城隍神，又据《刘宾客嘉话录》以为天宝末睢阳亦有城隍神④，实则唐代宋州、睢阳本为一地。
15	乾元初（758—759）	嘉州峨眉（剑南道）	《（康熙）峨眉县志》卷四	乾元初建。

① 王毂《报应录》已佚，今存佚文可考者皆为宣宗、懿宗、僖宗三朝事，“或可睹唐季乱世之象”（李剑国：《唐五代志怪传奇叙录》，天津：南开大学出版社 1993 年版，第 1082 页）。

② 《旧唐书·许远传》载许远在安禄山叛乱后任睢阳太守，“与张巡、姚訚婴城拒守经年，外救不至，兵粮俱尽而城陷”。又《旧唐书·张巡传》：“（至德二载）十月，城陷，巡与姚訚、南霁云、许远，皆为贼所执。”该文当作于睢阳城陷前，姑列至德二载。

③ 《刘宾客嘉话录》《唐语林》《四六话》等皆作许远，计有功《唐诗纪事》、王涛《唐宋时期城市保护神研究——以毗沙门天王和城隍神为中心》（系据《唐诗纪事》，北京：中国社会科学出版社 2012 年版，第 66 页）、黄海德《唐代社会士大夫与城隍信仰》（载于刘家军等主编：《城隍信仰研究（安溪城隍庙）》，北京：中国社会科学出版社 2013 年版，第 16 页）等误为“张巡”。

④ 王涛：《唐宋时期城市保护神研究——以毗沙门天王和城隍神为中心》，首都师范大学博士学位论文，2007 年，第 66 页。

序号	时间	地点	出处	备注
16	乾元元年（758）	润州江宁（江南东道）	杜甫《送许八拾遗归江宁觐省甫昔时尝客游此县于许生处乞瓦棺寺维摩图样志诸篇末》（《全唐诗》卷二二五）	《（景定）建康志》卷四四《祠祀志一》谓“城隍庙，唐天祐二年（905）置”，其时较晚。
17	乾元二年（759）	鄂州（江南西道）	李白《天长节使①鄂州刺史韦公德政碑》（《全唐文》卷三五〇）	李兼《破贼神应请付史官奏》（《唐文拾遗》卷二四）记其建中四年（783）任鄂州刺史时，得城隍神佑助而破贼退敌。
18	同前	括州缙云（江南东道）	李阳冰②《缙云县城隍神记》（《全唐文》卷四三七）	
19	广德初（763－764）	台州宁海（江南东道）	《（嘉定）赤城志》卷三一	广德初建。同卷载临海、黄岩、天台、仙居四县城隍神皆吴越时（907－978）受封侯爵，兴建时间当不晚于吴越。
20	广德元年（763）③	灵州（关内道）	伯二〇四四背面《释门文范》	
21	大历初（766－779）	汀州长汀（江南东道）	《（弘治）八闽通志》卷五九	大历初建。
22	大历二年（767）	兖州泗水（河南道）	《（乾隆）兖州府志》卷二〇	大历二年建。
23	吐蕃占领敦煌时（786－848）	沙州（陇右道）	伯二四四九背面《莗啰鹿舍施追荐亡妻文》	
24	贞元十三年（797）	同州澄城（京畿道）	《（乾隆）澄城县志》卷六	贞元十三年建。
25	元和初（806－808）④	广州（岭南道）	《太平广记》卷三四“崔炜”引《传奇》	
26	元和中（806－820）	江州都昌（江南西道）	《（正德）南康府志》卷七	元和中建。

① “使”上原衍“度”字，据宋本等删。

② 《唐文粹》《文章辨体》《全唐文》等皆作李阳冰，黄海德《唐代社会士大夫与城隍信仰》（第 17 页）误为“鲍防”。

③ 据荣新江先生研究，此文作于仆固怀恩封太保（763）或其死后（765），原或产生于灵州一带，归义军时期（848－1037）传抄到敦煌（《归义军史研究——唐宋时代敦煌历史考索》，上海：上海古籍出版社 1996 年版，第 169－175 页）。本表姑系于广德元年。

④ 上文云“问刺史，则徐申（申，原误作绅，据《旧唐书·德宗纪》《宪宗纪》《新唐书·徐申传》《太平广记会校》改）果死而赵昌替矣”，徐申卒于元和元年四月，赵昌同月继任广州刺史而于元和三年四月调任荆南节度使（《旧唐书·赵昌传》），则崔炜“有事于城隍庙”当在元和初。

序号	时间	地点	出处	备注
27	元和十四年（819）	潮州（岭南道）	韩愈《潮州祭神文五首（之三）》（《全唐文》卷五六八）	韩愈是年三月二十五日抵达潮州任所（《潮州刺史谢上表》），夏秋间祭城隍。
28	元和十五年（820）	袁州（江南西道）	韩愈《袁州祭神文三首（之一）》（《全唐文》卷五六八）	韩愈是年闰正月八日抵袁州刺史任（《袁州刺史谢上表》），其夏祭城隍。又，刘骧《袁州城隍庙记》（《全唐文》卷八〇二）详述咸通三年（862），刺史颜遐福重修城隍庙。
29	长庆三年（823）	杭州（江南东道）	白居易《祝皋亭神文》（《全唐文》卷六八〇）	
30	大和五年（831）[1]	益州（剑南道）	段全纬《城隍庙记》（《全唐文》卷七二一）	《宾退录》卷八：“成都城隍祠，大和中李德裕所建。”李德裕大和四年十月任成都尹、西川节度使（《旧唐书·文宗纪》），“约十一、十二月间抵达成都”[2]，大和六年十二月入为兵部尚书。段全纬《城隍庙记》所载，正是李德裕大和五年建城隍庙事。
31	大和八年（834）[3]	兖州（河南道）	李商隐《为安平公兖州祭城隍神文》（《全唐文》卷七八一）	崔戎是年五月五日到兖海观察使任，六月二十日卒，祭城隍乃到任后不久举行。
32	开成五年（840）	睦州（江南东道）	吕述《移城隍庙记》（《唐文拾遗》卷二九）	元和初，刺史郑赓甫将城隍庙从城内西北隅移置城北门楼上。
33	会昌三年（843）[4]	黄州（淮南道）	杜牧《祭城隍神祈雨文》《第二文》（《全唐文》卷七五六）	

① 《旧唐书·文宗纪上》载大和三年十二月“西川奏蛮军陷成都府”，《旧唐书·郭钊传》亦载“大和三年冬，南蛮陷巂州，遂寇西川，杜元颖失于控御，蛮军陷成都府外城”，段全纬《城隍庙记》所谓“前年蛮寇卒来，戎备无素，但扰郊鄙，不近闉闍”指大和三年事。据此，段全纬文作于大和五年。赖亮郡《唐五代的城隍信仰》（《兴大历史学报》2006年第17期，第320页）系于大和四年，不当。

② 傅璇琮：《李德裕年谱》，北京：中华书局2013年版，第179页。

③ 刘学锴、余恕诚：《李商隐文编年校注》，北京：中华书局2002年版，第73页。

④ 吴在庆：《杜牧集系年校注》，北京：中华书局2008年版，第901—902页。

序号	时间	地点	出处	备注
34	同前	怀州（都畿道）	李商隐《为怀州李使君祭城隍神文》①（《全唐文》卷七八一）	《唐刺史考全编》以“李使君”为李执方（开成二年始任怀州刺史，会昌三年四月由王茂元代）②，雷闻《郊庙之外：隋唐国家祭祀与宗教》承之而系此文于开成二年至会昌三年③，皆非。
35	会昌四年（844）④	蒲州永乐（河东道）⑤	李商隐《赛城隍神文》（《全唐文》卷七八一）	
36	大中元年（847）	桂州（岭南道）	李商隐《为中丞荥阳公桂州赛城隍神文》（《全唐文》卷七八一）	郑亚是年六月九日抵达桂州任所（李商隐《为荥阳公桂州谢上表》），十四日即赛城隍。又，李商隐《为中丞荥阳公祭桂州城隍神祝文》（《全唐文》卷七八一）亦载是年八月祭桂州城隍。
37	同前	桂州理定	李商隐《为中丞荥阳公赛理定县城隍神文》（《全唐文》卷七八一）	
38	同前	桂州灵川	李商隐《赛灵川县城隍神文》（《全唐文》卷七八一）	
39	同前	桂州荔浦	李商隐《赛荔浦县城隍神文》（《全唐文》卷七八一）	
40	同前	桂州永福	李商隐《赛永福县城隍神文》（《全唐文》卷七八一）	
41	咸通中（860—873）	信州（江南西道）	《太平广记》卷四七“宋玄白”引《续神仙传》	《太平广记》原作抚州，《唐刺史考全编》考证乃信州之误⑥。
42	咸通六年（865）	明州奉化（江南东道）	《（宝庆）四明志》卷十四	咸通六年，县令李宗申建。

① 文题中的“李使君”，指李瑑。会昌三年九月，河阳节度使王茂元卒（《旧唐书·武宗纪》）。其后，将作少监李瑑加御史中丞、任怀州刺史。李商隐会昌三年“秋冬之际曾至洛阳、河阳、怀州、郑州等地”（刘学锴、余恕诚：《李商隐诗歌集解》附录四《李商隐年表》，北京：中华书局1988年版，第2072页），此文即作于寓居怀州时，其间尚有《为怀州李中丞谢上表》《为怀州刺史上后上门下状》《为怀州刺史举人自代状》《为李怀州祭太行山神文》等文。

② 郁贤皓：《唐刺史考全编》，合肥：安徽大学出版社2000年版，第680页。

③ 雷闻：《郊庙之外：隋唐国家祭祀与宗教》，北京：三联书店2009年版，第242页。

④ 赖亮郡《唐五代的城隍信仰》（第324页）云“文中提及‘晋国’，怀州春秋时属晋国境内，故李商隐此文亦作于会昌三年游历怀州时”，不可从。

⑤ 刘学锴、余恕诚：《李商隐文编年校注》，北京：中华书局2002年版，第936—937页。

⑥ 郁贤皓：《唐刺史考全编》，合肥：安徽大学出版社2000年版，第3465—3466页。

序号	时间	地点	出处	备注
43	咸通八年（867）	杭州富阳（江南东道）	《（咸淳）临安志》卷五一	咸通八年，县令董仲建。
44	咸通十四年（873）	湖南（潭州，江南西道）	《太平广记》卷三一二“尔朱氏”引《南楚新闻》	王涛《唐五代城隍神分布简表》据文言“荆益瞿塘之壖”，误以为指咸通中荆州、益州的城隍神①。
45	光化中（898—901）	扬州六合（淮南道）	郑滂《怀古·城隍庙》（《（嘉靖）六合县志》卷八引《嘉定志》）	奉祀汉将黥布。
46	光化二年（899）	华州（京畿道）	李巨川《唐济安侯庙记》（《宝刻丛编》卷十）②	王涛以为李巨川《济安侯庙记》与张建《华州城隍神济安侯新庙记》所记城隍庙非一处，故《唐五代城隍神分布简表》重复之③，非是。
47	昭宗时（889—904）④	汾州（河东道）	李匡业《唐汾州创置城隍庙碑》（《墨池编》卷六）⑤	昭宗时建。
48	不详	饶州鄱阳（江南西道）	《（康熙）鄱阳县志》卷四	
49	同前	抚州（江南西道）	《（康熙）抚州府志》卷十一	奉祀汉将灌婴。
50	同前	楚州（淮南道）	《（乾隆）淮安府志》卷二六	
51	同前	苏州石门（江南东道）	夏文广《重修城隍庙碑记》（《（嘉庆）石门县志》卷九引）	
52	同前	睦州清溪（江南东道）	《（嘉庆）清溪县志》卷三	
53	同前	银州（关内道）	《（乾隆）甘肃通志》卷十二	
54	同前	岐州岐山（京畿道）	《（光绪）岐山县志》卷三	
55	同前	禺州扶莱（岭南道）	《（光绪）北流县志》卷十二	

① 王涛：《唐宋时期城市保护神研究——以毗沙门天王和城隍神为中心》，首都师范大学博士学位论文，2007年，第66页。

② 李巨川《唐济安侯庙记》，今阙。《金石萃编》卷一五六所收金张建《华州城隍神济安侯新庙记》详记之。

③ 王涛：《唐宋时期城市保护神研究——以毗沙门天王和城隍神为中心》，首都师范大学博士学位论文，2007年，第66页。

④ 《新唐书·宗室世系表下》“曹王房”有李匡业，乃后唐定远军使李匡宾之兄。李匡宾天成四年（929）“聚党据保静镇作乱”（《资治通鉴·后唐纪五》），匡业当亦入五代。姑系此碑于昭宗时。

⑤ 李匡业《唐汾州创置城隍庙碑》，今阙。

陆游《宁德县重修城隍庙记》称："自唐以来，郡县皆祭城隍。"[①] 从表一、表二来看，所言非虚。自唐中期以来，州、县城隍神都呈现稳定发展的势头，及至两宋"其祀几遍天下，朝家或赐庙额，或颁封爵"[②]。欧阳修《集古录跋尾》卷七《唐李阳冰城隍神记》言："阳冰所记云'城隍神，祀典无之，吴越有尔'，然今非止吴越，天下皆有，而县则少也。"[③] 唐代县城隍神有27处（其中时间不详的5例），历百余年的发展，至欧阳修时必然更多，故《吴山城隍庙志》批评道："唐李阳冰云'吴越有尔'，宋欧阳修云'今县犹少'。兹文（指李商隐祭城隍文）所祀，皆非吴越，而县亦不少。想当日祀典未定，故弗深考，而漫云然也。"[④] 另外，表二还透露出一个重要信息，即无论州城隍神还是县城隍神，南方在数量上都占据着绝对优势。

表二　唐代城隍神州县分布表[⑤]

州县	州						县					
南北	北方			南方			北方			南方		
时间	前期	中期	后期	前期	中期	后期	前期	中期	后期	前期	中期	后期
数量	0	4	4	2	8	7	0	2	1	4	8	7
小计	8			17			3			19		
合计	25						22					
总计	47											

又如表三所示，可以确考始建于唐代的18处城隍庙中，北方仅有3处，1处州城、2处县邑；南方则有15处，其中12处位于县邑。由于文献载记的缺失，仅有4处州城隍庙确知建于唐代，但我们不能因此忽视唐代州城隍的发展，否则陈致雍《议废淫祀状》谓南唐"诸州城隍神封为公侯"[⑥] 必如无源之水、无本之木。就始建的14处县城隍庙而言，县城隍庙的建造在唐代已然处于蓬勃发展的态势，这就为两宋以来的兴建浪潮奠定了基础。

① （宋）陆游：《陆游集》，北京：中华书局1976年版，第2128页。

② （宋）赵与时：《宾退录》，《宋元笔记小说大观》（四），上海：上海古籍出版社2001年版，第4222页。

③ （宋）欧阳修著，李逸安点校：《欧阳修全集》，北京：中华书局2001年版，第2235页。

④ （清）朱文藻等：《吴山城隍庙志》，《西湖文献集成》第25册，杭州：杭州出版社2004年版，第757－758页。

⑤ 关于此表有如下说明：(1) 本表只统计时间确实可考者，即表一中的序号1至46，序号47至54因时间不详不予统计。(2) 为方便考查，本表将唐代（618－907）分为前、中、后三个时期：前期从高祖称帝至睿宗禅位（618－712)，中期从玄宗继位至宪宗驾崩（712－820)，后期从穆宗继位至哀帝失位（821－907)。

⑥ （清）董诰编：《全唐文》，北京：中华书局1983年版，第9134页。

表三　唐代城隍庙兴建时间表

州县	州						县					
南北	北方			南方			北方			南方		
时间	前期	中期	后期	前期	中期	后期	前期	中期	后期	前期	中期	后期
数量	0	0	1	2	1	0	0	2	0	4	6	2
小计	1			3			2			12		
合计	4						14					
总计	18											

唐代州、县城隍神的迅速发展，为此后城隍信仰的流行准备了充分的条件。乾元元年(758)，唐肃宗派遣中使护领女巫分祷天下名山大川，欲以国家礼仪的形式祭祀鄂州城隍神，但鄂州刺史韦良宰坚持认为“此淫昏之鬼，不载祀典，若烦国礼，是荒巫风”（李白《天长节使鄂州刺史韦公德政碑》）①，浇灭了可能首次将城隍神纳入国家祀典的希望。光化元年(898)，唐昭宗封华州城隍神为济安侯，城隍神便逐渐由民间信仰走向国家奉祀，进而在宋代被纳入国家祀典的行列。

二、唐代城隍信仰的时空分布

尽管传世文献与出土材料提供的唐代城隍神资料极为有限，但我们还是可以借此窥探城隍信仰在流行初期的大致面貌，而这又直观地体现在城隍神的区域和时间分布上。

（一）唐代城隍信仰的区域分布

表四　唐代城隍神区域分布表

南北	北方			南方			
区域	华北	西北	东北	江南	华中	华南	西南
小计	7	6	0	27	5	8	2
合计	13			42			
总计	55						

如表四所示，唐代55处城隍神中，北方仅13处，南方则多达42处。南方的数量是北

① （清）董诰编：《全唐文》，北京：中华书局1983年版，第3548页。

方的3倍还多，而且仅江南地区就比整个北方都多得多。这种差异明显的分布不均现象，是因为“城隍神在南方城市大范围普及，毗沙门天王则在北方城市中盛行”[①]。至于造成唐代城隍信仰在南、北方以及南方内部区域分布不平衡的原因，则是由于各地区特殊因素的主导作用。

典籍中，记载唐以前城隍信仰的可靠史料共计三条。1.《南史·梁武帝诸子·邵陵携王纶传》记：“大宝元年，纶至郢州……数有变怪，祭城隍神，将烹牛，有赤蛇绕牛口出。”[②]事又见《隋书·五行志下》，这是正史所见最早关于城隍信仰的记载。梁大宝元年（550），郢州即今湖北钟祥。2.《北齐书·慕容俨传》载：“（清河王）岳以为然，遂遣镇郢城。始入，便为梁大都督侯瑱、任约率水陆军奄至城下。俨随方御备，瑱等不能克。又于上流鹦鹉洲上造荻洪竟数里，以塞船路。人信阻绝，城守孤悬，众情危惧，俨导以忠义，又悦以安之。城中先有神祠一所，俗号城隍神，公私每有祈祷。于是顺士卒之心，刀相率祈请，冀获冥祐。须臾，冲风欻起，惊涛涌激，漂断荻洪。约复以铁锁连治，防御弥切。俨还共祈请，风浪夜惊，复以断绝，如此者再三。城人大喜，以谓神助。”[③]《北史·慕容俨传》略同，时北齐天保六年（555），郢城即今湖北武汉。3.《通典》卷一七七《州郡七》“襄阳郡”引鲍至《南雍州记》云：“城内见有萧相国庙，相传谓为城隍神。”[④] 南雍州，即今湖北襄阳。城隍信仰始于汉代说已被学界否定[⑤]，鲍至乃南朝梁人，视《南雍州记》所载为作者同时或稍前之事更为妥当。20世纪30年代，邓嗣禹《城隍考》提出“城隍神之起源，始于6世纪中叶，或始于齐梁之世”[⑥]，目前已成为学界的主流意见。至于其起源地，则往往受赵与时《宾退录》“芜湖城隍祠，建于吴赤乌二年”[⑦]、李阳冰《缙云县城隍神记》“城隍神，祀典无之，吴越有之”[⑧] 等误导，而以为发源于江南地区，然后逐渐向全国扩散[⑨]。中村哲夫[⑩]、郝铁川[⑪]等曾提出城隍信仰兴起于我国中部的长江中游和汉水流域，但并未引起重视。事实

---

① 王涛：《唐宋时期城市保护神研究——以毗沙门天王和城隍神为中心》，首都师范大学博士学位论文，2007年，第97页。

② （唐）李延寿：《南史》，北京：中华书局1975年版，第1324页。

③ （唐）李百药：《北齐书》，北京：中华书局1972年版，第280—281页。

④ （唐）杜佑撰，王文锦等点校：《通典》，北京：中华书局1988年版，第4676页。

⑤ 邓嗣禹先生曾详辨城隍始于汉、吴二说不可靠。参邓嗣禹：《城隍考》，原载《史学年报》1935年第2卷第2期，收入黄培等编：《邓嗣禹先生学术论文选集》，台北：食货出版社1980年版，第57—58页。

⑥ 邓嗣禹：《城隍考》，黄培等编：《邓嗣禹先生学术论文选集》，台北：食货出版社1980年版，第59页。

⑦ 《宾退录》，第4222页。按：顾炎武《求古录·吴越武肃王墙隍庙记》谓“予考其所云赤乌年者固不足凭”。（戴扬本等校点：《顾炎武全集·建康古今记（外八种）》，上海：上海古籍出版社2012年版，第541页）

⑧ （清）董诰编：《全唐文》，北京：中华书局1983年版，第5335页。按：赵与时《宾退录》（第4222页）云“不独吴越为然”。

⑨ 杨俊峰：《唐代城隍信仰与官府的立祀——简论其官僚化神格的形成》（《新史学》第23卷第3期，2012年9月）。据赵与时《宾退录》和旧题李淳风注《太玄金锁流珠引》，认为“三国时期的孙吴为城隍信仰的起源”。顾炎武已指出《宾退录》所言不足凭，至于由宋元间术士纂辑而成的《太玄金锁流珠引》更不足为凭。

⑩ ［日］中村哲夫：《近代中国社会史研究序说》，京都：法律文化社1984年版，第37—46页。

⑪ 郝铁川：《灶王爷、土地爷、城隍爷：中国民间神研究》，上海：上海古籍出版社2003年版，第203页。

上，三条史料不仅揭示城隍信仰的起源时间是南北朝，更暗示其起源地或在长江流域的荆楚一带。在唐代早期关于城隍神的材料中，张说《祭城隍文》和李白《天长节使鄂州刺史韦公德政碑》所祭城隍都在荆楚。张说四月十七日抵达荆州任所，二十日就祭城隍。他“以‘纲纪南邦’的从三品上州大都督府长史之尊，祈祷于治所之城隍神，则江陵城隍的信仰必定起源于开元之前，受当地人崇祀已久”[①]。鄂州和郢城本为一地，即今湖北武汉。韦良宰与慕容俨所祭为同一城隍，则鄂州（郢城）的城隍信仰已延续逾二百年。《北齐书》《南史》《北史》《隋书》等正史的载录必有其来源，可靠性当不容置疑，城隍信仰起源于长江中游的荆楚一带也较为可信。而且，鄂州城隍神单一的职能——护城保民，正符合早期城隍神的形象，也从侧面印证了城隍起源于荆楚一带。

荆楚之地自古好鬼崇巫，《汉书·地理志下》就说：“（楚地）信巫鬼，重淫祀。”[②] 南北朝时，荆州巫风特盛，《北齐书·陆法和传》言其治所江陵“多神祠，人俗恒所祈祷”[③]。“历古为兵冲之地”[④] 的鄂州（郢城），在崇鬼尚巫习俗的影响下，一旦战乱中濒临险境就往往求助于当地神灵的护佑。《南史·张冲传》载南齐中兴元年（501），梁武帝起兵围困郢城，薛元嗣等“处围城之中，无他经略，唯迎蒋子文及苏侯神，日禺中于州听上祀以求福”[⑤]。时隔五十余年后，即北齐天保六年（555），慕容俨在“城守孤悬，众情危惧”的情况下，转向城隍神祈祷，并最终得到神灵佑助。鄂州（郢城）城隍神的显灵“恐怕为城隍神的‘发迹’创造了一个绝妙的契机，经过民间的口耳相传，越传越神”[⑥]。于是，兴起于荆楚之地的城隍崇拜逐渐向江南、华北、西北、华南等地扩散开去。

城隍信仰为什么没能在起源地得到更广泛的发展呢？《北齐书·陆法和传》载，江陵神祠“自法和军出，无复一验，人以为神皆从行故也”[⑦]，从侧面点出了原因。建立在农业文明基础之上的民间信仰，从一开始就被烙上强烈的实用主义色彩，“兆民对于任何信仰都脱离不了功利性的目的，他们的一切宗教行为，即使表面上看上去是如何地虔诚，但实际上都由非常强烈的实用动机所驱使”[⑧]。古人的祭神活动，并非简单地祭祀，而是企图通过这种仪式娱神、媚神，并最终感动神祇降福赐瑞。“在民众看来，城隍神能够为他们的生活和生命提供保障，信仰城隍能够带来实惠和功利性”[⑨]，当荆楚地区的神祠不再灵验，民众的崇拜热情必然减退，也就影响城隍信仰的传播发展。开元五年（717），张说刚到荆州任所就祭

① 赖亮郡：《唐五代的城隍信仰》，《兴大历史学报》2006 年第 17 期，第 307 页。
② （汉）班固：《汉书》，中华书局 1962 年版，第 1666 页。
③ （唐）李百药：《北齐书》，北京：中华书局 1972 年版，第 428 页。
④ （宋）乐史：《太平寰宇记》，北京：中华书局 2007 年版，第 2275 页。
⑤ （唐）李延寿：《南史》，北京：中华书局 1975 年版，第 828 页。
⑥ 郑土有、王贤淼：《中国城隍信仰》，上海：三联书店 1994 年版，第 94 页。
⑦ （唐）李百药：《北齐书》，北京：中华书局 1972 年版，第 428 页。
⑧ 余欣：《神道人心：唐宋之际敦煌民生宗教社会史研究》，北京：中华书局 2006 年版，第 75 页。
⑨ 郑土有、王贤淼：《中国城隍信仰》，上海：三联书店 1994 年版，第 19 页。

城隍，不过是出于对当地传统的尊重，“大抵荆州率敬鬼，尤重祠祀之事”（《隋书·地理志下》）[1]，“楚俗不事事，巫风事妖神”（元稹《赛神》）[2]。韦良宰却不这般虔诚，乾元二年（759）他面对淫雨不止，则以近乎威胁的态度警告城隍“若三日雨不歇，吾当伐乔木，焚清祠”。即便在城隍显灵之后，他仍认为它是“淫昏之鬼”“是荒巫风”（李白《天长节使鄂州刺史韦公德政碑》）[3]，不予列入祀典。

城隍神在起源地不受待见，并没有影响它在江南地区的盛行。总计 55 处城隍神中，江南就占 27 处，包括 12 处州城隍和 15 处县城隍。江南城隍神主要集中在洪、饶、抚、宣、润、苏、杭、睦等 18 个州。这些地方“川泽沃衍，有海陆之饶，珍异所聚，故商贾并凑”（《隋书·地理志下》）[4]，既是全国少有的富庶地区，也是国家财赋主要来源地，韩愈就说“当今赋出于天下，江南居十九”（《送陆歙州诗序》）[5]，杜牧也说“今天下以江淮为国命，杭州户十万，税钱五十万”（《上宰相求杭州启》）[6]。宣州（今安徽宣城）发展到唐代中后期，“赋多口众，最于江南”（杜牧《唐故宣州观察使御史大夫韦公墓志铭》）[7]，号称“天下沃饶”（《旧唐书·刘赞传》）[8]。宪宗元和时，江西已是富庶之区，时谓“江西七郡，列邑数十，土沃人庶，今之奥区，财赋孔殷，国用所系”（白居易《除裴堪江西观察使制》）[9]，洪州民户更是“控压平江十万家”（杜牧《怀钟陵旧游四首（之四）》）[10]。安史之乱后，“在南北经济的彼此升降之间，经济重心从黄河流域稳健、逐步地转移到长江流域”[11]，江南城市经济的繁荣、人口数量的增多无疑为城隍信仰的流行提供了经济和信徒基础。加上“俗信鬼神，好淫祀”（《隋书·地理志下》）[12] 风气的推动，“长江流域，特别是长江下游的三吴地区，成为城隍神信仰的中心地区”[13]。“吴俗畏鬼，每州县必有城隍神”（《太平广记》卷三〇三“宣州司户”引《纪闻》）[14] 也许是牛肃的夸大之词，确也可见当时江南地区城隍崇拜的盛况。

华南的 8 处城隍神，有 5 处在桂州（今广西桂林），出自李商隐的六篇赛城隍文。桂州

---

① （唐）魏征等：《隋书》，北京：中华书局 1973 年版，第 897 页。

② （唐）元稹著，冀勤点校：《元稹集》（修订本），北京：中华书局 2010 年版，第 33 页。

③ （清）董诰编：《全唐文》，北京：中华书局 1983 年版，第 3548 页。

④ （唐）魏征等：《隋书》，北京：中华书局 1973 年版，第 887 页。

⑤ （清）董诰编：《全唐文》，北京：中华书局 1983 年版，第 5612 页。

⑥ 同上书，第 7806 页。

⑦ 同上书，第 7831 页。

⑧ （后晋）刘昫等：《旧唐书》，北京：中华书局 1975 年版，第 3753 页。

⑨ （清）董诰编：《全唐文》，北京：中华书局 1983 年版，第 6720 页。

⑩ （唐）杜牧著，（清）冯集梧注：《樊川诗集注》，上海：上海古籍出版社 1978 年版，第 259 页。

⑪ 唐长孺：《魏晋南北朝隋唐史三论——中国封建社会的形成和前期的变化》，武汉：武汉大学出版社 1992 年版，第 369 页。

⑫ （唐）魏征等：《隋书》，北京：中华书局 1973 年版，第 886 页。

⑬ 吴泽：《汉唐间土地、城隍神崇拜与神权研究》，《魏晋南北朝史论集》，上海：华东师范大学学报丛刊 1986 年版，第 260 页。

⑭ （宋）李昉等编：《太平广记》，北京：中华书局 1961 年版，第 2400 页。

地区自然灾害频繁，或涝或旱，年岁收成难保，郑亚任刺史期间即“不甚登穰，亦经水涝”（李商隐《为荥阳公请不叙将士上中书状》）[①]。面对恶劣的自然环境，民庶别无他法，只能寄希望于当地神灵的佑助，《桂林风土记》载每遇旱灾便到舜祠[②]、漓山[③]等处祈雨。李商隐赛城隍文的主旨都是答谢城隍，或为止雨遏涝（《为中丞荥阳公桂州赛城隍神文》），或为赐雨解旱（《为中丞荥阳公赛理定县城隍神文》《赛永福县城隍神文》），或为秋成报赛（《为中丞荥阳公祭桂州城隍神祝文》《赛灵川县城隍神文》《赛荔浦县城隍神文》）。侯杰、范丽珠《世俗与神圣：中国民众宗教意识》：“在民间得到充分供奉的神往往都能各司专职，有无法替代的功效，与民众的世俗生活有着千丝万缕的联系，满足人人具有、人人希望的要求，帮助民众达到祈福禳灾的目的。”[④] 城隍神的灵验满足了地方官和民众的现实需求，这就是城隍信仰得以在桂州乃至岭南其他州县流行的主要原因。

唐宋时期的城市保护神以二元格局的形态存在，并表现出明显的南北分治特征，即“毗沙门天王主要存在于北方城市之中，而城隍神则大范围地存在于南方城市之中”[⑤]。即便如此，唐代北方尚有13处城隍神，时间几乎都在安史之乱后，职能可考者多为护城保民，如滑州、宋州、灵州、沙州、兖州、怀州等州城隍。安史之乱使中原和关中地区的大部分州县都沦为战场，城池破坏严重，百姓流离失所，刘长卿《穆陵关北逢人归渔阳》“城池百战后，耆旧几家残。处处蓬蒿遍，归人掩泪看”[⑥] 绝非虚辞。安史之乱后，战争的疮痍未复，藩镇势力又日臻强大，加上外患频繁，北方灾难重重，尤其“河南、河北、河东已降，甲兵长积”（罗让《对才识兼茂明于体用策》）[⑦]。无论地方政府还是普通民众，都希望作为城市保护神的城隍能够承担起护城保民的职责，救他们于水深火热之中，使“万姓无灾，三军安泰”（《释门文范》）[⑧]。在北方的这十几处城隍神中，我们既看到战乱对于城隍信仰的促进作用（成都城隍祠的修建也是受此影响），也看到城隍神是如何在战乱地区被寄予厚望。

总之，在唐代城隍信仰的发展过程中，崇鬼尚巫的习俗、城市经济的发展、实用动机的驱使、战乱动荡的促进等因素，各在不同的区域扮演着主导性角色。唐代城市工商业的发展，虽为城隍信仰的传播流行提供了一定的客观条件（如物质、信徒等），但其作用并非

---

① （清）董诰编：《全唐文》，北京：中华书局1983年版，第8063页。李商隐《为荥阳公奏请不叙录将士状》亦云：“近无丰年，亦经小水。”（《全唐文》，第8053页。）

② （唐）莫休符：《桂林风土记》，陶敏主编：《全唐五代笔记》第3册，西安：三秦出版社2012年版，第2561页。

③ 同上书，第2563页。

④ 侯杰、范丽珠：《世俗与神圣：中国民众宗教意识》（修订版），天津：天津人民出版社2001年版，第103页。

⑤ 王涛：《唐宋时期城市保护神研究——以毗沙门天王和城隍神为中心》，首都师范大学博士学位论文，2007年，第95页。

⑥ （唐）刘长卿著，储仲君笺注：《刘长卿诗编年笺注》，北京：中华书局1996年版，第287页。

⑦ （清）董诰编：《全唐文》，北京：中华书局1983年版，第5335页。

⑧ 上海古籍出版社编：《法藏敦煌西域文献》第3册，上海：上海古籍出版社1994年版，第127页。

David Johnson《唐宋时期的城隍信仰》[①]、郑土有等著《中国城隍信仰》[②] 等所认为的那样突出。即便城隍信仰与城市发展之间的密切关系在唐代江南地区比较突出，但也不宜放大到整个南方[③]。

（二）唐代城隍信仰的时间分布

表五　唐代城隍神时间分布表[④]

分期	前期			中期					后期					
皇帝	高祖	太宗	中宗	玄宗	肃宗	代宗	德宗	宪宗	穆宗	文宗	武宗	宣宗	懿宗	昭宗
小计	3	1	2	7	5	2	2	4	1	3	3	5	4	3
合计	6			22					19					
总计	47													

如表五所示，唐代时间确切的城隍神计 47 处：前期（618－712）94 年的历史仅出现 6 处，占总数的 12.8％；中期（712－820）108 年有 22 处，占 46.8％；后期（821－907）86 年计 19 处，占 40.4％。从总的情况来看，唐代城隍神呈现数量不断增多的发展趋势。当然，若以安史之乱为界，这种递增趋势更加明显。“唐中叶各州郡皆有城隍”[⑤]“至唐末而无地不祀无州不祭”[⑥] 难免有夸大之嫌，却也是发展大势。唐代特别是中后期城隍信仰的迅速扩散，奠定了其五代两宋蓬勃发展的态势。而在经历元代短暂的停滞甚至局部倒退之后[⑦]，城隍信仰终于在明代趋于极盛。

需要特别注意的是玄宗朝有 7 处城隍神，它们已经比整个前期的数量还要多，这也是城隍信仰发展过程中的重要转折点。《大唐开元礼》卷一《序例上·择日》：“凡国有大祀、中祀、小祀……司中、司命、风师、雨师、灵星、山林、川泽、五龙祠等并为小祀。州县社稷、释奠及诸神祠并同小祀。”[⑧]“诸神祠”一语非常关键，“因为没有指实，所以具有极大的灵活性，它在事实上将对祠祀合法性的判定权力下放到地方政府，这就使地方信仰与国家礼制的结合成为可能”，可以说，“《大唐开元礼》的这种模糊而又巧妙的规定使得州县的祭祀活动也具备了国家祀典的支持，使得一些礼典之外的祠祀有了合法依据”[⑨]。城隍神在唐

① David Johnson, “*The City－God Cults of T' ang and Sung China*”, *Harvard Journal of Asiatic Studies*, Vol. 45: 2, 1985, pp. 363－457.

② 郑土有、王贤淼：《中国城隍信仰》，上海：三联书店 1994 年版，第 105 页。

③ 王涛：《唐代的城隍神信仰与唐中后期南方城市的发展》，《首都师范大学学报》（社会科学版）2006 年第 3 期。

④ “皇帝”栏只列出其时有城隍庙者，高宗、武后、睿宗、顺宗、敬宗、僖宗、哀帝七朝史载无考，故不列入表中。

⑤ （清）赵翼撰，曹光甫校点：《陔余丛考》，第 699 页。

⑥ （清）顾炎武著、戴扬本等校点：《顾炎武全集·建康古今记（外八种）》，上海：上海古籍出版社 2012 年版，第 541 页。

⑦ 赵晓寰：《元代城隍信仰：以〈全元文〉为中心的考察》，《世界宗教研究》2016 年第 4 期。

⑧ （唐）萧嵩等：《大唐开元礼》，北京：民族出版社 2000 年版（景印洪氏公善堂刊本），第 12 页。

⑨ 雷闻：《郊庙之外：隋唐国家祭祀与宗教》，北京：三联书店 2009 年版，第 223 页。

代从未明文载入国家祀典，却不仅为民间社会所崇奉，更得到属于国家行政体系的地方政府的承认和支持。

开元时，张说、张九龄等在到任后不久，就以地方最高行政长官的身份亲自撰文并祭祀当地城隍神，“城池是保，民庶是依”（张九龄《祭洪州城隍神文》）[①] 则“崇祀之意有在”[②]，而“人之仰恩，是关祀典”（张说《祭城隍文》）[③] 更标示其官方性质。“在城隍信仰的演变和发展的过程之中，唐代士大夫阶层对城隍神的崇奉和文学描写对城隍信仰由民间向社会上层的传播和转化起到了相当重要的作用”[④]，张说、张九龄正是士大夫崇祀城隍的重要转折点，韩愈、杜牧、李商隐等文学大家则极大地推动了其纳入正祀的步伐。唐代士大夫阶层的重视，加上城隍信仰本身所蕴藏的强大民间力量，无疑会使更多的官员自觉或不自觉地谒庙祭神，及至明代则明文规定“在王国者王亲祭之，在各府州县者守令主之”[⑤]。

总之，借由唐代城隍信仰的时空分布，可以略观城隍神由荆楚一带向全国扩散的路线，以及如何在巫鬼习俗、城市经济、实用动机、战乱动荡、自然灾害等不同因素的影响下呈现出区域分布不均的现象，如何因灵活的礼制政策、文人士大夫的崇奉而在玄宗朝及其之后得到快速发展。这些正是当前研究所忽视而又关系重大的问题。

三、结论

通过钩稽文人诗文、地方史志、笔记小说、敦煌遗书等相关材料，最终统计出唐代55处城隍神，正如表一所罗列出来的那样。这个数字虽非唐代城隍神的实际数目，而且仍然会不可避免地限制唐代城隍信仰的深入研究，但其对于了解城隍信仰发展初期的面貌无疑意义重大。正是借助这55处城隍神（尤其是47处时间确考者），我们才得以从区域分布与时间分布两个方面探究唐代城隍信仰的基本状况，并对当前学界的一些认识提出不同的看法。

城市工商业阶层的推动与城隍信仰的发展之间的关系，在唐代并不是那么明显，因为“城隍信仰最为流行的地区未必就是工商业发达的地区”[⑥]。在巫鬼习俗、城市经济、战乱动荡、自然灾害等不同主导因素的作用下，唐代城隍信仰呈现出区域分布不平衡的现象，并在一定程度上影响了后来各个地区城隍信仰的发展。《大唐开元礼》的巧妙规定在文人士大夫的推动下，使得城隍信仰在玄宗朝及其之后迎来了较为快速发展的契机，并最终造就了两宋以来的兴盛态势。

---

① （清）董诰编：《全唐文》，北京：中华书局1983年版，第2973页。

② （清）张廷玉等：《明史》，北京：中华书局1974年版，第1286页。

③ （清）董诰编：《全唐文》，北京：中华书局1983年版，第2357页。

④ 黄海德：《唐代社会士大夫与城隍信仰》，刘家军等主编：《城隍信仰研究（安溪城隍庙）》，北京：中国社会科学出版社2013年版，第13页。

⑤ （清）张廷玉等：《明史》，北京：中华书局1974年版，第1286页。

⑥ 雷闻：《郊庙之外：隋唐国家祭祀与宗教》，北京：三联书店2009年版，第244页。

论道教题材影视作品对道教的阐扬

袁方明*

内容提要：道教题材影视作品是指以神仙信仰为核心，以道教经典文本为载体，以道教道门人物为重点，以道教故事传说为基础，以洞天福地和道教宫观为空间环境，以电影、电视剧、动画片和纪录片等为体裁的影视作品。道教题材影视作品题材丰富，对道教的阐扬主要表现在对道教教义的形象化呈现、对道教人物的影像化表达、对道教仙境的审美化再现三个方面。

关键词：道教　影视　阐扬

道教题材影视作品是指以神仙信仰为核心，以道教经典文本为载体，以道教道门人物为重点，以道教故事传说为基础，以洞天福地和道教宫观为空间环境，以电影、电视剧、动画片和纪录片等为体裁的影视作品。电影电视是一种视听综合艺术，以光波、声波、电波为媒介，集声音、画面、色彩、动作等元素为一体。电影电视通过镜头的推拉摇移和画面的运动而具有记录功能，不仅可以记录人事物，还可以通过声光电的形式对各种文献予以保存，如文献片、电影纪录片和电视纪录片。艺术与宗教关系紧密，包括影视在内的“人类的一切艺术在本质上都是宗教艺术”①。就道教题材影视作品对道教的阐扬而言，主要表现在道教题材影视作品对道教教义的形象化呈现、对道教人物的影像化表达、对道教仙境的审美化再现三个方面。

---

* 袁方明（1980—），男，四川内江人，四川大学道教与宗教文化研究所 2016 级博士研究生，研究方向：道教影视。

① ［美］保罗·韦斯、［美］冯·O·沃格特著，何其敏、金仲译，丘仲辉校：《宗教与艺术》，成都：四川人民出版社 1999 年版，第 88 页。

一、道教题材影视作品对道教教义的形象化呈现

影视作品以其特有的视听性、直观性和画面性，不仅可以将宫观等道教实物表现出来，也可以将道教的思想义理形象化地予以呈现。“在宗教中，影像，作为影像，就是实物。”① 一方面，纪录片具有客观真实性，这是与其他影视形式相比的最大特点。“真实是纪录片的生命。”② 1895 年，由法国卢米埃尔（Lumière）兄弟摄制的《工厂大门》《火车进站》等影片就具有纪录片的性质。纪录片、文献片以当事人讲述、情境再现或动画形式进行历史还原，再现真实的历史，给人以身临其境的真实感。另一方面，纪录片也具有故事性。从某种意义上说，纪录片也是传统故事片/剧情片的加长片。除影视剧外，以内容的真实性、知识的丰富性和画面的精美感著称的纪录片也有重视情节、讲好故事的必要，因为纪录片“往往也是重要的、令人激动的、催人奋进的——是因为它们抓住了观众并带领观众经历了一次难忘的旅程。这些影片是通过讲故事达到这种效果的”③。可见，纪录片以其真实性、故事性，采用“画面+解说”的方式，将深奥的哲理思想表达出来，比如纪录片《问道楼观》（金铁木，2012 年）。

《问道楼观》共八集（分别是《经出终南》《百经之首》《无为而治》《以奇用兵》《国教为道》《大美无形》《养生之道》《道妙永恒》），通过纪录片的形式，以“真人+动画+解说+采访”的方式将老子的哲学思想、楼观说经台进行了形象化的呈现。

第三集《无为而治》，老子与尹喜在高山之巅、古树之下有一场师生对话：“老师，何为无为而治呢？难道君主什么都不做，就可以治理好一个国家了吗？”“无为并不是什么都不做，而是指有所为而有所不为，不欲以静，天下将自正。”随后，首都师范大学哲学系白奚教授对老子“无为而治”思想进行了当代诠解：“老子认为，天下万物，包括人类社会，每一个社会个体，他都有能力自己把自己的事情做好，他是不需要外在的力量干预的。外在力量的干预不但对事情不好，反而会把事情弄坏，所以老子就主张无为。”通过老尹师生对话、白话解说，并配之以唯美的画面，将老子“圣人处无为之事，行不言之教，万物作而不辞，生而不有，为而不恃，功成不居。夫唯不居，是以不去”④ 的哲学思想形象地展示了出来。

第七集《养生之道》，对于“修道养生的方法”，老子说：“养护生命的规则，就是随顺应合，听其自然。我有三宝：一曰柔慈，量力而行；二曰俭约，去贪去欲；三曰不敢为天下先，顺时而动。这就是养护生命的方法。”随后配以解说词：“对于老子来说，任何欲望都是

---

① ［德］费尔巴哈著，荣震华译：《基督教的本质》，北京：商务印书馆 1984 年版，第 4 页。

② 钟大年：《纪录片创作论纲》，北京：北京广播学院出版社 1997 年版，第 67 页。

③ ［美］希拉·柯伦·伯纳德著，孙红云译：《纪录片也要讲故事》，北京：世界图书出版公司 2011 年版，第 3 页。

④ 《道德真经》，《道藏》第 11 册，文物出版社、上海书店、天津古籍出版社联合出版 1988 年版，第 474 页。以下所引《道藏》皆出自此版本。

摧毁人的心智，不利于养生的，更不要说追求成仙这种不切实际的妄想。”这将老子“我有三宝，保而持之：一曰慈，二曰俭，三曰不敢为天下先。夫慈故能勇，俭故能广，不敢为天下先，故能成器长。今舍其慈且勇，舍其俭且广，舍其后且先，死矣。夫慈以战则胜，以守则固。天将救之，以慈卫之”① 的“三宝”思想生动形象地呈现了出来。

第八集《道妙永恒》，对老子的哲学思想和历史地位进行了总结性的概括：“老子主张的道法自然正是以万物和谐、各遂性命、协调世界为根本。老子的无为不是无所作为，而是要遵循自然发展规律，不将个人意志强加于自然，这才是真正的无为。而这个原则，却早在两千多年前，由一位老人为今天的我们做出了意义深远的启示，并提醒着不远的将来。”“老子在这里（笔者按：指终南山楼观说经台）所讲授的《道德经》，两千五百年来，已深入到中国人的精神世界。每一位中国人的血液里都蕴藏着道的灵魂。这是中华民族得以传承数千年的根基所在。”“《道德经》五千言如同一把钥匙，为人类打开了通往宇宙世界的大门。”“《道德经》蕴含的哲学思想，不但滋养了中华民族，而且在传入欧洲后，为西方的哲学以及社会科学的发展注入了强大的思想动力。”“道先天地而生，无处不在。你看那云起雾落，交替流转，循环不已，这都是道的存在。”“道是这个宇宙万物衍生的根本规律，而德就是要尊道而行。”“道之所以被尊重，就是它对万物生长顺其自然，不加干涉，生长万物而不据为己有，兴发万物却不自恃其能，生养万物而不去主宰，这就是最为深厚的德。”

概言之，通过八集的分述和最后的总述，纪录片《问道楼观》对老子的道家、道教哲学思想进行了系统化、影像化、形象化地呈现，这可以帮助我们进一步理解整个道教的教义、教理。

二、道教题材影视作品对道教人物的影像化表达

一般而言，道教认为修行需要具备“法地财侣”四大要素。所谓“法”是指宗教理论和宗教信仰（如道法、道义、道理，教法、教义、教理）；所谓“地”是指修行的场所场地（如宫观、道观、道院，也包括广义的修行场所，如山洞、洞窟，又如在家修行的火居道士的俗世家中）；所谓“财”是指修行所必备的物质基础和经济条件（如香火钱、随喜功德）；所谓“侣”是指修道者（包括追随者和崇道者）。道教俗语“法财两用”也是这个意思。此外，中国传统文化有天地人“三才”之说，道教中也有道经师“三宝”之论。“教不宏则道不明，道不明则法不能行，法不能行则道不能宏。”② 中国传统文化认为“人能弘道，非道弘人”③。人是弘扬道义、教义的绝对主体，如果没有道人的参与（修道、悟道、传道、布

① 《道德真经》，《道藏》第11册，第480页。

② （清）王常月：《碧苑坛经·阐教宏道》，《藏外道书》第10册，成都：巴蜀书社1994年版，第199页。

③ （清）阮元：《十三经注疏·论语注疏》，上海：上海古籍出版社1997年版，第2518页。

道），大道也就得不到弘扬，因此，道教人物是道教中不可或缺的重要组成部分。在道教中，道门中人尤其是创教人物往往具有传奇色彩，其修道悟道的经历和传道弘道的故事为影视作品提供了丰富的素材，如道教题材电影《太极张三丰》（中国香港，袁和平，1993年）就对道教人物张三丰进行了生动形象的影像化表达。

随着张三丰题材影视剧的不断传播扩散，张三丰几乎家喻户晓，妇孺皆知。张三丰是中国道教史乃至中国文化史上极具传奇性的人物，"神仙"风范十足，是中国历史上继吕洞宾之后最负盛名的"活神仙"。张三丰，又名张君宝，生卒年不详，籍贯不详，名号亦不详，是元明之际著名的全真道士，因任物自然、随性逍遥、不饰边幅、又叫张邋遢；因行踪不定、游处无恒、踪迹奇幻、淡泊名利，虽朝廷多次征召而不趋附，又号"隐仙"，著有《大道论》《玄机直讲》《玄要篇》《道言浅近说》《天口篇》《云水前集》等。张三丰继承陈抟（871—989）的内丹仙法和太极、无极文化，奉真武大帝为祖师，开创全真武当道派，主张三教合一、性命双修、形神俱炼、内外丹兼修；同时，张三丰精通武术，创立武当内家拳和太极拳，故又名"太极张三丰"。有明一代，张三丰备受皇室的重视，多次受朝廷征召和敕封，如明英宗朱祁镇封张三丰为"通微显化真人"，明世宗朱厚熜封其为"清虚元妙真君"，明熹宗朱由校亦封其为"飞龙显化宏仁济七真君"。一朝之中，张三丰以一个民间道士的身份而被多个皇帝多次征召赐封，在中国历史上实属罕见。

作为艺术，电影《太极张三丰》对张三丰进行了虚实相间的演义，主要剧情是：张君宝（张三丰）与董天宝自小入少林寺当和尚，董天宝偷学少林武术，在从罗汉堂晋升达摩院的比武中，董天宝因出手过重被赶出少林寺，张君宝也受牵连一并还俗。还俗后，二人靠卖艺维生。董天宝为求功名，投靠大太监刘谨并出卖张君宝、秋雪和凌道长等一行反对暴政的义士。张君宝因为董天宝的卖友求荣和义士们的惨死而精神错乱，经秋雪调养后而悟创太极拳。张君宝替天行道，在义士朋友们的帮助下除掉了董天宝和刘谨，最后在三清观传授太极拳。

通观全片，《太极张三丰》围绕张三丰及其创立的太极拳而进行了影像化的表达，具有较多的道教元素。一是张三丰继承太极文化而创立太极拳。张三丰在精神失常的情况下，仰观俯察、观心自悟，通过观察不倒翁、水体的流动并结合其师父觉远所传授的"无根无尘，万法自然"的气功心法而领悟到"中正安舒，气沉丹田"的太极原理，由此创立太极拳。张三丰从陈抟那里继承了太极文化（包括《正易心法》《龙图》《先天太极图》《无极图》），然而由太极图而创立太极拳则是张三丰的独创。一切大道大理、大经大法皆源于生活。影片中，张三丰观察不倒翁、水体的流动而领悟太极原理，这也正是老子"人法地，地法天，天法道，道法自然"[①] 的哲学思想的体现。二是张三丰认为人要效法天道的好生恶杀。影片中的张三丰在目睹义士们的牺牲和百姓的悲惨生活后，领悟到人要效法天道的好生恶杀之德，

① 《道德真经》，《道藏》第11册，第476页。

而不要滥杀无辜，涂害生灵。这与老子所说的“兵者，不祥之器，非君子之器，不得已而用之，以恬淡为上，故不美也。若美，必乐之。乐之者，是乐杀人也。夫乐杀人者，不可以得志于天下矣”[①]，以及“民常不畏死，奈何以死惧之？若使民常畏死而为奇者，吾得执而杀之，孰敢？常有司杀者杀。夫代司杀者杀，是谓代大匠斲。夫代大匠斲，希有不伤其手矣”[②] 是相通的。三是张三丰由释入道，体现了他的“三教合一”思想。影片中，张三丰最开始在少林寺修道学武，逐出教门、创立太极拳后，遁入玄门三清观传授太极拳，与现实生活中张三丰出入释老、“学览百家，理综三教”的经历，认为“三教之同此一道也。儒离此道不成儒，佛离此道不成佛，仙离此道不成仙”[③] 的“三教合一”思想也是大体一致的。此外，董天宝的“我命由我不由天”也从反面说明了道门中道由己修、命在我手、“宇宙在乎手，万化生乎生”[④] 的道理。总之，电影《太极张三丰》通过张三丰创立太极拳、除暴安良、出入释老，主张好生恶杀、三教合一等思想，将张三丰的高道形象丰满立体地塑造了出来。

三、道教题材影视作品对道教仙境的审美化再现

如上所述，道教认为修行需要具备“法地财侣”四大要素，其中，“地”是指修行的场所场地，亦即道教所谓的洞天福地。道教认为仙境是神仙居住的地方，自古就有阆苑仙葩、神界仙境之说。早在东汉中晚期张道陵天师在蜀中创立五斗米道的时候，因为管理和传教的需要，就以西蜀（川西北）为中心，将教区分为二十四治，还细分为上八治、中八治、下八治，对应二十四节令和二十八星宿，其中，最重要的是阳平治、鹿堂治和鹤鸣治。中国自古就有蓬莱、方丈、瀛洲“海上三神山”的传说，也有“三岛十洲”的幽论，引发了世人对神仙世界的无限神往。由于这些海上岛屿虚无缥缈、若即若离、难以接近，修道之人于是将目光更多地投到了人间深山幽谷的灵秀之地，于此构建出道教的“洞天福地”之说，包括十大洞天、三十六小洞天、七十二福地。“洞天福地，作为一种在人间的仙境，大都是一些与神仙传说有关的山川，或著名道士的修真求仙之地。”[⑤] 洞天福地多处于风景秀美之地，是道人们修行修道的绝佳场所，是道教神仙居住的地方[⑥]，也是天上仙境在人间的摹本，如道教名山武当山。

武当山又名太和山，是道教的著名胜地。武当山位于湖北十堰，是道教四大名山之一。

① 《道德真经》，《道藏》第 11 册，第 477 页。

② 同上书，第 481 页。

③ （南宋）张三丰著，方春阳点校：《张三丰全集 · 大道论》，杭州：浙江古籍出版社 1990 年版，第 3 页。

④ 《黄帝阴符经》，《道藏》第 1 册，第 821 页。

⑤ 千春松：《仙与道：神仙信仰与道家修身》，海口：海南出版社 2016 年版，第 85 页。

⑥ 陈耀庭：《道教神学概论》，北京：宗教文化出版社 2016 年版，第 145 页。

在道教文献中，武当山也多有记载。武当山虽未列入道教的洞天福地系列，但也是道教的重要场所，尤其是因张三丰在武当山修炼和明成祖朱棣敕建而名震天下。武当山是明成祖朱棣认为的龙兴之地。因政治的需要①，明朝皇室尤其是明成祖朱棣大规模兴建武当山宫观，极力扶持道教，赐名“太和太岳山”，在武当山绝顶建立“紫金城”，主奉玄天真武大帝，作为皇家护法神。因此，武当山成了明朝的皇家道场和皇室家庙。

道教题材影视作品除了对道教教义进行形象化呈现，对道教人物进行影像化表达外，也对道教仙境进行了审美化再现，如纪录片《问道武当》（2009 年）和《太极武当》（伊慧民，2010 年）。《问道武当》展示了丰富而传奇的道教文化和武当仙文化，纪录片《太极武当》更是生动描绘了武当山的绝妙仙境。《太极武当》共九集（分别是《有形无形》《太和九州》《众妙之门》《阴阳圆融》《因天之序》《我心无法》《星象天语》《逍遥天地》《天下太极》），展示了武当山大美曼妙的自然环境和玄妙神奇的武当太极文化，审美化地再现了武当仙境。

“仙”字源于古“仚”“僊”字。东汉经学家、文字学家许慎认为：“仚：人在山上。从人，从山。”②“僊：长生僊去。从人，从䙴，䙴亦声。”③“仙”原指山中之人，经过道教的演化，特指山中的不死之人，亦即得道的仙人。道教认为“仙”分为鬼仙、人仙、地仙、神仙和天仙五等④，也有天仙、地仙、尸解仙之说⑤。仙居住于高高的山上，是对凡夫俗子的超越，是对处于平原的世俗生活的超越。“仙（或者繁体的僊）并不意味着不死，而是意味着上升，即空间中的向上运动，也可以喻指状态的上升。”⑥“仙”从世俗中脱离出来，处于一种上升和超越状态。“境：疆也。从土，竟声。”⑦“境”从土，表示土地、土壤、大地、疆域、疆界、地域，可引申为自然界、境遇、境界。天覆地载，天生地长，天地生养万物，万物生于土，复归于土。在中国传统文化里，“境”字除了指自然环境外，还包括人文环境、心灵意境、心灵境界、审美境界等。在道教语境里，“仙境”是指神仙修行修炼、居住生活的场所，也是道教的洞天福地。“仙境”有自然仙境、人文仙境和心灵仙境之分。《太极武当》对武当山仙境的审美化再现也主要表现在对自然仙境、人文仙境和心灵仙境三个方面。

一是自然仙境。武当山风景秀美、风光旖旎，素有“亘古无双胜境，天下第一仙山”之美誉；因山形奇特，群峰突兀，主峰天柱峰海拔 1612 米，一柱擎天，剑指苍穹，上感于天，下接于地，中和于人，贯通天地人，群山环抱，故有“四大名山皆拱揖，五方仙岳共朝宗”⑧之称；天造玄武，地设武当，其高耸云端的七十二峰、绝壁悬挂的三十六岩、激湍飞

---

① 杨洪林：《明成祖与武当山真武大帝》，《武当学刊》（哲学社会科学版）1997 年 12 月。
② （汉）许慎撰，（宋）徐铉校定：《说文解字》，北京：中华书局 2013 年版，第 165 页。
③ 同上。
④ 《修真十书·钟吕传道集·论真仙》，《道藏》第 4 册，第 656—658 页。
⑤ （晋）葛洪著，王明校释：《抱朴子内篇校释》，北京：中华书局 1985 年版，第 20 页。
⑥ ［美］康儒博著，顾漩译：《修仙：古代中国的修行与社会记忆》，南京：江苏人民出版社 2019 年版，第 35 页。
⑦ （汉）许慎撰，（宋）徐铉校定：《说文解字》，北京：中华书局 2013 年版，第 291 页。
⑧ 《武当山志》编纂委员会：《武当山志》，北京：新华出版社 1994 年版，第 401 页。

流的二十四涧，以及逍遥谷、展旗峰等景点，构成了武当山绝妙的自然风景。武当山正是道人们心目中的修行圣地，也是理想中的神山仙境。如第一集《有形无形》的解说词所言，“在这里（笔者按：指武当山），统御四海的威严皇权被融入了更为尊崇的‘道法自然’中，人与天地完美融合，成了理想的洞天福地。”“行走于武当的山林之中，感受人与天地自然而流畅的互动，远离了钢筋水泥、高楼大厦的包围，那些莫名的焦虑和压抑似乎也自然消隐。”第五集《因天之序》认为“蛰伏和消隐，生发与蜕变，开始和终结，相容相生，不见规律，却是一种真正的大和之境。它宽广浩瀚，却波澜不惊，生命的自由价值浮沉其中，无比崇高，也无比渺小”。“武当山古称太和山，一个‘和’字，点出了太极的精髓。日月春秋中，这座大山巍然屹立在中国的版图中心，似乎调和着四方的风水，阴阳平和，共生共荣。”武当山以其美妙奇幻的自然山水，成了令无数道门中人心驰神往的仙境福地。

二是人文仙境。“中国古代所谓的‘人文’主要是指与人相关的一切活动，尤其是关乎人类精神世界的活动，与道德活动尤为相关；今天所说的‘人文’更多地带有西方人文主义思想的理论和时代背景，主要是指人类的文化精神，是与人类息息相关的文化，如人文知识、人文科学、人文关怀等。”① 武当山之所以号称“天下第一仙山”，在道教中具有至高的地位，除了其自然风光和武当金顶、南岩宫、紫霄宫、太子坡、五龙宫、玄岳门等标志性人文建筑外，主要还是由于明朝皇室的极力推崇和张三丰的神仙灵迹，由此构成了武当山独特的人文仙境。其一，武当山是真武文化的集中地。玄天真武大帝是紫微星的北方护法神，也是明朝皇室的护法家神。玄武是北方水神，南方属火，水在火上，上坎下离，水火既济，是为既济卦（䷾），表示天下既济，“水在火上，既济，君子以思患而豫防之”②，体现了统治者治理天下居安思危的忧患意识。如第二集《太和九州》所言：“古人仰观天象，最亮的星是正中的紫微星。皇帝自称天子，紫微垣在人间的投影就是皇帝一家的居所——紫禁城，而玄武是守护紫微星的北方护法神。无独有偶，朱棣曾被分封为燕王，镇守北方。所有这些意象汇聚在一起，在朱橡心中共筑起对北方护法神的顶礼膜拜。”其二，武当山是明朝皇室的圣山神山。如第二集《太和九州》所言：“六百年的韶华乐章中，这座承载着朱棣和他的事业后继者们精神寄托的圣山，与象征着帝国最高权力的北京紫禁城，都曾经是这个国家最神秘最神圣的所在。仙音缥缈中，人们用音乐向这座大山倾诉着自己生命的梦想。隔着千百年时空，山水的法度万象，天地的大道显隐，从未停止与我们的回应。”其三，武当山是道门中人心中的圣山，是太极文化的胜地。如第一集《有形无形》所言：“距今一千多年前，一位叫陈抟的传奇智者给后代留下了那一幅不朽的传世经典。古老的太极图蕴含了宇宙间永恒不断地循环发展规律，不时与今天的文明进程发生穿越历史时空的邂逅。科学一再证实，我们

---

① 袁方明：《新时代境域下再论〈周易〉人文关怀精神及其现实意义》，《四川文理学院学报》2009 年第 1 期，第 52 页。

② （清）阮元：《十三经注疏 · 周易正义》，上海：上海古籍出版社 1997 年版，第 72 页。

所了解的宇宙只是很小的一部分。人们想更好地生存，就要达到阴阳平衡的状态。这种理想中的状态被古人命名为太极。它其大无外，其小无内，几千年前的中国先贤早就以这样简单而又深奥的太极揭示了宇宙万物间有形无形的阴阳和谐之道。”其四，武当山具有丰富的道教音乐文化，如《大明御制玄教乐章》①。如第二集《太和九州》所言：“这是一个帝王亲自为武当山所作的道曲，也是他一生中谱写的唯一一部乐章。乐曲幽婉华丽，表达了对这座大山的主神——玄武神的感激与虔诚之心。历朝历代少有帝王对一座大山如此之倾心。这是道教音乐史上一部巅峰之作，名为《大明御制玄教乐章》。”《大明御制玄教乐章》作为武当山法事音乐，“当年，乐章完工后，明成祖朱棣钦定其为明代宫廷祭祀音乐。在祭词中，他动情地写道：‘天以清，地以宁，神道难名，荷上穷诞布恩泽，永乐逢太平’”。可见，“千百年来，武当的道人们一直寻找着与天地万物相通的契机。在他们眼中，宇宙是人的身体的外化，它因为与人同体而与人相亲，因为与人相亲而成为诗意和审美的存在”（第一集《有形无形》解说词）。

三是心灵仙境。中国道家哲学开启于老子，中国艺术始于庄子。境由心生，相由心造。所谓的心灵仙境也是道人们道心的体现。武当山不仅是一种自然的存在，更是一种审美的存在。在道门中人看来，它不仅是自然仙境、人文仙境，更是一种心灵的仙境。“大自然（包括人类）是一个生命世界，天地万物都包含有活泼的生命、生意，这种生命、生意是最值得观赏的，人们在这种观赏中，体验到人与万物一体的境界，从而得到极大的精神愉悦。”②修道之人在武当山的仙境中，体会到了一种“人与万物一体的境界”，这也是悟道的境界。由此，道人们在这里获得了心灵的安顿之所。如第一集《有形无形》的导演李安所言：“人生是一个修炼的道场，就像道家讲的一样，我们都是来修炼的，能够练一练气，知道怎么样是一个平顺的气，什么样是一个平衡的状态，逆气来的时候能够把它顺开，顺气来的时候能够知道有一种节制，让它循环不绝，绵绵不息。”经过外丹的失败后，道人们认为：“那些所谓的仙丹，治疗的都是我们的心病。千百年来，外在功名诱发着人们对生命无尽的贪念，却偏执地疏忽了一些简单的根本。韶华易逝，人生苦短，天地万物间，我们的心是否合乎自然大道？也许，保持生命永久活力的奥秘，一直都在我们自己的手中。”（第三集《众妙之门》解说词）“人生，也许本来就是一次从此岸到彼岸的旅程，无论是更丰满厚实的生命质感，还是更纯净简单的心灵空间，似乎都需要选择一个恰当的方式，或前行，或栖息。或许，一切都在途中。”（第七集《星象天语》解说词）这些无疑是修道后的感悟，也是得道后的深刻体会。

---

① 《大明御制玄教乐章》，《道藏》第19册，第858—861页。

② 叶朗：《美学原理》，北京：北京大学出版社2009年版，第198页。

四、结语

“大道”显化于万事万物之中，具化于影像物质载体中。随着近代影像化技术的出现、发展和日趋成熟，“道”在荧幕里影像化、直观化、具象化表现得以成为可能，即道家的道义教理通过荧幕屏幕以直观的方式呈现出来。影视以其丰富的画面更扩展了其传播范围，扩大了道教文化的影响力。道教题材影视作品对道教的阐扬主要表现在对道教教义的形象化呈现、对道教人物的影像化表达、对道教仙境的审美化再现三个方面。这对于我们深入了解道教题材影视作品与道教的关系，无疑具有一定的借鉴意义。

《老子像名经》初探*

周金垚**

内容提要：《老子像名经》，撰人不详，原本十卷（今道藏本缺第六至八卷）。敦煌写卷S1513、P3344、S6009有《老子十方像名经》，道藏本《老子像名经》内容稍简略，二者实为一经。敦煌本经文创作年代目前主要有南北朝及隋唐时期两说。本文分析推断《老子十方像名经》创作年代为南北朝时期，最迟在六朝晚期。学界对道教《老子像名经》等与神真名号及瑞像崇拜相关的经文探究不多，本文拟以今本《道藏》及敦煌卷子中都收有的《老子像名经》为例，对该经创作年代、文本结构及思想特点做初步考察。研讨的经文底本出自《正统道藏》。

关键词：老子像名经　十方　造像　名号　瑞像崇拜

学界目前对道教《道藏》③中《老子像名经》等与神真名号及瑞像崇拜相关的经文探究较少④。本文拟以今本《道藏》及敦煌卷子中都收有的《老子像名经》为例，对该经创作时间、文本结构及不同版本之间联系、思想特点做初步的考察，指出敦煌写本中的《老子十方像名经》为明《正统道藏》所收的《老子像名经》母本，后者系对前者的缩减而来，二者实为一经；并对道教或者说早期道教自身如何看待老子等仙真的瑞像崇拜这种“有形的”祭祀崇拜稍作分析，认为道教对有形的仙真形象的崇拜观念在六朝前后发生了很大转变，希望引起相关研究者对道经中体现的瑞像崇拜和相关伦理思想进行更深入的探讨。

---

* 本文为国家“十三五规划”文化重大工程项目《中华续道藏》的系列研究成果之一。

** 周金垚，男，四川大学道教与宗教文化研究所硕士研究生。

③ 本文考察所据的《正统道藏》为文物出版社、上海书店及天津古籍出版社三家于1988年联合影印出版的《道藏》，简称三家版《道藏》。《老子像名经》属《正统道藏》洞神部本文类女字号，见《道藏》第11册，第452—470页。

④ 以中国知网（CNKI）为例，使用“老子像名经”“像名经”分别进行主题及关键词检索时，到2019年4月为止尚未见有相关研究成果。

一、《老子像名经》《老子十方像名经》之关系及创作年代

就内容来看，今道藏本《老子像名经》当系自南北朝所作之《老子十方像名经》改写而来。两者实际文字差异颇大，但主要集中在经卷中部分段落的删减和仙真尊号的润色修改上，主要行文结构和主题不变。

大渊忍尔《敦煌道经·目录编》对敦煌本《老子十方像名经》与道藏本《老子像名经》之间的差异有过详细说明，如分析敦煌抄本 S1513：开头写有御制《一切道经序》，抄写年代为公元 7 世纪。卷首题：老子十方像名经上四方品有二百卌名。经文内容大体为《道藏》本《老子像名经》卷一的首行到卷二的 2a 第 10 行末。大渊忍尔认为此经虽与《一切道经序》连写在一处，但不大可能位于《一切道经》的开头，推断此时抄写的道经中御制的《一切道经序》被分别置于卷首。此说有理。另外，《道藏》本《老子像名经》卷首无“四方品有二百卌名”八字。此外还有对 P3344 卷经文的比较说明等①。

任继愈先生主编的《道藏提要》相关条目提及敦煌卷子有《老子十方像名经》，乃唐人写本，可与今道藏本互正，基本默认二者属于可相互参校的同一文本。不过其中仅判断抄本为唐人所写，未提及经文本身的创作年代②。萧登福《正统道藏总目提要》认为《老子像名经》即《老子十方像名经》，两者内容相当而《道藏》本《老子像名经》较简略③。可以说，一些道藏本道经与敦煌抄本之间存在文本差异，以及前者存在大量改写古本道经的情况，已为中外学者所公认。

年代考证上，敦煌本《老子像名经》在卷首有唐人所抄写之《一切道经序》④，这成为考证敦煌本创作年代的一处重要依据——《老子十方像名经》为唐高宗命道士所编之《一切道经》所收道经之一，推断此经创作年代当在唐朝之前的南北朝之间，且敦煌《老子十方像名经》撰写日期断代最晚至六朝晚期。这一判断基于经文写作体例和经文的词汇：该经经文多处融合、借用了佛教经文中的概念名称，如称呼各方天尊名号时，尊号中会带有“法身”、“法相”（卷二）、“真如”（卷三）、“妙觉”、“常住虚假”（卷九）等词。考虑到古代经文从创作、出现到流传较广，再到被纳入官方的经书编纂活动往往需要较长时间的实际情况，断代晚至六朝末而非隋唐时期更合理些。

此外，六朝乃至隋唐时期，道经中主要关于礼颂神真名号以忏罪增福的经文还有其他篇

① ［日］大渊忍尔著，隽雪艳、赵蓉译：《敦煌道经·目录编》，济南：齐鲁书社 2016 年版，第 852—870 页。

② 任继愈主编：《道藏提要》，北京：中国社会科学出版社 2005 年版，第 285 页。其中《老子像名经》篇目处原注：伦敦博物院藏《老子十方像名经》卷上，前有御制《一切道经序》，知为唐人抄本。

③ 萧登福：《正统道藏总目提要》，台北：文津出版社 2011 年版，第 654 页。

④ 李德范辑：《敦煌道藏》第 3 册，北京：中华全国图书馆文献缩微复制中心 1999 年版，第 1130 页。

目，也可作为年代判定的佐证。现存的道藏本《太上灵宝洪福灭罪像名经》（一卷）[①] 经文内容和《老子十方像名经》不无类似之处，都属于真人游历四方，见世人悲苦，故劝诫信徒礼敬仙圣、颂言尊号以忏罪的经典。这种游历世界、演说法教的思路当源自王浮编《化胡经》以来的经文传统。丁培仁在《道教文献学》中判定《太上灵宝洪福灭罪像名经》为隋唐之际的（6世纪末－7世纪初）道经[②]。萧登福则从经名与六朝及以后如《佛说佛名经》（元魏菩提流支所译）等一系列大量列述佛名的佛经经典的沿袭情况，判定此经书撰作年代为梁世至隋唐初（6世纪初－6世纪末）[③]。二者在年代判断上相差不算太远。另约作于唐玄宗时期的《太上大道玉清经》也体现了“游历异域、宣说教法”这一题材的沿袭[④]。不过《太上大道玉清经》更多关注偏远胡地和中土大唐之间的地域与文化区分，以迎合当时道教“亲儒排佛”的主题，这已属于需要探讨的另一领域，不在此细论。

二、《老子像名经》经文结构及基本内容

《老子像名经》以“高上老子”的游历为中心，经首称其“与十方真人十部威神无量等众，游历十方无极世界，见诸众生广造十方诸恶重罪，孤魂流曳十方地狱之中，受种种罪，遂说十方天尊应化灵像一千一百六十名号，礼敬可得无量福寿”[⑤]。经中每卷卷首即描述“高上老子”将告说众生各方仙真名号，随后一一列举，教人念诵，得“无量福”；相应地，卷末言及称扬赞叹仙圣灵像名号，可灭除“十罪”（罪行内容随方位的变化而改变），蕴含经文创作者将中国传统文化有关方位变化的思想与瑞像崇拜、福报观等联系起来的考量。

经末则劝人造像：“随其分力，金银珠玉、瓦石铜铁、丹书绣画，造其（一千一百六十天尊）形象，布散十方，遍满国土，礼拜供养；立观度人，行道念诵，散华燃灯，忏悔发愿，奉诫持斋。”言“广设大斋”“得福无量”。[⑥]

经名所言十方分别为东、西、南、北、东北、东南、西北、西南、上方、下方，现存经文各卷的次序也按此展开。十方世界之名依次为：东方九气无极世界（卷一）、南方三气无极世界（卷二）、西方七气无极世界（卷三）、北方五气无极世界（卷四）、东北梵气无极世界（卷五）、上方梵气无极世界（卷九）、下方梵气无极世界（卷十），各方皆有一地狱，各方之男女犯有十罪，且十方各异。按序依次提及各方真人，皆为其说经，接而详述天尊名号（数十、百余乃至数百不等）。又此书原缺六、七、八卷，故缺东南、西南、西北三方天尊名

① 《道藏》第6册，第289－302页。

② 丁培仁：《道教文献学》，即将出版。

③ 萧登福：《正统道藏总目提要》，台北：文津出版社2011年版，第654页。

④ Kristofer Schipper: *Purity and Strangers Shifting Boundaries in Medieval Taoism*. T’oung Pao, Second Series, Vol. 80, Fasc. 1/3 (1994).

⑤ 《道藏》第11册，第452页。

⑥ 同上书，第470页。

号及相应十罪之名。

经中每言十方罪恶后，又述及：若男女信徒愿发露忏悔，则其罪不为各方十直之神所记录、上奏天曹；死后不受地狱之苦，且可复生为人，得快乐无量。故本经不妨归之为道俗信众用于发露悔过的忏文。本忏文也可用作举行燃灯之法时的告文。行此类科仪之后，涤清罪过，可授三洞大乘妙经①。

称颂和礼敬仙圣灵像名号，从而悔过忏罪的做法当是道、佛教自六朝至今一直以来的风气。但该道经创作者除宣扬诵念仙真名号以涤罪悔过外，还言及要求广设斋仪、燃灯祈福，以得国土安乐及天下太平，这是中国传统宗教与政治联系紧密的体现。

另一方面，在具体言及关于老子等仙真的瑞像崇拜这类象征性表现形式时，既有的研究多只从留存至今的实体造像、壁画等进行探究，而道教或者说早期道教自身（包括道士自发创作的经文）如何看待这种“有形的”祭祀崇拜对象，对道教信众而言它们又有何种意义仍然有待研究。此处只以老子为例稍作分析，目的在于更完整地展现经文内容的多样性。传为张鲁所著的《老子想尔注》（以下简称《想尔注》）解释“是无状之状，无物之像”时，直言“道至尊，微而隐，无状貌形象；但可从其诫，不可见知”②。按这一观念，《想尔注》进而将所有对老子或道进行形象化的行为指责为“伪技”：“今世间伪技指形名道，令有服色名字、状貌、长短非也，悉伪技耳”③。这或许代表了“五斗米道”内部的正统立场，展现了更早时期道教自身对仙真等神圣形象的崇拜观，以及老子等道教神圣的有形形象开始在中国流行时遭遇的复杂情境。

但在公元5世纪的南北朝初期到隋代581年统一中国的近两百年时间里，道教对有形的仙真形象的崇拜观念可说发生了很大的转变。《老子十方像名经》以及前文提及的创作时间相近的《太上灵宝洪福灭罪像名经》都体现了这一点。它也成为一定时期内隋唐道教摩崖造像广泛流行的先声，在此期间佛教的强烈影响值得重视④。

三、《老子像名经》思想特点：十方真人、十方地狱及诸方十罪

由前文可知，自南北朝时道教经文改写而来的道藏本《老子像名经》，全篇除了重视礼颂仙真尊号灵像从而涤罪增福之外，将“十方”的方位概念融汇到神灵崇拜并借此形成经文的叙事结构也是其一大特别之处。而且“十方”各有对应的鬼神与地狱之属，仙真名号以及

---

① 《道藏》第11册，第470页。

② 饶宗颐：《老子想尔注校证》，香港：中华书局2015年版，第23页。

③ 同上。

④ 关于早期道教对雕像或画像等形象化的崇奉观念，以及佛道教对待瑞像崇拜观念的不同之处，可进一步参看巫鸿著《礼仪中的美术·下卷》相关文章，尤其是第三部分的“中古佛教与道教美术”。见［美］巫鸿著，郑岩、王睿编，郑岩等译：《礼仪中的美术：巫鸿中国古代美术史文编》，北京：生活·读书·新知三联书店2018年版。

地狱的称呼往往和各自所在方位的一些默认的特征联系在一起。为方便我们更直观全面地感受创作者这方面的意图，现将经文现存诸卷所见的对应各方之真人、起首天尊及十直之神名号并各方地狱名称，列表对比如下：

卷数序号	十方方位	真人名号	所在方位天尊数目	起首天尊名号	十直之神名称	所在方位地狱名称
卷一	东方	普济	九十	普慈护国天尊	天帝使者	风雷地狱
卷二	南方	普度	三十	威德大慈天尊	太一使者	炉炭地狱
卷三	西方	慈悲	七十	金映护魂天尊	（未提及）	金锤地狱
卷四	北方	救苦	五十	延寿保命天尊	北斗司杀之鬼	寒冰地狱
卷五	东北方	慈敬	一百二十	慈忍救苦天尊	太一使者	镬汤地狱
卷六（缺）	（疑东南方）	（缺）	（缺）	（缺）	（缺）	铜柱地狱
卷七（缺）	（疑西南方）	（缺）	（缺）	（缺）	（缺）	屠割地狱
卷八（缺）	（疑西北方）	（缺）	（缺）	（缺）	（缺）	火车地狱
卷九	上方	延寿	三百二十	慈悲救苦天尊	上元太一	火坑地狱
卷十	下方	保命	一百二十	还魂起死天尊	下元太一	粪秽地狱

注：经文称各方真人及起首天尊名号时，前均带有方位。如：东方普济真人，东方普慈护国天尊等。

由表中可知，各方神真之名与道教传统中关于方位的认知关联不浅，如西方金映护魂天尊尊号。又经文中出现记录人世罪行、奏报天曹的十直之神，其神名直接言及“太一”者有卷二、五、九、十，共四处，且自卷五可推测所缺卷六、卷七和卷八记载的十直之神也可能同为“太一使者”。中国传统社会中对“太一”神的崇拜观念，或许仍然相当程度地保留在南北朝时的民众信仰当中。

又经文起首，言天尊总数一千一百六十，由表可知现存经文中天尊有八百，则所缺卷六、七及卷八涉及名号当共计三百六十；存有的卷五“东北”方向天尊数目为一百二十，可推测缺少的东南、西南和西北三个方向也应该各有一百二十位天尊名号，只是具体称号不知。

经中所述诸方十罪为：

东方……傲忽三宝、不生肃敬之罪，违经破戒、去善就恶之罪，轻慢师主、不依盟约之罪，欺心负信、违理不偿之罪，恶口非法、咒诅骂詈之罪，醉酒酗斗、凌忽公私之罪，潜行谋恶、阴贼害人之罪，憎亲爱疏、嗔内喜外之罪，谗毁善人、牵入邪径之罪，损善长恶、面从背违之罪……

南方……诽谤真经、谓为邪说之罪，忘师传授、不遵教诲之罪，占候图谶、妄说吉凶之罪，誸诱良善、压为奴婢之罪，放情纵欲、浪行非法之罪，剥脱行人、取其衣服之罪，偷窃三宝、常住法具之罪，发掘冢墓、劫剥死人之罪，秘惜经书、不肯传授之罪，妒人富有、愿

令衰耗之罪……

西方……言无信实、诡诳之罪，嫉妒他人胜己之罪，恃其势力、欺凌贫贱之罪，口善心恶、面喜意嗔之罪，巧文曲判、枉抑直道之罪，呵叱尊卑、轻侮老病之罪，传人恶语、以成嗔恨之罪，五形不隐、露于三光之罪，无故嫌恨、妄相责罚之罪，言语调弄、初喜后怒之罪……

北方……杀他含血众生之罪，不肯施散、营建功德之罪，啖食众生以为滋味之罪，鹰犬游猎、杀害众生之罪，放火烧山、伤杀蠢蠕之罪，见人疾病、不生怜愍、救治之罪，要路掘坑、坠人手足之罪，恣施棘刺、断人要路行踪之罪，偷人妻子、誸诱奴婢之罪，盗人尊像、钟磬、杂物之罪……

东北……则灭除存亡二代从来所犯张罗布网、捕猎鸟兽之罪，次灭好放鹰鹞、游捕众生之罪，次灭岁节告终、屠杀六畜以供荐飨之罪，次灭横引清人以令入狱之罪，次灭夺人恩爱、分隔骨肉之罪，次灭刺印奴婢面额、以作痕迹之罪，次灭败人婚媾、不使和合之罪，次灭身体不净、触突三宝之罪，次灭笑人瘨痴风痫疾病之罪，次灭批毛觅疵、求人过恶之罪……

上方……能灭众生生死报对，从来所犯身受法戒、拜跪社灶以行祭祀之罪，信用师巫、邪祀鬼神之罪，好与俗人无法戒者同床坐卧之罪，说人长短、隐僻不便之罪，男女混杂、行诸不轨之罪，假造文状、误陷善人之罪，骂詈天地、三光、风雨之罪，凌忽官司、攻讦长短之罪，偷盗三宝、常住法物之罪，侵取三宝福地、用为田宅之罪……

下方……能减众生生死报对，从来所犯弃掷经书、轻毁圣文之罪，先尝斋食以贪口腹之罪，奸邪淫妒、分离骨肉之罪，擅用三宝竹木种种法物之罪，大斗重秤、方便侵人之罪，出放贩物、过分求利之罪，卖买孤虚、欺诳贤良之罪，恶口骂詈，谤毁良贱、比诸畜生之罪，宰杀众生、屠割物命之罪，轻慢父母、自爱妻儿之罪[①]。

可见文中多涉及不敬神、不尊师，怠慢三宝和秘惜经书、不肯传授等修道者易犯罪行；复有杀生、偷妻诱奴、刺印奴婢面额以及发掘冢墓、劫剥死人这些牵涉俗众日常行为的罪过。这些记载从某种意义上来说也可为一窥南北朝的社会习俗提供帮助。十罪中另外尚有骂詈天地、三光、风雨之罪，出放贩物、过分求利之罪，侧面说明了中国民众某些日常伦理观念的留存之长久广泛。

综合前文，敦煌本《老子十方像名经》与道藏本《老子像名经》实际为同一经文的不同时期版本，后者在不改变文意与经文大致结构的情况下，一定程度内改写了曾经流传的古本《老子十方像名经》。对《老子像名经》的文本进行细读，不仅能使我们进一步认识到道士及道教信众对践行中国优秀传统伦理道德的坚持，更让我们得以窥见道教内部关于神真瑞像礼敬观念的转变过程，而这一转变意味着中国古代的佛道关系并不是一句简单的“二教之争”所能概括的，这一点值得人深思。

---

① 《道藏》第11册，第452—470页。

晚近《周易参同契》注解研究综述

屈燕飞[*]

内容提要：近代以来有关《周易参同契》的注解研究有很可观的成果，主要集中在三个方面：宗教类注解、以“科学”的名义注解以及学术性的注解。推动《参同契》研究进展的主要集中在第三类。不过总体而言，我们现在还缺一本高质量的注解作品。我们需要通过文本对校与文字考证得出一个较为可靠的《参同契》文本，也需要通过文献学的研究还原出一个真实、客观的《参同契》。

关键词：《周易参同契》　注解　文献综述

《参同契》在道教历史上占有举足轻重的作用，近代以来受到道教研究者的特别重视，其中有关《参同契》的文本校勘与注释的研究取得了非常可观的成果。不过，迄今为止我们尚未看到一部高质量的注解作品。我们需要通过分析现有的这些作品本身，来审视这些作品到底在哪些方面取得了成果，为我们进一步的研究奠定基础；也需要考察他们在哪些方面做得尚且不够，需要我们进一步的延伸与拓展。就此来说，我们可以把他们的研究视角分为三类，以下依次介绍。

一、宗教类注解作品

宗教类的研究不同于一般的研究。宗教类的研究既有一般的学术研究性质，还带有强烈的宗教意义或价值，这类研究的主体往往是宗教信徒。道教研究在几千年的历史中，研究者基本以道士为主，直到晚近学者才取代道士成为道教研究的主体，不过道士仍然占有重要的

* 屈燕飞，男，哲学博士，西华师范大学政治与行政学院讲师。

地位。《参同契》比起一般的宗教典籍，具有更高的宗教价值，它是对道教信仰主体——成仙的理论解释。千百年来，道士（或在家居士）对其特别重视，历代注疏不绝。就近百年来看，就有几部注解作品。

近代以来，以内证、实践之丹家理论注疏研究《参同契》者，首推陈撄宁，其于1939—1940年间于上海仙学院讲解《周易参同契》，上课之讲义经1953年补缀，半个世纪之后以《参同契讲义》为名首次刊发在胡海牙编著之《仙学必读》[①]一书中。此书名为“讲义”，实则为注解之体例，其章节结构基本参照明陆西星《周易参同契测疏》。本书以作者自身实修实证的体验为基础，参引了历代影响较大的注本，试图重解《参同契》的内丹理论。

《〈周易参同契〉释义》，任法融著，首版由西北大学出版社于1993年出版，2009年修订后由东方出版社再版发行，现市面流通版本为2012年之版本。《释义》全书分为两大部分：第一部分为“《周易参同契》主要内容”，总论《参同契》的理论基础；第二部分是“《周易参同契》释义”，属于正文部分，对《参同契》进行注解。就《释义》来说，其章节结构采用的是元陈致虚《〈周易参同契〉分章注》的结构。《释义》注解内容，分为文字解释与大义讲解，前者将某些重要或难读的文字做通俗的解释，后者解释《参同契》的内丹理论大意。

《〈参同契〉解读》，通灵山人、真元子合著，1996年青海人民出版社出版。然通观全文，此书与单独署名王振山的《〈参同契〉解读》的章节与内容基本一致，只是章节名有细微差别。《解读》共分五部分，其中第二部分为“《周易参同契》详注”，是对《参同契》做的注解。虽说是“详注”，但更确切地说是从实修实证的角度，根据各章的文意讲解《参同契》的内丹理论。

《〈周易参同契〉注译、〈悟真篇〉注译》，陈全林著，中国社会科学出版社2004年版。在序言中，陈氏认为古文派将五言、四言分离的做法会造成文义的割裂与不通，故其遵循的分章模式类似于彭晓的。其将《参同契》分为上中下三卷，然又不同于《通真义》九十章的分章结构。《注译》不仅分成一百零五章，而且还将章节名称全部取消。又，《注译》将《五相类》单独拎出作为一卷，此与朱子《考异》相类，然其将《五相类》分为八章又与《考异》不分章不同。最后，《注译》又将《鼎器歌》作为附录放置在最后，并分为七章。注释部分也与一般注释不同，其虽云“注译”，但实际上只是对个别词句做了通俗化的解读，而无译文。

另外，尚有部分为《参同契》作注解的论文，如卢理湘《〈周易参同契·关键三宝章〉新注》[②]，亦是一种丹家解经之作。

---

① 胡海牙：《仙学必读》，香港：天地图书有限公司2004年版。又见胡海牙：《中华仙学养生全书》，北京：华夏出版社2006年版。此文又收录于郭武教授主编之《中国近代思想家文库·陈撄宁卷》，北京：中国人民大学出版社2015年版。

② 卢理湘：《〈周易参同契·关键三宝章〉新注》，《武当》2008年第5期。

宗教信仰者作的注释有其优点。就优势而言，不同于世界上绝大多数的宗教，道教与佛教特别强调实修实证，而内丹理论又是与道教修证结合的最佳典范①，从实践的角度注解《参同契》，有助于推动《参同契》实践化与道教养生的普及化。不过，这些注本大多停留在普及与通俗讲解的层次，未能如历史上彭注等成一家之言。

当然这种注解方式也有很大的局限，这种局限性在近代以来随着道教研究逐渐学术化后体现得特别明显。实践与学术的区别，是因为二者目的不同导致的。前者以自我修证为终极目的，对文本内容的解释与自我的修证或自我信奉的理论体系（多由传承而来）相一致，即文本服务于实践；后者则只是单纯地把文本视为客观化的研究对象，即研究服务于文本本身。这两种差别反映在注解思路上，前者很多时候需要“强解”文意以自圆其说，后者更关注文本内容的客观性与真实性。历史上，《参同契》的研究主体一直属于实践者，但是实践者在注解中又往往“旁征博引”，带有浓厚的学术性特征。不过，这种特征在近代以来随着传统固有学术体系的崩解，使得传统的“注解”体系成为一门高冷的学问，不再是普通人可以掌握的“通识”。近代以来的实践者很少有人再掌握古代实践者所具备的半学术特征②，所以其注解只做到了修证的一面，而学术性的另一面却丢了。故其文多通俗易懂，而学术性则甚少，所以很难推动《参同契》文本的校勘与真实、准确地释读。

二、以“科学”的名义注解作品

在二十世纪八九十年代气功热之时，《参同契》受到了特别的关注。这时的关注者热衷于从自然科学的角度理解、解释《参同契》，也出现了一些注解作品。

《〈周易参同契〉新探》，周士一、潘启明合著，湖南教育出版社1881年出版。1980年周士一、潘启明在《湘潭师范学院学报》（社会科学版）发表《论〈周易参同契〉——兼谈爱因斯坦和李约瑟对中国科技史发表的一些意见，并为电子计算机运算方法的来历提供一个答案》长文，并于次年稍做增饰后以《周易参同契新探》为名出版。其中，《要点研读》专择《参同契》文本之重点章句下穿引朱熹、俞琰等古代名家注释，附按作者本人的解读。

《〈周易参同契〉通析》，潘启明著，上海翻译出版公司1990年7月出版。此书后又以《〈周易参同契〉解读》为名，在光明日报出版社2005年出版，只是增加了第一部分之“导读”，多为琐碎之言，以科学之名义破除世俗对《参同契》之误解与迷信。《通析》由“注释”与“讲义”两部分组成。“注释”部分主要依照元陈致虚《〈周易参同契〉分章注》的章句分类方法，然中间又有细微的差别。不同于陈致虚《分章注》三十五章分法，《通析》将

① 近代注解者基本从内丹视角理解《参同契》。

② 陈撄宁先生为特例，其既处新旧交替的变革时代，深受传统文化的熏陶，又穷年累月通读《道藏》。又所谓“半”者，是指实践者虽有真实、客观地解读文本的学术追求，然而他们又深受自身信仰与实践的影响，在解释中带有强烈的修证倾向。

《参同契》共分成二十七章，个别章节合为一章并重新命名，个别章节名称也做了修改。“注释”由五小部分组成，首先为《参同契》每章节全部原文；第二部分为“注解”，是对个别词句的解释；第三部分为“章解”，对整章文意的解释，主要讲的是行功理论；第四部分为“释义”，白话解释《参同契》文；最后一部分是“复习思考题”。《通析》是潘启明继《新探》之后的又一部研究《参同契》丹法理论的著作，整体内容大为扩充，结构也更加完整，正如其扉页“内容提要”所云此书系“用现代科学观点，进一步研究《周易参同契》的专著”，浓厚的“科学性”是本书最大的特点。本书将现代科学理论与《参同契》所论之丹法理论做了最大程度的结合。

除了上述两部有代表性的作品之外，还有几部作品也试图从自然科学的视角解读《参司契》。

朱山海于1987－1989年连续在《中国气功》《气功与体育》等期刊上发表《古本〈周易参同契〉传文释译》[1]。朱山海是近代以来第一位以古本《参同契》为底本注解《参同契》的作者。

马济人《万古丹经王——〈周易参同契〉译释》亦以现代科学解释《参同契》丹道理论。

《〈周易参同契〉研究》，赵春明著，由海口南海出版公司于1991年出版。全书分两大部分，第一部分是对《参同契》丹道理论的研究，第二部分是以朱熹《周易参同契考异》为底本对《参同契》做的解释。

《气功杂志》于1998年连载方煦《〈周易参同契〉白话解》，后又以《〈周易参同契〉讲解》为名，收入《中国气功四大经典讲解》[2] 一书中。此书所据底本为《正统道藏·周易参同契分章通真义》，并参校了其他版本。此书之特点在于通俗易懂，是为了满足当时气功热的需求而作，故讲解时偏向简约，便于普通爱好者接受与理解。

这类注解作品的思路本质上与实践者没有区别，实际上其中大部分都属于实践者的作品，只不过换了解释的思路而已。近代以来在“西学东渐”的强大影响下，“赛先生”的威力有点摧枯拉朽、群王辟易的味道，中国固有的文化或被扫落神坛打入冷宫，或曲奉迎合自我修正。道教在被打上“迷信”的标签约百年后，有一股力量试图迎合自然科学。可惜的是，他们似乎走错了道路。近代昌明起来的自然科学，其核心内容是通过观察实验的手段总结归纳某些经得起验证的规律，而不同于古希腊哲学，如亚里士多德走的是哲学思辨与演绎的路径。历史上，道教很多时候具有高度的观察实验与总结归纳的精神，道士在长生信念的引领下，以自身为实验对象，通过不断试错总结凝练出一套内外结合（外，即外丹、服食，

---

① 朱山海：《古本〈周易参同契〉》传文释译》，《中华气功》1988年第5、6期。

② 浙江省气功科学研究会、《气功》杂志编辑部主编：《中国气功四大经典讲解》，杭州：浙江古籍出版社1988年版。

包含着炼丹术，中医药；内，即内炼，包含着内丹以及广义气功）的养生方法，具有高度的实践性。然而，道教毕竟属于宗教，其高度的实践性中天然包含着宗教信仰的因素，使得其养生的理论体系具有大量哲学与宗教的内容，而大多时候需要养生实践的这双脚来适应宗教或哲学的这双鞋，而不是像近代自然科学理论体系是在实践的基础上的总结与提升。严格说来，20 世纪 80 年代的气功热也有两支路线：一支是以钱学森先生为代表的“人体科学”派，他们主张通过自然科学的方法来破解道教气功中所隐藏的人体秘密，试图把道教气功科学化。这也是国外研究者努力的方向；另外一支，人员混杂，有招摇撞骗者，也有实修实证者，这支只是喜欢摆弄一些自然科学的概念来附会道教气功。最终，前者被后者所裹挟，最终一起被葬送，失去了道教气功转向科学的大好契机，使得我们坐拥巨大的人体科学的宝藏却被西方研究者捷足先登。就这些著作的作者来说，很多属于空谈理论、附会自然科学，而非走实验验证的研究路子，既无补于《参同契》的宗教实践，也无补于《参同契》的学术研究。

三、学术性注解作品

真正推动《参同契》学术研究的是这样一批注解作品，他们立足于《参同契》文本本身，他们或苦心孤诣旁求善本、孤本、珍本，或孜孜追求正解《参同契》。这些注本又可以分为两类：一类是“集注”类，只“集”不注；一类是“笺注”类，或注或译。我们先简要介绍一下“集注”类。

周士一主编《〈周易参同契〉集注——附翻译研究》（征求意见稿），以湘潭师院中国科技史研究室为名内部刊行。此书收集了唐至清代有关《周易参同契》的各种注本，其中包含一些珍本和孤本，共计 26 种，本书最终采纳了 21 种注本。本书以明代王文禄校勘整理的《百陵学山》本为底本，有关篇章结构仍以彭晓《通真义》的三编九十章为蓝本。就注解体例而言，本书分“校”与“注”，其按照彭晓九十章的章节结构，每章正文之后先校后注，前者利用这 21 个注本指出现存《参同契》文本文句存在的差异，后者主要选择了十三家注本[①]的注释依次排列。

《万古丹经王：〈周易参同契〉三十四家注释集萃》，孟乃昌、孟庆轩合著，华夏出版社 1993 年 9 月出版。此书之集成，作者耗时三十余年，行程万里，搜寻批阅的善本、孤本、珍本近一百余种，包括三十四家注本。此书注解体例与前书一致，只是名目略有不同，分别为“校勘”与“注释”，其以五代彭晓注本为底本，分《参同契》为八十一章，每章先录原文，然后根据作者搜集到的三十四家注本校勘文字，再附注释，此注释乃作者精心拣选三十

① 主要包括：彭注、阴注、朱注、储华谷、陈显微、俞琰、陈致虚、容注、映字号无名氏、朱元育、袁仁林、董德宁、刘一明。

四家注本中若干论述精详者按照年代依次罗列而出。

《参同集注——万古丹经王〈周易参同契〉注解集成》，周全彬、盛克琦编校，宗教文化出版社2011年出版。《参同集注》是历代《参同契》注疏的集结，是目前为止收集最全的文录，“汇集自唐以来，降至晚清一千多年间的《参同契》古代注本二十九部”。《集注》虽非专著，然其价值却不能低估。首先，《集注》作为千百年来收集最为完备之《参同契》注疏文献汇编，单此一点已超过大多数专著之贡献；其次，《集注》对此二十九部注疏所做的文字校勘与断句点读，为研究者省却大量精力与时间；再次，《集注》三十卷“诸家序跋汇编”与附录“研究文献索引”对于了解、研究《参同契》提供了方便；最后，每卷卷首“点校说明”实为作者自己之研究成果，对于每部文卷版本之考察与丹法性质之判释，亦可成为研究者之资粮。

“译注”类的著作也有几部。

《新译〈周易参同契〉》，刘国梁注译，黄沛荣校阅，台湾三民书局股份有限公司1999年出版。《新译》选择彭晓《分章通真义》作为底本，分导读与正文两个部分。《新译》每篇篇首设有“题解”，对整篇思想做了精要概括。正文部分，先陈述原文，随后为“章旨”“注释”“语译”“说明”。“章旨”即为一章主旨，言简意赅；“注释”则拣选重要词句以作解释；“语译”是白话翻译；“说明”部分分量最足，是对整章内容的详细解释。《新译》属于近代以来常见的“注译”体，此种体裁一般倾向通俗普及，大大冲淡了其学术性。

《〈周易参同契〉研究》，萧汉明、郭东升合著，由上海文化出版社于2001年出版。《研究》分上下两篇，上篇为“研究”，下篇为“校释”。作者在上篇中探讨了《周易参同契》的作者、篇章等问题，下篇之校释，作者据自己上篇考证之结果编排文本结构。据萧、郭二人之结论，唐以来流通之《参同契》文本已混淆不清，失去了原来文本之结构。他们通过详细爬梳历史材料，认为通行文本（非古文派）中五言句与四言句乃是魏伯阳所作，魏氏先做五言句（此即原《参同契》），后补缀四言句①，而《鼎器歌》与《大丹赋》有可能为徐从事、淳于叔通所作，《赞序》乃虞翻《参同契注》之序文，其注文已遗失，只有片段及序文流传下来。萧、郭二人之结论新颖独特，不同于古往今来任一流行之结论。基于此结论，他们将校释分成五大部分：《参同契》校释、《五相类》校释、《鼎器歌》校释、《大丹赋》校释、《赞序》校释。由于文本分成《参同契》《五相类》等五部分，已完全不同于历史上任何一种文本结构，故不再分篇、分章，其校释亦不分章。其校释体例为：先依据文义或用韵情况断句而录一段原文，再依文对文本做文字校勘以及释义。又，作者认为唐代注本较古，对《参同契》之原本保存较好，故其选择《道藏》映字号无名氏阴长生注《周易参同契》本为底本。萧、郭二人之缺有三：（一）分原本《参同契》为《参同契》《五相类》《鼎器歌》《大丹赋》《赞序》，这与《参同契》原本严重不符；（二）以阴注为底本忽视了其他版本的价值；

① 此即后来之《五相类》，而非《三相类》。

（三）有“释”而无“校”。

汉英对照《周易参同契》，萧汉明校译，吴鲁强、坦尼·L. 戴维斯英译，由湖南岳麓书社于2012年10月出版。对《参同契》素有研究之萧汉明斟酌再三，选择了这本20世纪30年代由吴鲁强与戴维斯合译的版本作为英文定本。不过，由于吴鲁强、戴维斯译文选择的底本为俞琰之《周易参同契发挥》，而萧汉明自己在《研究》“校释”部分则将五言、四言以及《鼎器歌》《金丹赋》做了拆分处理。为了适应此书原来之编排，萧氏在此书笺注中选择了英译本之编排结构。此篇分四个部分，《周易参同契》正文中英文、中文注释、英文注文与《赞序》。正文部分先录中文《参同契》原文，再附今译，然后才是英文译文。《赞序》亦是如此。只有注释部分才分成独立两部分，先录中文注释，再才是中文注文。萧氏此书较《〈周易参同契〉研究》之“校释”部分更为细致，增加了今译内容，故此书实有补于《研究》之校释。

《周易参同契》，章伟文译注。该书是中华书局“中华经典名著全本全注全译丛书”计划出版之一种，于2014年正式出版。正文以道藏本彭晓《通真义》为底本，参校其他版本，分上中下三篇九十章，《鼎器歌》与《赞序》单独列出，作为附录。正文笺注体例则为首列章节名，次随“题解”对本章文旨做高度概括，随后录出《参同契》正文，接着“注释”相关词句，最后为“译文”。章伟文此书工作做得很细，注文流畅，通过“题解”“注释”与“译文”基本可以把握《参同契》的基本内容。惜此书有注而无校。再就注释而言，其也注重“释”而忽“注”。

以上这批著作是迄今为止有关《参同契》注解研究中最有学术价值的作品，其价值主要有这样几个方面：第一，收集了大量的《参同契》注本，包括未被《正统道藏》收录的注本以及其他各种不同版本的珍本、孤本；第二，《集注》《集萃》以及《集成》利用不同版本的注本还校对了《参同契》的文本，指出了不同版本《参同契》文本之间的差异；第三，部分著作还在近代以来有关《参同契》研究成果基础上对《参同契》的文意做了新的探索，比如对《参同契》在易学、化学等方面的阐释做了很多改进。

四、研究得失与展望

这些专著虽然在各方面都取得了丰硕的成果，但是就作为注本本身的价值来看，还存在着诸多不足：

一、各书篇章结构不尽相同。主要表现在两个方面：一方面，因为在历史上各注本对《周易参同契》的篇章结构理解和认知不同，而在注解的过程中做了不同的篇章结构布局，现代学人的注解的篇章结构布局基本选择了所选取的底本的篇章结构；另一方面，部分作者对《参同契》的篇章结构进行了大胆地重构，其重构之幅度甚至远超历史上的“古文派”。如果说前者的结构布局是作者根据自身的判断选择了自己认为合理的篇章结构以便进行注

解，则后者的重构实质是一种严肃的学术行为，其结论须经得起诘问，否则其结果本身与作者意图最终只能是南辕北辙——试图正解《参同契》却造成了更大的割裂与误解。每一次颠覆性的学术创造需要慎之又慎。当然，就前一种而言，其背后也隐藏着《参同契》真实篇章结构的文献学问题。所以，问题的症结归根结底还在于，对于《参同契》的真实篇章结构，我们迄今尚未得到一个可靠的结论。

二、体例不一。我们看到这十余部注解著作所采取的注解形式让人眼花缭乱，与传统注解形式完全不同。传统的注解大体而言可以分为汉学模式和宋学模式。前者注重以字解文，即通过文字训诂、考释来达到文本的解读；而后者认为前者文字考释过于烦琐，不利于领会文本的微言大义。总之，一个认为文字考释为理解文本的必要津梁，舍此无他途可致，一者认为文本的理解注重精神契合，心灵沟通。但这并不是说后者就不注重文字校勘与考释的功夫，我们观朱子《四书章句集注》及宋人其他注本，对于文字都有精到的考证。当然，按照我们今天的学术视野来看，宋人的注解更多的属于自我的哲学创造，注解只是一种工具。但是，宋人创造的这种哲学模式受中国传统学术模式“尊经传统”的限制，到今天这种限制已被破除，我们在进行理论创新的时候不需要通过发挥圣人经典的形式来实现。相反，汉学模式才是中国传统注解体例的典范，也最为合理。因为，我们注解的目的仅在于得到一个真实、客观的文本，而这需要完成两个基本步骤：（一）文字的校勘。这是核心与基础，且不能跨过、绕过或逃避。这一步的目的在于得到一个真实准确的文本。（二）文句的注释。我们需要得到一个可准确理解的文本。这两个步骤是逻辑次第的完成与合一，缺一不可，颠倒不得。反观《参同契》的这些注本，大多数有着宋学的目的，留着汉学的形式，结果造成的是四不像。现代学人注解古书在体例形式上可以不遵循古人的传统，可以采取更灵活、更自由的形式，但形式的自由与灵活首先要服务于内容，且形式内部要逻辑自洽。

三、有解而无校，有校而无勘。上文说过，规范的注解必须是文字校勘与文句注释的逻辑统一，且文字校勘是必须完成的基础，否则就无法展开第二步。可惜的是，以上十几部作品要么直接开始注解，要么就是随注解而简要地做个说明，要么就是只指出了各篇之间的文字差别而无进一步地分析与审定。如果仅仅出于丹家实践解经，以身传道或还可理解。即使出于普及的目的，最多把第一步骤精简，把第二步骤通俗化，但逻辑次第不可乱，更不能省。

四、集而不注。《集萃》《集注》以及《集成》的价值极高，因为他们搜集保存了《参同契》注本的各种珍本、孤本，同时还利用这些注本对《参同契》的文字做了校对。只是，在校对之后没有进一步再作分析，更重要的是在注释部分，他们只列出各注本本身的解释，也无分析与审定。

五、注而不博。注解本质上属于文献考证，即以注带解，通过文字、文句的文献考释来正解文意。传统的注解非常重视这个方面，每本经典的注解都是作者皓首穷经、穷年累月辛苦耕耘的结晶。作者之所以如此，就是希望尽可能在大量的文献样本的分析与考证过程中得出一个较为客观与真实的文本。我们在以上的这些注本中迄今尚未发现这样的注本。这些注本要么只是单纯地集成，要么就是以解带注，或略注而直解。严格地说，我们将这些作品视为“解”则可，视为“注解”则欠妥。

虽然我们在《参同契》注解的通俗性、集成性以及解释性等方面取得了很多的成果，大大拓展了《参同契》的研究，但是我们依然未能整理出一个稳定、可靠的《参同契》文本。对历史上以阴注、容注与彭注、朱注为两个系统的文本，我们未能给予审定；从而，我们也未能对《参同契》文本中涉及的难解、难懂以及富有争议的文字、文句进行训解，进而审定、注释出一个真实、客观、可理解的《参同契》。而这是注解工作的本质意义和价值所在。

从“天钧”视角重建庄子“道”形上学*

温海明②

内容提要：本文从对《庄子》中“天倪”这一关键术语的解释入手。对于“天倪”，学界多将其翻译为“自然之分”（“natural division”）或“天轴”（“heavenly axis”），并且这两种译法在庄学解释传统中都能找到依据。文章认为，将“天倪”诠释为“自然之分（natural division）”，进而将自然的区分、分别解读为客观性的存在物，这种把庄子形而上学理解成实在论是一种误读。回溯庄子哲学的传统解释，我们发现将“天倪”诠释为“天轴”（“heavenly axis”）时，庄子强调一种“道的视野（dao's-eye-view）”而非关注客观具体的存在物，因此庄子并不应当被贴上实在论者的标签。作者进而认为，庄子也不是一个一般哲学意义上的怀疑论者，他并不认为我们不能理解世界的真实存在，或者说知识的根基是不可靠的，因此他不应当被简单视为一个不可知论者。

关键词：天钧　庄子　形上学　道的视野　实在论

关于庄子形而上学是实在论还是相对主义①，以及庄子哲学是怀疑论还是不可知论②，已有很多学术研究。像冯友兰这样的很多学者认为，庄子是一个不可知论者；而其他学者如方万全则认为，庄子是一个实在论者，因为他承认“自然之分”的真实性（the reality of “natural divisions”）。在题为《庄子的是非之辩与无为定是非》（Zhuang Zi's Debate on Af-

---

* 该文原载于 Contemporary Chinese Thought《当代中国思想》，2011 年秋季刊。

② 温海明，中国人民大学哲学院教授，研究方向：中国哲学、比较哲学。

① David B. Wong, *Moral Relativity*, Berkeley: University of California Press, 1984.

② Kidder Smith, ed., *Chuang Tzu*, *Rationality*, *Interpretation*: *Essays from the* 1991 *New England Seminar on Chinese Thought*, Brunswick, Maine: Breckenridge Public Affairs Center, Asian Studies Program, 1991; Paul Kjellberg & Philip Ivanhoe, eds., *Essays on Skepticism*, *Relativism and Ethics in the Zhuangzi*, Albany: SUNY Press, 1996.

firmation and Negation，and Determining Right or Wrong through *Wuwei*）的文章中，方万全认为庄子承认是非之间存在区别客观性（objectivity of difference），并试图证明庄子笔下的圣人知晓对错之间的真正区别。对于这两种截然不同的观点，我们需要讨论庄子哲学中两个重要的形上学问题：首先，庄子是个实在论者、相对主义者，还是反实在论者？其次，庄子是怀疑论者还是不可知论者？他确实认为我们可以分辨实在的“自然之分”（natural divisions）么？

本文从关键术语“天倪”的解释学文本入手，比较历史上不同的注解与英文翻译。通过分析一系列传统的解释，笔者认为，庄子并未明确主张事物中自然之别（natural difference）的存在。总之，我认为，从庄子对道的形上学重建中可以看出，他不是一个实在论者，更不是怀疑论者或不可知论者。因为庄子强调的是“道的视野”（“*dao*'s-eye-view”）、“齐物”（“being equal to”）以及“齐一”（“being harmonious with”）的角度。

一、将天倪翻译为“Natural Division”

《庄子》的多数翻译者都认为第二十七章《寓言》开篇的“和以天倪”意味着“与自然和谐”（harmonizing with nature）。然而，与自然相和谐的到底是什么，意思却并不清晰。因此，就这一问题的不同解释，导致了庄子形上学为实在论或不可知论的不同理解。

著名的《庄子》注释者郭象（252－312）指出：“日出，谓日新也，日新则尽其自然之分，自然之分尽则和也。”[①] 唐代道教学者成玄英也认为，“天倪，自然之分也。和，合也”[②]。根据郭象和成玄英的理解，方万全把天倪翻译为 natural division，并把庄子的天倪视为与自然之分相和谐[③]。他认为庄子必已假设自然之分的存在。按照他的观点，“天倪”和“天均”才是真正的是非对错。方万全的文本学依据没有添加任何自我意向（self-intention），而是来自于张默生的译文。后者也认为存在一种实在的自然之分[④]。方万全还总结说，这种自然之分意味着在自然中存在着真正的是非对错。

巴尔福（Balfour）把“天倪”前面的“卮言”与之连在一起，将“卮言日出，和以天倪”翻译为“Words that take theirform from surrounding conditions are spoken every day, but are in accord with the limitations imposed by Heaven upon the speaker”[⑤]。他解释说：“我认同的卮言是那些随着周围环境改变形式的语言，正如液体因为盛装它的容器而改变形

① 郭庆幡撰，王孝鱼点校：《庄子集释》，北京：中华书局1961年版，第947页。

② 同上。

③ 方万全：《庄子的是非之辩与无为定是非》，《哲学论坛论文集》，中国人民大学，2011年。

④ 同上。

⑤ F. R. G. S. Frederic Henry Balfour，*Chuang Tsze：the Divine Classic of Nan-Hua*，Elibron Classics，Adamant Media Corporation，2004，p. 339.

状那样。”[①] 巴尔福前面的注解借用了另一位注家的话，即这“意味着那些不停显露出来的言语，正如水从有漏洞的花瓶中流出来那样”[②]。马恒君认为和是和谐；倪是端倪，指消息变化。“天倪”即自然的消息变化。认识逐渐加深的卮言与日俱进地说出来，逐步达到与自然的和谐一致[③]。因此，将“和以天倪”理解为“与自然和谐”是一种传统上被普遍认可的解释。

理雅格（James Legge）将“和以天倪”翻译成“harmonized by the Heavenly element in our nature”[④]。华生（Watson）则将其翻译为“在属天的平等中与事物和谐（harmonizing things in the Heavenly Equality）”[⑤]。梅维恒（Victor Mair）将之翻译为对“harmonize within the framework of nature”的回应[⑥]。所有这些翻译都没有把“和以天倪”解释为“自然之分（natural division）”。另一方面，为了与“和”的字义相一致，这些学者把“和”翻译为“和谐”，所以诸如“元素”“平等”“框架”等概念比“区别”更容易寻求和谐。

如此看来，初看上去把“天倪”翻译为“自然之分”貌似合理，但是如果事物存在某种自然之分，庄子又怎能强调最重要的是调和区别（harmonizing the differences）呢？如果事物可以被调和，那么它们必定有某些共同的基础。这一区分本身既不能用于调和，也不适用于“照（view）”或结束所有区别使之“修”（translate）。因此，将“天倪”简单解读为“自然之分”，远不符合庄子对道的形上学理解。

二、将天倪翻译为“Heavenly Axis”

同样在《寓言》中，“天倪”还出现在其他地方。郭象考虑了庄子所说的“始卒若环”，认为这是因为自然之理，对此，人是无法理解的。他认为把“均”当作“均等”非常合理。成玄英同意郭象的观点，并且认为“均”意味着天之自然有其齐同均等之道。庄子说万物均等的意思其实是万物皆为自然，因此它们都是天然的[⑦]。钱穆（1895－1990）同意这些解释，并把“均”视为“钧（potter's wheel）”。总而言之，郭象和成玄英所强调的是，所有自然之别都是均等的，这一说法与《庄子》第二篇《齐物论》的主要观点相一致。因此总体上庄子认为，“始卒若环，莫得其伦”，于是“天倪”就可以被视为“natural balance（自然

---

① F. R. G. S. Frederic Henry Balfour, *Chuang Tsze: the Divine Classic of Nan-Hua*, Elibron Classics, Adamant Media Corporation, 2004, p. 340.

② 同上书，第 339 页。

③ 马恒君：《庄子正宗》，北京：华夏出版社 2007 年版，第 330－331 页。

④ Clare Waltham, *Chuang Tzu: Genius of the Absurd: arranged from the work of James Legge*, NY: Ace Books, 1971, p. 312.

⑤ Burton Watson, trans., *The Complete Works of Chuang Tzu*, NY: Columbia University Press, 1968, p. 303.

⑥ Victor Mair, *Wondering on the Way: Early Taoist Tales and Parables of Chuang Tzu*, Honolulu: University of Hawaii Press, 1994, p. 278.

⑦ 王叔岷：《庄子校诠》，北京：中华书局 2007 年版，第 1093 页。

平衡)”、“heavenly axis（天轴)”，或者“natural difference（自然区分)”。

康思藤（Steve Coutinho）注意到，对“天倪”寓意的传统解读主要依赖于郭象的解释，即“将石磨的活动性视为一切事物与观点的平衡与关联”。但是他并不完全清楚这一模拟到底是什么，所以他认为庄子的石磨“把相互对抗的对立面混合在一起”①。康思藤有理由超越郭象认为天倪是“石磨”或“天均”的注释和解读。与郭象和成玄英视“天倪”为“自然之分”的传统不同，这一将其释为“天均”的理解意味着“变化着的世界的轴或石磨”。把“均”视为“钧”，即可以说庄子认为有某种类似陶轮的东西维持着所有运动的事物。

如果我们把天倪理解为某种天轴（heavenly axis)，那么就会有一个看待世界上所有事物的中心视角。庄子更愿意把这种视角看作一种方法，它指引我们超越所有区别。这些区别不仅只存在于真实事物本身之中，也基于人们偏好的不同。对庄子而言，从道的视角观察世界就好像站在一切事物的中心之地，循环往复，无始无终。有些人可能会把这一视角理解为某种上帝视野（God's-eye-view)，但是庄子所谓的“道之眼光（*dao*-eye-view)”是以道观之，它在事物中运动着，所以这一视角并不是一种在事物之上或之外的超验视角。在此考虑魏家豪（Wim De Reu）的解释，只有当陶工找到圆环之中心后，他才能用新生的手法应对陶土②。这一用娴熟的方法确定中心轴的视角，的确超越了如陶土般的具体事物，即视角不再被限定到某具体物之中，就像陶土不再被用于制作某一陶器。庄子强调用娴熟的方法确定中心轴应该被视为一种看待事物的方法，人们从而可能不再会被那些区别所迷惑。这就好像站在一个平静的中心地带，我们才能把所有区别抛在一边，并在没有偏爱与焦虑的前提下面对世界中的是与非。严复（1854—1921）认为“天均”意味着对“道”的隐喻，这一隐喻代表着宇宙中所有事物都是循环运动的。另有证据证明“均”应该被当作“钧”，所以天钧应该指的是宇宙中一切事物的转轴（turning axis)。杨柳桥翻译“天倪”时这样写道，天倪就是班固所说的“天研”，而天研就是自然之磨，它是循环碾磨的；这意味着在是非之初并不存在是非③。这里杨柳桥明确指出，庄子说“始卒若环”的意思是在我们分辨是非之前，是非之间并不存在真正的区别。换言之，自然本身并没有真正的是非。他将“天倪”翻译为“天道循环”④。王博将其翻译为“harmonize [*he*] the [conflicting views] with Heaven's whetstone [*tian ni*]”⑤。康思藤译为“自然之碾”（“the grindstone of nature”)⑥。总而言

① Steve Coutinho, *Zhuangzi and Early Chinese Philosophy*: *Vagueness*, *Transformation and Paradox*, Aldershot, U. K.: Ashgate, 2004, p. 169.

② Wim De Reu, “How to Throw a Pot: The Centrality of the Potter's Wheel in the Zhuangzi”, *Asian Philosophy*, vol. 20, No. 1, 2010, pp. 43—66.

③ 杨柳桥：《庄子译注》，上海：上海古籍出版社2006年版，第41页。

④ 同上书，第469页。

⑤ WangBo, “The Philosophy of Zhuangzi, in Contemporary Chinese Thought”, *Winter*, 2006—7/Vol. 38, No. 2, Jul. 2006, p. 91.

⑥ Steve Coutinho, *Zhuangzi and Early Chinese Philosophy*: *Vagueness*, *Transformation and Paradox*, Ashgate, 2004, p. 159.

之，“钧”作为自然之碾包含了一种比喻意象，即在真实情境的多样性中存在天钧，人们应该确定此轴，并像娴熟的陶匠制陶那样，对具体情境做出回应。

基于对转动天均（the potter's turning wheel）的解读，马恒君将“天均”视为“天的运转”，将“天倪”视为“自然变化”①。在王又如（Wang Youru）的译本中，“天倪”被翻译为“the operation/balancing of heaven/nature”，即“卮言日出”翻译为“Goblet words come forth day after day，and are in harmony with the operation of nature”②。他进一步强调说：

> 庄子将天倪理解为天然的运作/平衡，他建议我们与道枢共存并对无止境的变化做出回应，从而将我们从执着于被限制的视野或观念中唤醒，使我们变得对事物敏感灵活。③

这就把天倪当成运动中的自然现象的中心平衡之轴（the central and balancing axis of moving natural phenomena）。王又如评论说：“我们可以看到，天倪的概念为庄子‘卮言’之用打下基础，并决定了庄子的间接交流。”④ 对庄子而言，道枢是面对所有区别的最好视角，也是判断每件事物是非的最佳视角。从这一“道之视野”（*dao*'s-eye-view）看待事物，圣人便可以“和之以是非，而休乎天钧”。

梅维恒的观点与之相似，他对这段文字的翻译如下：“这就是所谓的天钧，是自然的结构框架。”（“This is called the celestial potter's wheel，and the celestial potter's wheel is the framework of nature.”）⑤ 其他学者的翻译则关注于“均等（equality）”“均衡（equilibrium）”“一致（conformity）”“均一（uniformity）”等词语的意义，例如：

> 这就是所谓的天均（Heaven the Equalizer），和 Heavenly Equality 一样。⑥
>
> 这就是所谓的天均（equilibrium of nature），意味着自然的一致性（conformity to nature）。⑦
>
> 这或许可以被称为天或自然的均一（Uniformity of Heaven-or of Nature）；这种均

---

① 马恒君：《庄子正宗》，北京：华夏出版社2007年版，第330页。

② Wang Youru，*Linguistic Strategies in Daoist Zhuangzi and Chan Buddhism：the Other Way of Speaking*，London & NY：Routledge，2003，p. 142.

③ 同上。

④ 同上书，第143页。

⑤ Victor Mair，*Wondering on the Way：Early Taoist Tales and Parables of Chuang Tzu*，Honolulu：University of Hawaii Press，1994，p. 279.

⑥ Burton Watson，*The Complete Works of Chuang Tzu*，NY：Columbia University Press，1968，p. 305.

⑦ 汪榕培译：《庄子》，长沙：湖南人民出版社1999年版，第477页。

一可以拓展到天界，如我们目所能及的天际线。[①]

巴尔福将天倪翻译为天地之际的交线。这和钟泰将“倪”解读为“小儿（small kids）”有类似之处，因为它的同义词就是“children”。事实上倪字右边的儿正是“儿子”或“孩子”的意思。正如老子和孟子用婴儿做比喻那样，钟泰进一步认为，只有小孩子才能观察到事物微乎其微的运动[②]。

然而通过对“天倪”解释学文献的分析，还有一个问题悬而未决：“是非”是自然而然的，还是基于人的意见？是非是从自然之分（natural difference）开始的，还是基于人对事物的判断？简而言之，问题在于是非是基于人类视野的主观判断，还是说它们根本上都如同自然真实（natural realities）那样客观？我认为，我们应该把天倪视为运动事物的轴心（the axis of moving things and events），是一切天道的根源。这样才可能调和、观察并领悟所有源于人类主观视角的对错。因此，庄子笔下的圣人并不揭露真实的对错，而是通过自身修养产生出道的视野（*dao*'s-eye-view），借此来理解世界。

康思藤这样描写庄子：

> （他）一方面表现出某种相对主义的倾向，另一方面又表现出某种与之相反的怀疑主义的倾向……我们可以说，庄子是一个极端的相对主义者的观点已经被广为接受。[③]

正如康思藤所指出的，乔柏客（Paul Kjellberg）、瑞丽（Lisa Raphals）和乔中哲（John Trowbridge）认为，应当在诸如塞克斯都·恩披里柯（Sextus Empiricus）这样的古代怀疑论中寻求与庄子的共同之处，而不是在认识论的角度。这些相互对立的观点充斥于庄子的西方哲学读本之中。本文倡议从我们所讨论的视角——将“天倪”理解为“天轴”（“heavenly axis”）——重构庄子之道的形而上意义。

三、庄子是个实在论者还是个相对论者？

许多像陈汉生（Chad Hansen）那样的学者提出过一个被广泛认可的观点：庄子是一个相对主义者[④]。但是，释德清注释说要区分反映自然大道的“真实”与“个人固执的观

① F. R. G. S. Frederic Henry Balfour, *Chuang Tsze: the Divine Classic of Nan-Hua*, Elibron Classics, Adamant Media Corporation, 2004, p. 341.

② 钟泰：《庄子发微》，上海：上海古籍出版社2002年版，第650页。

③ Steve Coutinho, *Zhuangzi and Early Chinese Philosophy: Vagueness, Transformation and Paradox*, Aldershot, U. K.: Ashgate, 2004, pp. 2-3.

④ Victor Mair, ed., *Experimental Essays on Zhuang-tzu*, Honolulu: University of Hawaii Press, 1983, p. 31.

念”[①]。方万全以此认定，庄子的形而上学更接近实在论。他论证说，庄子声称“大辩不言”，这意味着他坚信真实区别客观存在。如果客观区别的确存在，那么是非之间的差异只能是天生自然的。因此他把“不言”理解为“不想说（will not speak)”或“不用说（no need to speak)”。换言之，他认为庄子因此而承认事物真正的区别是超越表达的。方万全将此视作对实在论的有力证明，并把事物的区别如同事物本身一样自然解释为一种判断。

这样一来，就没必然讨论这一区别如自然真实（natural reality）那样客观，还是由于人类参与到事物当中而变为一种主观区别。这两种观点都没有使对错之间的区别（difference between right and wrong）成为一种自然真实（natural reality)。对错之间的区别应该来源于人们参与到客观区别当中；而由于不同立场下的不同视角，区别也可能是客观的。事实上，对错之间的区别都是主观的，我们并不能声称在自然之性中包含了客观区别。

关于心灵之中的天倪之争论，可以让庄子所推崇的道之视野变得清晰：它是一种基于转动的自然之轮的视角。正如我们所讨论的，不管这一视角多么接近自然主义，它还是一种主观主义。这种主观主义可以被称为以道为中心的主观主义（*dao*-subjectivism)，它与绝对客观性的视角有所不同。庄子之道不是纯粹的客观，因为他有大量关注于如何修养自身的主观行为方式，为接近道而提升个人技艺等诸如此类的讨论。培养个人技艺的例子有很多，例如《庄子》第三篇《养生主》中的庖丁解牛，第十九篇《达生》中痀偻者承蜩犹掇之，梓庆削木为鐻。这些都是通过时间与努力完成主体修养的例子。庄子认为这些大师发展出了某种接近道之运动规律的感觉，但是他不认为通过主体修养，人可以完全领悟事物本来的客观图像。庄子的天地之镜或万物之镜的隐喻，其实是事物本身的代表。他认为通过这种修养，人或许可以向真实的客观面更进一步。尽管庄子并不主张人可以从道的视角来理解这一客观真实。

方万全使用“道德情境（moral situation)”一词，在广义上指出庄子所讨论的情境[②]。但是庄子自己其实坚信反映“无限事物”是可能的，这比“道德情境”更为广阔。庄子对自然事物及变化的理解，超越了人事的善恶。

庄子笔下的圣人并没有我们通常所谓的“道德”，否则他也不会对孔子及其教义如此不屑一顾。庄子认为圣人依据天而行动，依据事物转型而灭亡，所以他指出圣人有超出人事的道德感，而更适应于自然变化（natural changes)。因此方万全的观点为理解庄子以虚静为“道德感知”（moral perception）的概念提供了新的视角，但同时也限制了庄子形而上学的范围。庄子笔下的圣人依据事物之道自然运动，并且不让任何个人自利的私心干扰与事物一同运动的意愿。葛瑞汉对此的翻译及解释如下：

---

① 释德清：《庄子内篇注》，台北：新文丰出版公司1973年版，第219页。

② 方万全：《庄子的是非之辩与无为定是非》，《哲学论坛论文集》，中国人民大学，2011年。

道家用行为主义者心理状态（behaviorist psychology）的词汇谈论自发性。感（“stir，rouse”）和应（“respond”［primarily “reply” in a dialogue］）这对至关重要的词语让人想起巴甫洛夫的刺激与回馈（“stimulus” and “response”）：

不为福先，不为祸始。感而后应，迫而后动，不得已而后起。

（He will not，to gain and advantage，make the first approach：
He will not，to escape misfortune，start things off.
Only when stirred will he respond，
Only when pressed will he move，
Only when it is inevitable will he rise up.）

这当然不是说圣人会推迟到最后一线可能的时刻，也不是不加谋划地等待时机成熟[①]。按照行为主义心理学的角度观察圣人的行为，自发性需要尽可能地消除自作主张的意向。也就是说，葛瑞汉并没有把圣人的行为看成是被动的，而且认为圣人应该留心情境并付诸行动。庄子在此所强调的不是被动地行动，而是“消除前知与精明智巧”（deleting pre-knowledge and cunning wits）。庄子也强调个人应该放弃自己的理性与解释（reason and interpretation），只跟随自然之理（natural patterns）。圣人遵从天道（natural principle），依据自然原则调整他们自己的行为。因此当圣人有所行动的时候，不会被个人的主观意向尤其是精明智巧所驱使。

这种遵从天道的运动并不简单只是道德视角的结果，而是不经主观审思而通过自然运动的能力体现出来的。它超越了道德与不道德，超越了善与恶。普通人和圣人都有感的能力，但是区别在于普通人在事物与他们产生共鸣之前早早开始运动，并在事物影响他们之前有所行动。他们不会被情境逼迫到不得不回应的地步，而是果断随意地给出强力响应，同时从不遵从道的运动。这种行为是蓄意的，是意志的决断，使得行为只基于个人私欲与想象。

所以，庄子笔下的圣人并没有某种特定的道德观念，因而在道德意义上也就无所谓自然与否、对错与否。庄子强调的并不是一种道德观念，而是一种能够帮助人们超越现实世界中各种困惑和差异的观念。如庄子所言，这些区别大部分都是由于人类自身的观念所造成的，正如我们每个人都喜欢将自己的理解视为绝对客观，从而把各自的理解当作世界的终极真理。庄子并不否认圣人可能会知晓真实情境，但是庄子强调的是遵循天之道的运动，并且用一种镜像思维观察事物。在这一过程中，圣人表现出一种可以消除前知及虚假理性的特殊能力。这是种主动者的行为能力，而不是道德观中的认知。这就是说，庄子笔下的圣人以一种“主动”而非被动的方式行动。通过关联“明”与“天倪”，William A. Callahan 意识到决

---

① Harold D. Roth，*A Companion to Angus C. Graham's Chuang Tzu*，Honolulu：University of Hawaii Press，2003，p. 163.

策和行为的进程需要与即将到来的情境相协调，以便做出情境决策[①]。换言之，这种贤明的智慧和行动并不导致在形而上层面中是与非的真实存在。正如王博所指出的：如果是非无休止地循环运动，那么庄子则想把自己放置在这一循环的中心。不管旋转多么剧烈，在轴心处的事物仍是安宁平静的[②]。王博研究了《庄子》第二章《齐物论》，并主张事物之齐"代表某种态度"（prescription of an attitude）。按照这种态度，如果从道之轴中心的视角考察，差异便会失去了其绝对性[③]。

Joel J. Kupperman 认为，庄子是一个形而上的反实在论哲学家[④]。以著名形而上学意义上的反实在论者托马斯·库恩为例，Kupperman 认为库恩和庄子提出了世界的不同图像，不管我们持有哪种世界图像，世界的另一幅图像都不会自动消散。Kupperman 进而比较了他们是否是相对主义者，并总结说，库恩与庄子两者都否定世俗意义上的相对主义，即任何理论、观点、主张都比其他的要好得多。像库恩一样，庄子当然认为，他自己的观点有优势，并理应给我们展示出来[⑤]。黄勇认为，从道的视角来看，鳅鱼、鸟、人的最佳生存环境都有绝对的判断标准，因此庄子并不是一个相对主义者[⑥]。David Loy 同意这一观点，通过对庄子和龙树关于无真之真（the truth of no truth）的比较，他认为圣人的视角与我们不同[⑦]。按照这些说法，学者们小心仔细地理解庄子所试图论证的，并审慎地给庄子贴上实在论者或相对论者的标签。基于我们对中英文解释文本的解读，我们或许可以得出这样的结论：庄子的形而上学既不应被看作典型的实在论，也不应被理解为简单相对主义的支持者。

四、庄子是怀疑论者还是不可知论者?

庄子对世界的理解经常被打上怀疑论或不可知论的标签，因为《庄子》中有很多篇章似乎清晰否定知晓真理本身的可能性，以及人们领悟世界真理的能力。但艾文贺（Philip J. Ivanhoe）不同意庄子是无视角地观察事物，并反对陈汉生把庄子视为"传说中的怀疑论及强烈的相对主义"的观点[⑧]。通过比较庄子和柏拉图《泰阿泰德篇》，瑞丽认为庄子向知晓

---

① Roger T. Ames, *Wandering at Ease in the Zhuangzi*, Albany: SUNYPress, 1998, p. 183.

② WangBo, "The Philosophy of Zhuangzi, in Contemporary Chinese Thought", *Winter* 2006－7/Vol. 38, No. 2, Jul. 2006, p. 7.

③ 同上。

④ Joel J. Kupperman, *Classic Asian Philosophy: A Guide to the Essential Texts*, Cambridge: Oxford University Press. 2001, p. 113.

⑤ 王叔岷：《庄子校诠》，北京：中华书局 2007 年版，第 115 页。

⑥ Jay Goulding, *China-West Interculture: Toward The Philosophy of World Integration, Essays on Wu Kuang-ming's Thinking*, NY: Global Scholarly Publications, 2008, p. 152.

⑦ Paul Kjellberg and Philip Ivanhoe, eds. *Essays on Skepticism, Relativism and Ethics in the Zhuangzi*, Albany: SUNY Press, 1996, p. 57.

⑧ 同上书，第 200 页。

自我认知真理的能力发起挑战，柏拉图则论证了虚假、真实、观念的存在[①]。

不同于冯友兰判断庄子是一个相对主义者及不可知论者，方万全把庄子视为一个实在论者。他详尽分析了庄子关于无人可以作为裁判的论述，并认为王倪（按字面意思可译为Kingly Boundary）的意思是“对事物真实的理解完全独立于所有视角之外”[②]。这一分析清晰而有说服力，但问题在于：王倪或庄子本人真的怀疑是非之间的区别么？艾文贺不同意陈汉生偏上帝视野的解读，他认为《庄子》“最好被解读为一种旨在扼制我们自我膨胀的糟糕趋势的治疗形式”[③]。根据方万全的解释，庄子承认对错之间的自然之分是存在的，并将其视作客观独立于人类视角之外。他认为，这就是庄子所谓的“自然”（“natural” or “self-so-ing”），即来自于自然自我本身，是同样自然而客观的。在此方万全得出庄子笔下的圣人知晓自然中真实的是非这一结论。

在《齐物论》中，庄子讲述了一个狙猴得橡果更愿意朝四暮三而非朝三暮四的故事：

> 狙公赋芧，曰：“朝三而莫四。”众狙皆怒。曰：“然则朝四而莫三。”众狙皆悦。名实未亏，而喜怒为用，亦因是也。是以圣人和之以是非，而休乎天钧，是之谓两行。[④]

这个故事解释了两种看待真实的不同视角，它们并无对错是非，但在自然真实中的确存在区别（real difference in nature or reality）。圣人明白真实中并没有真正的差异，区别只在于时间和数字。魏家豪将圣人“休乎天钧”翻译为 rests on the potter's wheel of Heaven，并认为这便是圣人的灵活之道（way of being flexible），使他的判断适应于具体的情境[⑤]。然而，普通人像狙猴那样，会在第一种情境下愤怒，在第二种情境下开心。正如王博所指出的，对普通人来说，“彼出于是，是亦因彼”的原则并不是那么显而易见的[⑥]。当然，圣人的视角可能会被当作真的或对的，但圣人并不是从认知能力来独立地看待事物。事实上，圣人的视角也不过只是一种视角，但是庄子推崇这种视角，认为它远比普通人的视角高明理性得多。像庄子所使用的道枢（the axis of *dao*）、环中（the middle of circle）之类的术语，正是某种从中心点起始的道的视角（*dao*-perspective），并渗入到世界大道之中。

至于存在事物的客观性，庄子并未给出任何明确的论断。他没有说我们不能理解客观事

---

① Paul Kjellberg and Philip Ivanhoe, eds. *Essays on Skepticism*, *Relativism and Ethics in the Zhuangzi*, Albany: SUNY Press, 1996, p. 41.

② 方万全：《庄子的是非之辩与无为定是非》，《哲学论坛论文集》，中国人民大学，2011年。

③ Paul Kjellberg and Philip Ivanhoe, eds. , *Essays on Skepticism*, *Relativism and Ethics in the Zhuangzi*, Albany: SUNY Press, 1996, p. 200.

④ Burton Watson, *The Complete Works of Chuang Tzu*, NY: Columbia University Press. 1968, p. 36.

⑤ Wim De Reu, “How to Throw a Pot: The Centrality of the Potter's Wheel in the Zhuangzi”, *Asian Philosophy*, vol. 20, No. 1, 2010, p. 52.

⑥ WangBo, “The Philosophy of Zhuangzi, in Contemporary Chinese Thought”, *Winter*, 2006－7/Vol. 38, No. 2, Jul. 2006, p. 7.

物，所以我们也不能说他的思想本质上是怀疑论。而既然庄子没有支持客观性，我们因此也不能说他的形上学立场是实在论。他并未主张独立于人类认知之外存在客观是非，也不主张我们有能力彻底理解这种客观的是非。

庄子因其语言的模糊吊诡而著名①。艾文贺认为语言只能限制我们对世界的理解，有时甚至会导致我们对世界错误的理解，但是他坚信语言是有益的并且总有更优和更差的理解世界的方式。因此他反对陈汉生从《庄子》中诠释出怀疑主义的解读②。一些学者如葛瑞汉进一步宣称“正如所有伟大的反理性主义者（anti-rationalists）那样，庄子有自己的理由不听从于理性”③。王又如对此表示反对并写道：

> 庄子不反对逻辑。在书中有这样一段众所周知的文字，表明庄子在一次辩论中用归谬法（reductio ad absurdum）与名家惠施辩论鱼之乐。葛瑞汉认为庄子拒绝逻辑、排斥理性其实是站不住脚的，是对庄子的误解。尽管庄子更喜欢用悖论，但使用悖论并不可以简化为不合逻辑④。

正如艾文贺所指出的，陈汉生把庄子的语言视为怀疑论更为合理，但是“这一观点并不导致强相对主义”。他也不同意黄百锐（David B. Wong）把庄子归于其所谓的“道德相对主义”范围中⑤。Mark Berkson 比较了庄子和德里达，认为他们都“用一种主要源自语言的视角关系相对主义的关于语言怀疑论，挑战了传统观点”⑥。这一比较值得仔细推敲，例如怀疑论所扮演的角色应该得到限定与澄清。Eric Schwitzgebel 认为庄子不是一个哲学意义上激进的怀疑论者⑦，相反，对他来说，庄子应该被看作是在日常意义上的怀疑论者，他还同意艾文贺“治疗意向”（therapeutic intent）的观点⑧。正如安乐哲对庄子“近知”（proximate knowing）的翻译所体现出的那样⑨，庄子其实确信自己感知到鱼体验到了快乐。基于对庄子如何知晓世界的中英双语解读，我们应该小心谨慎地将庄子视为怀疑论者，因为他的“道的视野”（*dao*'s-eye-view）明确显示出了他的这一偏好。我们或许可以说，庄子的讨论

---

① Steve Coutinho, *Zhuangzi and Early Chinese Philosophy*: *Vagueness*, *Transformation and Paradox*, Aldershot, U. K.: Ashgate, 2004.

② Paul Kjellberg and Philip Ivanhoe, eds., *Essays on Skepticism*, *Relativism and Ethics in the Zhuangzi*, Albany: SUNY Press, 1996, p. 199.

③ A. C. Graham, *Chuang-Tzu*: *The Inner Chapters*, Indianapolis/Cambridge: Hackett, 2001, p. 9.

④ Wang Youru, *Linguistic Strategies in Daoist Zhuangzi and Chan Buddhism*: *The Other Way of Speaking*, London and NY: Routledge, 2003, p. 157.

⑤ Paul Kjellberg and Philip Ivanhoe, eds., *Essays on Skepticism*, *Relativism and Ethics in the Zhuangzi*, Albany: SUNY Press, 1996, pp. 202, 210.

⑥ 同上。

⑦ 同上书，第 88 页。

⑧ 同上书，第 91－92 页。

⑨ Roger T. Ames, *Wandering at Ease in the Zhuangzi*, Albany: SUNY Press, 1998, p. 221.

表面上指向一种怀疑论的态度，但是，事实上他一贯支持将某一特定的视角发展出相关的形上学论证。因此，“休乎天钧”的观点代表着他通往反映事物真实情境的方法。总而言之，庄子哲学不应被看作不可知论，也并不是哲学意义上怀疑论的最佳范例，因为他坚信从天枢视角观察事物、理解真理的可能性。

结语

针对庄子是实在论者还是相对论者，是怀疑论者还是不可知论者的争论，本文基于历史上《庄子》解释学文本所给出的证据，论证了把“天倪”翻译为“自然之分（natural division)”是一种误读。笔者更倾向于将其翻译为“天轴（the heavenly axis)”，并且否认那种认为可以把庄子看成实在论者并声称自然之分客观存在的论证。在我看来，庄子的形而上学不应被视为一种实在论，因为庄子强调的是“道的视野”（*dao*'s-eye-view）而不是存在物（beings）的存在。他的认识论观点也不是相对主义，这一术语已让庄子备受误解。另外，庄子认为我们可以对世界有确定的理解，所以他也不是一个一般意义上的怀疑论者。如果把他视为哲学意义上的怀疑论者，那就需要倍加小心。而且，庄子并未声称我们不能理解世界的真实存在，因为他强调圣人从作为“天钧”的道之视角观察事物，因此庄子也不应被简单理解为不可知论者。

老子學刊

传统文化与三教关系研究

明代“三教合流”思潮的发展与演变

——以儒道僧的交游活动为视角

寇　磊*

内容提要：从明初朱元璋提出“三教并用”开始，明代“三教合流”思潮经过不断地发展、演变，到了晚明，已成为社会主流思想。林兆恩“三一教”的创立，及其影响的扩大，更是标志着这种思潮达到顶峰。虽然“三教合流”观念早已有之，但明代“三教合流”思潮无论在深度还是广度上，都迥异于其他朝代。本文试以儒、道、僧三教人士的交游活动为视角，以梳理文献的方式，通过对“三教合流”思潮中的重要人物进行分析，来理清明代“三教合流”思潮的发展和演变过程，探讨这股思潮对儒、释、道三教以及当时社会文化所产生的影响。

关键词：三教合流　明代　儒释道　交游　世俗化

将儒、释、道统称为“三教”的说法最早可追溯到北周时期。自唐以降，儒释道形成三足鼎立的局面，三教之间时而包容、时而排斥，但总体上呈现出“三教合流”的趋势。经过隋唐时期的三教讲论与融通，宋朝儒士援佛入理，形成理学。到元明，尤其是晚明，“三教合流”已成社会主流思想，蔚然成风。林兆恩“三一教”的创立，更是标志着“三教合流”由一股文化思潮逐渐演变为体系完备的民间秘密宗教，“三教合流”思潮达到顶峰。明代“三教合流”思潮的发展与演变与明代儒士亲佛、亲道之风是分不开的，儒、释、道三教人士的相互交游、相互影响，使得明代“三教合流”思潮无论在深度还是广度上，都迥异于其他朝代。

---

* 寇磊（1994—），男，四川师范大学文学院美学专业硕士研究生，主要研究方向为道教文化、道教美学、中国古代生活美学。

一、道士与儒士的交游之风

在传统社会里，儒家的代表主要有两类：封建帝王与博学的儒士[①]。因此，明代“三教合流”思潮最早可以追溯到明朝开国皇帝朱元璋。明朝建立之初，朱元璋提倡“三教并用”，制定了以儒为主，佛、道为辅的方针，试图通过道教来加强思想统治。但另一方面，朱元璋又担心道教力量过于壮大，于是出台了一系列整顿与限制措施。这些政策经明成祖的完善，为后代皇帝所沿袭，尽管在执行时稍有差别，但上至帝王下至普通百姓，与道士的交游活动从未中断。具有重大影响力的儒士与道士频繁的交游活动，是明朝“三教合流”思潮走向顶峰的重要推手。

明朝之初，朱元璋主要是利用道教神力，宣扬皇权天授，如制造从出生到即位的种种异象。据《明太祖实录》记载，朱元璋母亲陈氏在怀孕期间曾得一道士赠白药一丸，陈氏吞服后朱元璋出生，且红光满室。此外，朱元璋等人还编造了紫衣真人庇护他的故事，如指言风水、占卜起义，即位前紫衣真人授其真人服和剑等。朱元璋通过大肆宣扬道教对他的护持，打造君权神授的神话，以此来维护大明王朝的统治。朱元璋与道士的交游主要体现在两个方面。第一是夺取政权时期，有道士或方士为其出谋划策。如朱元璋重要谋士刘伯温，精通天文地理，谙熟术数，在刘伯温所流传下来的事迹中，大多与道教方术有关。道士周癫也是朱元璋的重要谋士，据记载，他曾多次参与朱元璋行军作战的决策。第二是朱元璋即位后，征召、封授大批有影响力的道士，使之为明王朝服务。如正一派首领、张陵第四十二代孙天师张正常，受到朱元璋的特别尊崇。早在朱元璋称帝之前，就曾派人求访张天师，张天师派人上签，呈上“天运有归”的符咒，朱元璋手书赏赐。称帝之后，张正常入贺，朱元璋授其真人称号，命其领道教事，后取天师称号，改称为大真人。即便在其去世后，其子仍然受到极大的恩宠。此外，朱元璋还大量征召道士，其中著名的有：周玄真、张友霖、邓仲修、刘渊然等。洪武元年，朱元璋召周玄真到京师求雨，应验。洪武三年，太祖“欲问鬼神情状于道家者流”，玄真“被召，赐燕于光禄寺，礼遣其还”。四年九月，太祖又召其至京，“见于武楼，从容赐坐，访雷霆所以神之故，闻后，悦”[②]。

洪武四年，张友霖与黄裳吉、邓仲修同时被召，奏对称旨，赐食禁中而退。明年春，屡乞还山，朱元璋“命中书留之，且有白金之赐”[③]。此外，明太祖还先后征召过道士黄菊仙、张三丰、丘玄清、徐子明、孙碧云等人，除张三丰没有找到外，其余几人全都应召入京。

朱元璋之后的明朝统治者，大多沿袭前制，尊奉与提倡道教的同时对其加以整顿和限

---

① 李四龙：《论儒释道三教合流的类型》，《北京大学学报》（哲学社会科学版）2011年第2期，第51页。

② （明）宋濂：《宋学士文集》卷一二《周尊师小传》，四部丛刊本，杭州：浙江古籍出版社1999年版，第612页。

③ （明）宋濂：《宋学士文集》卷一五《太上清正一万寿宫住持提点张公碑铭有序》，杭州：浙江古籍出版社1999年版，第637页。

制，但皇帝与道士的交游活动从未中断。他们或请道士卜卦扶乩、求丹问药，或重用道士，请其出谋划策。崇道之风在宪宗时期达到高峰。皇帝宠信道士，不吝封赏。许多道士因此加官晋爵。如李孜省本是京师一个小吏，因为擅长祈禳之术，深得宪宗宠信，八年间，官至礼部侍郎、掌通政司事。除了李孜省外，以方术获得宠信并获得高位的道士甚多，“诸杂流加侍郎、通政、太常、太仆、尚宝者不计其数”①。至嘉靖年间，明朝的崇道之风已登峰造极。嘉靖极度信任道士、方士，并赐以高官厚禄，其中著名的有：邵元节、陶仲文、蓝田玉、龚中佩等人。邵元节本是龙虎山上清宫道士，嘉靖三年被召入京师，见于便殿，大加宠信，使居显灵宫，专司祈祷。陶仲文因擅长祈祷与房中术深得嘉靖皇帝宠信。嘉靖二十一年，世宗遭宫婢之变，移居西内，日求长生，君臣不相见，独仲文时得见，见辄赐坐，称师而不名②。

由于帝王的崇好，道教在明代总体上保持着较大的影响力。当时的士人风气，以与佛、道二教的人士交往为雅。正在这样的风气之下，明代“三教合流”思潮无论在深度还是广度方面，都远胜于其他朝代。王阳明创立的心学，集宋、明以来主观唯心主义思想之大成，几乎取代程朱理学的官学地位，对明代中后期甚至清代，都产生了重大而深远的影响。同时，王阳明的心学在明代儒、佛、道“三教合流”思潮的发展与流变中，也起着至关重要的作用。清代学者张履祥明确指出：“‘三教合一’之说莫盛于阳明之门。察其立言之意，盖欲使墨尽归于儒……”③ 王阳明亦有自述：“余亦自幼笃志二氏，自谓既有所得，谓儒者为不足学……始自叹悔错用了三十年气力。大抵二氏之学，其妙与圣人只有毫厘之间。”④ 由此可以看出，王阳明的思想受道、佛影响之大。

王阳明与道士的渊源可以追溯到他的幼年时期。早年因其体弱多病，王阳明的家人尤好神仙之说，常与道士往来，这种氛围也深深影响到了王阳明。据记载，在他成婚的当天“偶闲行入铁柱宫，遇道士趺坐一榻，即而叩之，因闻养生之说，遂相与对坐忘归”⑤。王阳明三十九岁时，专程前往华山拜访善谈仙道的蔡蓬头，并作了《九华山赋》：“蓬壶之藐藐兮，列仙之所逃兮；九华之矫矫兮，吾将于此巢兮。匪尘心之足搅兮，念鞠育之劬劳兮。苟初心之可绍兮，永矢弗挠兮！”⑥ 以此来表达他对生活的深刻体悟，以及对道教出世生活的向往。嘉靖二年（1523）十一月，王阳明来到萧山，张元冲向他请教二氏之学，王阳明说：“二氏之用，皆我之用：即吾尽性至命中完养此身谓之仙；即吾尽性至命中不染世累谓之佛。但后世儒者不见圣学之全，故与二氏成二见耳。譬之厅堂三间共为一厅，儒者不知皆为吾用，见

① （清）张廷玉等：《明史》卷三零七《李孜省传》，北京：中华书局1974年版，第1326页。
② 陈宝良：《明代社会转型与文化变迁》，重庆：重庆大学出版社2014年版，第164页。
③ （明）张履祥：《杨园先生全集》卷二十八《愿学记》，北京：中华书局2002年版，第764页。
④ （明）王阳明：《传习录》上，《王阳明全集》，上海：上海古籍出版社1992年版，第36页。
⑤ 《王阳明全集》卷三十八《世德纪》，上海：上海古籍出版社1992年版，第796页。
⑥ 同上书，第659页。

佛氏，则割左边一间与之；见老氏，则割右边一间与之；而已则自处中间，皆举一而废百也。圣人与天地民物同体，儒、佛、老、庄皆吾之用，是之谓大道。”① 从王阳明的年谱中，我们可以看到大量关于他与道士交游的记载，在他的一生中，道教不仅是他的精神避难所，亦是他重要的思想来源。

在晚明，以王阳明心学的追随者为中心，一大批学者与之呼应，“三教合流”思潮一时甚嚣尘上，成为当时社会主流思想。王门后学中主张“三教合一”且影响较大的有罗汝芳、王畿、焦竑、王宗沐等人。罗汝芳是当时王学的重镇，代表着王学的主要发展方向。据史料记载，罗汝芳与道士、僧人均有交往，他与养生师胡清虚交往甚密，在一起谈论“烧炼、采取、飞升”②。王畿亦与道士交游甚密，他用道教的内丹理论来解释王阳明的“致良知”，且明确提出了“三教合一”的观念：“吾儒未尝不说虚，不说寂，不说微，不说密。此是千圣相传之密藏，从此悟入，乃是范围三教之宗。”③ 王宗汝是王阳明的再传弟子，他深受道教影响。据记载，他“师事欧阳南野，少从二氏而入”④，用道教理论来阐释王学中的“工夫”问题，可见在他心中王学的思想与道教思想具有相通性。焦竑在明代学术史上具有独特地位，他的思想兼容并收，亲近佛、道，他尝试对道教思想分门别类，以恢复其本来面目。他将儒、佛、道统一于“性命之理”上，他说：“性命之理，孔子罕言之，老子累言之，释氏极言之……故释氏之典一通，孔子之言立悟，无二理也。”⑤ 这段话可以看作是明代“三教合流”思想的总结之言。

二、道士与僧人的世俗化及其影响

僧人作为出家之人，本应超脱红尘，远离世俗。但到了明代，佛教的世俗化程度亦日益加深。其表现主要有以下几点：其一是僧人开始打破清规，四处游荡，导致游方僧遍地皆是，明人有言：“京师僧海也，名蓝精刹甲宇内，三民居而一，而香火之盛，赡养之腆……故十方缁流咸辐辏于是。”⑥ 其二是僧人娶妻、重利。虽然僧人娶妻的现象前代早已有之，但远不及明代普遍，如凤阳大龙兴寺，前辈老僧可有妻室，但后辈僧人若娶，众僧辱之。到了明末，僧人一概“荤娶”，福建邵武、汀州的僧人都有娶妻的现象。“寺僧数百，推一人削发，余如民俗。”⑦ 其三是僧人四处结交儒士和商人，在思想和行为上都深受其影响，在僧

① 《王阳明全集》卷三十八《世德纪》，上海：上海古籍出版社 1992 年版，第 703 页。

② （明）谈迁：《国榷》卷 78 神宗万历二十六年（1598）十二月甲寅条，北京：中华书局 1988 年版，第 4824 页。

③ （明）王畿著，吴震编校整理：《王畿集》卷一《三山丽泽录》，南京：凤凰出版社 2007 年版，第 37 页。

④ （清）黄宗羲：《明儒学案》卷十五《浙中王门学案五》，北京：中华书局 1985 年版，第 90 页。

⑤ （明）焦竑：《支谈》上，（明）陈继儒编：《宝颜堂秘笈》，北京：中华书局 1991 年版，第 37 页。

⑥ （明）王元翰：《凝翠集・文集》，《云南丛书》，民国间云南图书馆刻本，北京：书目文献出版社 1987 年版，第 46 页。

⑦ （明）谈迁：《枣林杂俎》义集《僧娶妻室》，北京：中华书局 2006 年版，第 302 页。

人中甚至流行起了老爷一类的称谓[①]。

明代僧人日趋频繁参与世俗活动，一方面可以看作是其为适应自身生存与发展而做出的调整，另一方面我们也可以从中看到道教的世俗行为对其的影响。道教自诞生之初起，就与世俗生活密不可分，甚至强调先在世俗中修人道，再修仙道，紧贴中国人的日常生活状态。归庄的《归庄集》中有这样一则记叙：“（吕）贞九之师李天木先生，久闻其名而未识面……叩以玄理，先生之言，简易平实，大抵谓道不离日用饮食，不必绝俗离世，长往深山也。”[②]游方道士与火居道士世俗化特征尤为明显。游方道士游走于市井百姓之家、公卿贵族之门，或驱邪捉鬼，或供斋醮神，沾满世俗烟火之气；正一派天师道火居道士，更是在家修行，不禁娶妻，可食酒荤（除牛肉、雁肉、狗肉、乌鱼肉），与世俗中人的生活几乎无异。

游方僧的大量出现，以及僧人主动结交儒士和商人，使得明代由下及上的亲佛之风日益兴盛。朱元璋曾多次召集天下高僧举办法会，以此超度战亡的将士，以及为国家祈福。据宋濂的记载，太祖“端居穆清，悯念四海兵争将卒庶民多殁于非命，精爽无依，非佛世尊不足以度之。（洪武元年）秋九月，招江南大浮图十余人，于蒋山禅寺做大法会……二年春三月，复用元年故事”[③]。每次法会朱元璋都会邀请天下有名的高僧前来集会，诸如梵琦、昙噩、惠日、来复等，升座说法，举办典礼。对于来到京城的高僧，朱元璋皆以礼相待，其中有多名高僧与朱元璋交往密切，如东溟惠日，“朱颜白眉”召见时“但以白眉呼之而不名”[④]；季潭宗泐，“时见临幸，日有赐膳，尝和其诗，称其泐翁”[⑤]。朱元璋还多次召集僧人进入宫内，和诗问法，如日章祖称“上数招入禁中问佛法大意”[⑥]，甚至“敕止宿翰林院，以备顾问”[⑦]。朱元璋还曾颁布《拔儒僧入仕论》，主张任用儒僧为官。僧吴印、华克勤等“皆拔擢至大官，时时寄以耳目”[⑧]。除此之外，朱元璋还鼓励僧人游方问道，允许随处结坛，“日则讲经说教，度化一方，夜则取静修心”[⑨]。上若好之，下必应之。被朱元璋称为“开国文臣之首”的宋濂，不仅是明初著名的大儒，对佛学也有极为精深的研究，自号“无相居士”。由于宋濂精通佛学，而名僧宗泐又精通儒学，朱元璋曾戏称他们为：“泐秀才，宋和尚。”[⑩]

---

① （明）管志道：《从先维俗议》卷二《缘父子师徒名义以定隶属胥徒童仆称呼议》，海口：海南出版社2001年版，第58页。

② （明）归庄：《归庄集》卷五《与集勋》，上海：上海古籍出版社1984年版，第309页。

③ （明）宋濂：《宋学士文集》卷五《佛日普照惠辩禅师塔铭》，四部丛刊本。杭州：浙江古籍出版社1999年版，第521页。

④ 释如惺：《大明高僧传》卷三《杭州上天竺寺沙门释惠日传》，上海古籍出版社1991年版，第95页。

⑤ 喻谦：《新续高僧传四集》卷二《明临安净慈寺沙门释宗勒传》，上海古籍出版社1991年版，第342页。

⑥ （明）释妙声：《东皋录》卷下《故惠辩普闻法师塔铭》，《文渊阁四库全书》，上海辞书出版社2006年版，第523页

⑦ 同上书，第523页。

⑧ （清）张廷玉等：《明史》卷一二九《李仕鲁传》，北京：中华书局1974年版，第1523页。

⑨ （明）葛寅亮：《金陵梵刹志》卷二《钦录集》，南京：南京出版社2013年版，第125页。

⑩ （明）焦竑：《玉堂丛语》卷六《品藻》，北京：中华书局1997年版，第198页。

宋濂与佛僧交往颇为密切，如天界寺僧恕中和尚，擅长写诗，宋濂每遇休沐，必访恕中[①]。宋濂与梵琦和尚亦有较频繁的交往，“相与叹玄，梵琦叹为不意儒者所造，直至于此”[②]。宋濂主张“儒佛一致”，认为佛家的心性学说与儒家的孝道理论具有一致性，认为佛家的“明心见性”与儒家的“存心养性”，均属圣人之学，源于一心。此外，佛家虽然讲究出世，但对父母行孝道这一观点，与儒家是不谋而合的，都反映了基本的社会伦理准则。宋濂经常与明太祖探讨佛学，因而，他的“儒佛一致”的学说深深影响了明太祖，在某种程度来说也是对明太祖“三教并用”思想的阐释与发扬。宋濂作为明初最有名的学者和政治家，他的“儒佛一致”的观点可以说是当时文坛的主流，其对后学弟子及同时代文人的影响不可低估。

明代中期，王阳明创立心学，在宋朝陆九渊心学的基础上，吸收禅宗本体论、心性说和思维方式，形成了明朝影响最大的一种学说。王阳明心学的创立与当时社会上亲佛的风气不无关系。在心学产生之前，他辗转各地，遍求佛刹，拜访高僧，曾有一段参禅学佛的经历，“出入于佛老者久之”[③]。王阳明创立的心学以“致良知”为宗旨，明显可以看出是受佛教“明心见性”思想的影响。在儒、佛、道“三教合流”的发展与流变中，王阳明起到了至关重要的作用。在王阳明之前，朱元璋虽早已提出“三教并用”的观点，但究其本质，不过是利用佛、道的教化功能巩固其统治，所采用的方法也仅仅是流于表面。而王阳明则是融合儒、佛、道思想创立心学，影响了整个晚明思想界。

据《白沙先生行状》记载，当时大儒陈献章曾与佛教人士往来密切，他与当时的高僧太虚常互通书信。陈献章与太虚并非简单的世俗交往，而是儒释思想的相互碰撞。陈献章曾称赞太虚：“太虚师真无累于外物，无累于形骸。”[④] 他们还共同探讨儒释思想的异同，称：“儒与释不同，其无累同也。”[⑤] 正是在这大批具有影响力儒士的带动下，儒士与僧人相交已成为风气，“三教合流”思潮渐成气候。

“在晚明，以王门后学为中心，再有一大批学者相呼应，三教合一之说一时甚嚣尘上甚至影响及于科举考试的八股文字。”[⑥] 此时，儒士与僧人的交游之风达到极盛。王门弟子罗汝芳、王畿、何心隐、王艮等，多与僧人往来，深受禅学影响，被世人目为“狂禅”。如罗汝芳，据记载：“罗近溪大参酷好禅学，方僧常满座。两子皆为所诱，一旦弃父母妻孥去，莫知所终。”[⑦] 此时的士大夫不仅与僧人相交，还结成了诸如“放生社”“澹社”一类的团

① （明）徐㶿：《徐氏笔精》卷五《恕中谒》，《碧琳琅馆丛书》，清宣统元年（1909）刊本，上海：上海古籍出版社1992年版，第272页。

② （明）宋濂：《惠辩琦禅师志略》，葛寅亮：《金陵梵刹志》卷三《钟山灵古寺》，杭州：浙江古籍出版社1999年版，第135页。

③ （清）黄宗羲：《明儒学案》卷十《文成王阳明先生守仁》，北京：中华书局1985年版，第47页。

④ 陈献章：《陈献章集》卷二《与太虚》，北京：中华书局1987年版，第225页。

⑤ 陈献章：《陈献章集》卷五《与太虚上人用旧韵》，北京：中华书局1987年版，第433页。

⑥ 陈宝良：《明代社会转型与文化变迁》，重庆：重庆大学出版社2014年版，第331页。

⑦ （明）伍袁萃：《林居漫录畸集》卷二，《四库全书存目丛书》，济南：齐鲁书社1997年版，第1312页。

体[①]。袁黄是明末影响最大的思想家之一，早在他生前，民间已开始私绘其像，饮食必祭，家家尸祝。明末学者张履祥言：“近世袁黄、李贽混佛老于学术，原本于圣人之道不明，洪水猛兽，盖在于人之心术也。”[②] 可谓一语道破其思想的本质。据杨士范记载袁黄曾“入终南山，遇异人，令其入尘修炼，谓一切世法皆与事理不相违背，遂赴归家应举，四方从游者甚众”[③]。袁黄最大的贡献在于其所作的《功过格》一类的善书，而这类书的核心思想，则是报应、阴骘，其根仍然是儒佛道的三教合一。李贽是晚明思想家中的一个异类，他出入儒佛之间，尤其喜好禅宗，喜与僧侣交往。早在万历五年至八年（1577—1580）他出任姚安知府期间，就对佛学有过系统的研究，且在簿书之暇，日与名僧论玄虚，谈佛旨。他在《三教品》明确提出：“三教圣人，顶天立地，不容异同明矣。故曰：天下无二道，圣贤无两心。为此李贽断言：儒释道之学一也，以其初皆期于闻道也。”[④] 他认为闻道的根本在于抛弃假道学，追求真道学，而追求真道学的方式就是落发为僧。由此不难看出，李贽所受佛教影响之深。

袁黄和李贽是明代“三教合流”思潮中极为重要的两位思想家。随着二人学说的盛行，一大批儒士加入了与僧人的交游中，其中著名的有：屠隆、陶望龄、三袁（宗道、弘道、中道）、以及竟陵钟惺、谭元春等。他们中又以三袁中的长兄袁宗道影响最大。他喜欢与不知名、不识面的怪僧交游，他曾有诗自述：“与君三载游燕市，方内共结烟霞侣。清夜焚香理法正，临风挥尘谈玄理。”[⑤] 正是在一大批具有影响力的文人的倡导之下，配合晚明四大高僧的出现，士大夫中的悦禅之风达到极盛。“缙绅士大夫亦有捧咒念佛，奉僧膜拜，手持数珠以为律戒，室悬妙像以为皈依，不知遵孔子家法，而溺意于禅教沙门者。”[⑥] 在这样的悦佛风气之中，“三教合流”思潮达到鼎盛。

三、“三一教”的产生与流变

“三一教”的出现无疑可以看作是明代“三教合流”发展的顶峰，它标志着“三教合流”由一股文化思潮逐渐演变为体系完备的民间宗教。“三一教”的创立者林兆恩出生于福建莆田的一个官宦世家，从小接受儒家文化的熏陶，立志走科举入仕的道路。但在多次科考失败后决定“弃去举子业”，开始“志于圣人之学焉，遍扣三门，凡略有道者，辄拜访之，厚币

① 陈宝良：《明代社会转型与文化变迁》，重庆：重庆大学出版社 2014 年版，第 344 页。

② 张履祥：《杨园先生全集》卷二十七，《愿学记》，北京：中华书局 2014 年版，第 748 页。

③ （明）杨士范：《刻了凡杂著序》，（明）袁黄：《了凡杂著九种》明万历三十三年（1605）余氏刻本，北京：书目文献出版社 1998 年版，第 352 页。

④ （明）李贽：《初潭集》卷一一《释教》，北京：中华书局 1974 年版，第 143 页。

⑤ （明）袁宗道著，钱伯城标点：《白苏斋内集》卷一《送吴尚之太史谒告归桐城》，上海：上海古籍出版社 2007 年版，第 2 页。

⑥ 《明神宗实录》卷三六九，北京：中华书局 2016 年版，第 2235 页。

之。或邂逅儒服玄装，虽甚庸流，亦长跪请教，如醉如癫者，十数年如此求道”①。与林兆恩交游的人中对他影响较大的主要有罗洪先、何心隐、卓晚春等人。其中，罗洪先是王阳明的学生，他与林兆恩有较为频繁的书信往来，在信中林兆恩提出了他在理解儒学和老子道教学说时所遇到的困难。在此情况下“今皆弃去，而幸闻三教合一之旨，其于孔子之一贯，老子之得一，释迦之皈一，颇能通其理而会其机矣”②。从这里不仅可以看出林兆恩与王门后学的亲密关系，亦可以看出他们之间关于“三教合流”思想的交流。另一个对林兆恩产生较大影响的是卓晚春，《林子本行实录》记载卓晚春：“少小称神算，不读书，而能诗，复善草书，自号曰上阳子，曰无山子，人尝称小仙。”③ 林兆恩与卓晚春关系密切，两人“遂相友善，纵酒行歌，人遂称为卓狂林癫云”④。林兆恩与卓晚春的交游不单单体现在日常生活中，在学术思想上，卓晚春的道教理论和思想亦对林兆恩产生了深刻的影响。

林兆恩创立的三一教，由于其思想体系的完备和新奇，吸引了一大批知识分子和各阶层人士，其影响由福建莆田逐步扩展到江南地区，甚至全国。如时人周元标认为其学术醇正，“是有体有用之学，在世出世之津梁也”⑤。耿定向向皇帝推荐林兆恩等人，称赞他们：“或具邃学纯履，或负奇气疏才，是皆羽翮之美，故非徒背腹之毛也。”⑥ 时士子、官员多对他推崇备至，“江以南，方内外之士群然北面而师之”⑦。林兆恩之徒张乐田曾任松江仓大使，专门传授三一教之道。“凡入道者，馈银五分为贽，誓不滥传他人，然后受教，口念三教先生不辍，工夫在艮背。一时多从游者，举国若狂，互相称许。”⑧ 从这些记载中我们不难看出，三一教在当时产生了全国性的影响。万历十五年（1587），浙江方士扶鸾画三教合一图，称：“今诸神朝天，见玉皇天尊，所事者乃三教合一像，即今之三教先生也，可传祀之。”⑨林兆恩一跃成为“三一教主”，接受世人香火供奉。

林兆恩去世后三一教一分为二。一派以林兆恩的表弟林兆珂为代表，他试图恢复林兆恩学说的本来面目，恪守三一教的学术传统，抨击三一教徒的宗教活动，其仅在知识分子中间有影响。另一派则是从宗教立场继承林兆恩的“三教合一”理论。他们进一步加强了对林兆恩的神化，完善三一教教规、教仪、教阶制度，发展三一教的宗教哲学和宗教伦理，使三一

① （明）张洪都：《林子实行》，《林子全集》贞部，《北京图书馆古籍珍本丛刊子部·杂家类》第63册，明崇祯影印本，北京：书目文献出版社1998年版，1205页。

② （明）林兆恩：《林子三教正宗统论》第1册《三教合一大旨·寄罗念庵公》，莆田：东山祖祠1992年版，第273页。

③ （明）卢文辉：《林子本行实录》，莆田：东山祖祠1995年重印版，第137页。

④ 同上书，第137页。

⑤ （明）释真懒：《金陵中一堂行实》，《林子全集》贞部第9册，北京：书目文献出版社1998年版，第321页。

⑥ （明）耿定向：《耿天台先生文集》卷二《奏疏·广贤路端士趋以弘圣治疏》，《中国基本古籍库》本，北京：北京大学出版社2010年版，第421页。

⑦ （明）何乔远：《名山藏》卷九七《本土记·林兆恩》，福州：福建人民出版社2010年版，第125页。

⑧ （明）李绍文：《云间杂志》卷一，黄氏家藏影印本，上海：瑞华印书局1935年版，第63页。

⑨ （清）陈衷瑜：《林子本行实录》，莆田：东山祖祠1995年重印版，第232页。

教从民间学术团体，转变为有较大影响的民间秘密宗教。“到明末清初，三一教成为跨越江、浙、闽，并远及北直隶的大教派。”① 三一教作为一种民间宗教，其存在历史固然不长，但从其思想基础和信仰形式中，我们不难看出，“三教合流”已成为明代社会的一种普遍观念。

结　语

从明初朱元璋提出“三教并用”开始，明代“三教合流”思潮经过不断地发展、演变，到了晚明，已成为社会主流思想。尤其是三一教的创立，以及其影响的不断扩大，标志着这种思潮达到顶峰。不可否认，三教合流的观念早在明代之前就已存在，但我们不能简单地将明代的“三教合流”思潮当作是对前代的继承，因为无论是在深度上还是在广度上，明代都是独一无二的。最初倡导“三教合流”的仅是上层儒士，但究其影响，早已遍及一般士子和普通百姓。据《明神宗实录》记载士子时文“不用六经、甚取佛经、道藏，摘其句法口语为之”②。“三教合流”思想已渗入八股文，足见其影响之深远。明代儒、佛、道三教合流的过程，实际上可看作是儒、释、道世俗化的过程，三教人士间交游之风的兴盛，便是这种世俗化的一个侧面。这种世俗化的最终后果便是佛、道由远离人情物理的虚寂、玄远，回归具有人情味的世俗世界，儒家也从程朱理学极端化的天理中解脱出来，转而去探寻求个体意识中的“良知”。儒释道三教的世俗化，使得“三教合流”思潮更加深入民间，在明代各个文化领域都留下了深浅不一的印记。

---

① 何孝荣等：《明朝宗教》，南京：南京出版社 2013 年版，第 358 页。

② 《明神宗实录》卷一八三，台北：“中央研究院”历史语言研究所 1966 年校印版，第 2217 页。

汉代画像石中的牛形象崇拜初探

张雪敏　李　冀*

内容提要：牛作为古人日常接触中较为频繁的家畜之一，在以农业文明为主的中国社会中，发挥着重要的作用。牛不仅可以食用、耕地，还能给人们的农耕生活带来一些趣味，如斗牛。不仅如此，人们根据牛的象征意味，还形成了其特有的信仰，例如以牵牛星为代表的星辰崇拜和以“牛首人身”形象为代表的原始神仙崇拜。探求汉代画像石所展现的牛形象可为了解汉代民众的生活提供重要参考。

关键词：画像石　牛崇拜　牵牛星　牛首人身

汉代在中国历史中留下了璀璨的文化遗产，这一时期不仅诞生了以董仲舒为代表的儒家神学体系，也有以张道陵为首的道教教团，二者都对中国历史文化产生了深远的影响。以往学界在研究汉代民间信仰的过程中偏重于文献考察，而随着考古发掘的推进，一批具有代表性的遗迹展现在世人面前，其中汉代画像石正为代表之一。画像石是汉代地下墓室等建筑上雕刻画像的建筑构石，这些画像反映了汉代人们多彩的生活面貌和绚丽的信仰世界。在多样的画像当中，笔者发现，“牛”常常存于其中，不同的牛的形象，为我们揭开了汉代民众生活的面纱。

关于牛的研究，前人也不乏论述，如詹秋萍的《秦汉牛政研究》①、杨向春的《唐代的耕牛与牛耕》②、樊小玲的《牛郎织女传说中牛意象的文化解读》③、刘西诺《滇池区域青铜

* 张雪敏，女，四川成都人，四川师范大学2018级中国哲学专业硕士研究生。李冀，男，河北秦皇岛人，哲学博士，四川大学道教与宗教文化研究所副研究员。

① 詹秋萍：《秦汉牛政研究》，湖南大学硕士论文，2017年。

② 杨向春：《唐代的耕牛与牛耕》，陕西师范大学硕士论文，2010年。

③ 樊小玲：《牛郎织女传说中牛意象的文化解读》，《长江大学学报》2015年第3期。

器上的动物形象探究——以蛇和牛为中心》[1]、郭俊然的《论秦汉时牛的数量与用途》以及罗义群的《苗族牛崇拜文化论》[2]。这些论著从不同的方面探讨了中国的牛文化，但是在材料选取方面还有不完善的地方。而本文在前人的研究的基础之上，以画像石为串联点，为人们勾勒出一幅汉人的民俗生活图景。

一、农业文明中的牛形象崇拜

中国是世界农业起源地之一，作为一个农业大国，在数千年的农业文明史中，有一个不可忽略的动物——牛。牛耕的运用对中国古代农业的发展有着相当重要的意义。汉代画像石中存在很多牛耕图，例如江苏睢宁双沟东汉图像石牛耕图（图一）[3] 和陕西米脂东汉画像石牛耕图（图二）[4]。

图一

图二

这两幅图中都是采用二牛抬杠式的耕牛法“耦犁”。米脂耕牛图较有代表性，《汉代画像石》里这样描述它：“米脂出土的牛耕图清晰地显现了汉代耦犁耕作的情景。图中，一根绳的两端系住两头牛的牛鼻环，一根犁衡（即两牛抬杠中抬的那根横木杠）架在两头牛的肩上。这既能固定两头牛之间的距离，迫使它们驯顺的工作，而且能起到协调两牛行动的作用。衡的另一个作用是挽犁，因为肩是牛最为得力的部位，把衡固定在牛肩上，正可最大地发挥出牛力的作用。”[5] 由此可见，在汉代，牛耕虽然呈现着原始性生产特征，但是已有了一定技术上的成就，人们依据牛身体各部位的特点，发明牛耕器具，提升了生产力。

以上两幅图都是多牛一犁的形式，这种耕种形式较为普遍，但还有其他牛耕形式，如陕西绥德出土的一牛挽一犁石刻画上，只有一农夫扶犁耕田（见图三）。[6] 这种单人单牛的耕地方式展现了古代农耕方式的多样性和灵活性。多人多牛耦犁因占地面积大，转弯稍显笨拙，所以更多地被用于人口较密集且耕地广阔平坦的平原地区，而一牛挽一犁所需要的耕牛

① 郭俊然：《论秦汉时牛的数量与用途》，云南大学硕士论文，2015 年。

② 罗义群：《苗族牛崇拜文化论》，北京：中国文史出版社 2005 年版。

③ 吴曾德：《汉代画像石》，北京：文物出版社 1984 年版，第 21 页。

④ 同上书，第 22 页。

⑤ 同上书，第 21 页。

⑥ 同上书，第 25 页。

和劳动力少，运转更加轻便，在山地峡谷地区也能应用。除此之外，山东藤县黄家岭出土的一块画像石（见图四）[①]，上面所刻画的耕牛一侧还有一匹马并排帮助牵拉耕犁。

图三

图四

画像石中所展现的不同形式的牛耕形象，反映了古人在农业技术上的创新。古人依据不同的地理环境，利用牛的身体特点，解放了劳动力，实现了农业上的发展。同时，我们可以发现，在图三中，牛的身体延伸出多条枝蔓和丰硕的果实，体现了人们对于耕牛形象的另类想象。牛不仅在现实生活中帮助人们，而且象征着丰收。

汉代画像石中，除了牛耕图外，我们还能在庖厨图中看到牛的身影。右图[②]选取的主题是屠宰和烹煮。整幅图分为上下两部分，屠宰主要集中在上半部分，左边有两人抬着一头猪准备放在桌子上，中间是一人左手牵着一牛，右手拿着锤子准备杀牛，在杀牛人身前身后都放着一个大碗，右边有一架子，架子旁是一人正裸露上身在剥一只吊着的羊的皮。下半部分右边有一围起来的灶台，还有两个人在灶台前，灶台外有一装东西的五层架，中间站着一个人，正在揉搓什么东西，下面有一排样式别致的酒瓶，还有一人扭转身在吹奏，最左边有一口井，下面是一排蒸着的食物。

① 蒋英炬：《略论山东汉画像石的农耕图像》，《农业考古》1981 年 2 期。
② 张从军编著：《汉画像石》，济南：山东友谊出版社 2002 年版，第 220 页。

《汉画像石》中说："这是一幅细化了的'仓灶井'，将地下的生活安排得舒舒服服，幸福美满。"①

右图②为临沂吴白庄砖石墓画像。这幅庖厨图比较有意思的是可清晰地分辨出厨房内与厨房外。上半部分有屋脊，屋脊上还竖立着三角形的护脊，屋中有一灶，一人在做厨，一人在烧火，右侧屋内梁上吊挂着鸡、猪头、蹄膀、鱼肉等。下半部分是屋外的场景，左侧桌上放着两个大缸，地上有一小缸，一人站着喝酒，下面是两人抬着食物，后面还有两人抬着一头猪，接着有一人拿着刀牵着一头羊。羊上面有一人正在杀在架上的狗，身边蹲着一只狗在看着，羊后面有一口井，一人在打水，旁边有一棵大树，树下拴着一头牛正在饮水。

经过对上面两幅庖厨图的解析，我们发现两幅图中都有牛的身影。由此可见，牛不仅可作为耕作的劳力辅助人们提高生产力，另一方面牛作为食材为人们的健康生活提供保障，而庖厨图中的牛形象体现了人们不断追求美好生活的愿景。

二、斗牛之戏

说起斗牛，大多数人的第一反应就是西班牙的斗牛场，其实中国古代一直有斗牛的传统。特别是在早期的宗教仪式中，斗牛表达的是人们在农耕生活中对于先祖的追思，对生活的热爱，同时饱含着人们祈祷丰收，弘扬力量之美的想法。世界上斗牛有两种不同的形式，第一种是人与牛相斗，第二种是牛与牛相斗，在汉代画像石里这两种形式我们都可以看到。

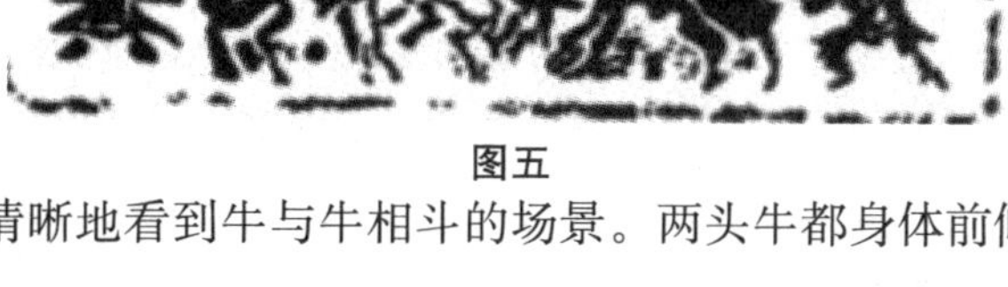

图五

图5中我们可以清晰地看到牛与牛相斗的场景。两头牛都身体前倾、背脊高躬、牛尾高

① 张从军编著：《汉画像石》，济南：山东友谊出版社2002年版，第221页。
② 同上书，第225页。

跷、四蹄踏地、气息下沉，低头向下用牛角来攻击对方。图虽然是静止的，但是我们能从牛绷紧的身体曲线看出牛的力量之感。两头牛都勇猛，互不退步，用全身的力量来攻击对方，在牛角相抵处，还有技巧性的扭和转，表达了斗牛过程中牛的勇猛、顽强和智慧的品质。在两牛的身后有两人，从图中来看应是牛的主人，两位牛主人也是兴致高昂，不断地为自己的牛呐喊高呼。右边的主人甚至让人感觉他都想亲自上场一般，左边的牛主人稍显冷静，不过从其站姿和手势可以看出他也在为牛加油鼓气。两位主人的举动为两牛相斗营造了更加紧张激烈的气氛。

图六

除了牛与牛相斗外，牛与人相斗也在汉画像石中有所反映。图六中我们可以看到一人带着牛头面具，带有巫师的特点。他裸露着上身，整个人呈下蹲状，蓄力于两腿中，左手半曲，右手向牛的位置伸去，似有引导牛的意向。而左侧的牛整个身体半腾于空中，四蹄张开，牛尾竖直于上，牛背高耸，骨脊明显，牛嘴张开，牛头向着人，似愤怒攻来之势。整个场景中飞扬的尘土更是烘托了战斗的激烈程度。

上面两幅图表现出汉代的斗牛的情景，图五表达了古人对于牛的勇猛的力量的一种崇拜，图六则可感受到古人想要征服大自然的一种原始的想法。斗牛的活动在今天依然存在着，特别是在少数民族的民俗活动中，这展现了我国牛崇拜的悠久历史和崇拜形式的多样化特点。

三、星宿信仰中的牛形象崇拜

我国古代天文学上一些星宿的命名，是随着人们认识范围的扩大逐步完成的，因此这些星宿的名称反映着我国古代不同时期文化和社会生活的状况。牛郎织女的爱情故事就是传统农业社会男耕女织模式的反映，而牵牛星、织女星的命名则是古代农耕文化在星空上的一种映射。关于牵牛星，《淮南子》说："东北曰变天，其星箕、斗、牵牛。"[①] 中国古人将天上的星空分为九个区域，东北方的那片星空叫作"变天"，在"变天"中有着箕、斗和牵牛星。牵牛星有多么重要呢，太阳和月亮都是起于牵牛星，《汉书·天文志》说："牵牛，日、月、

① 陈广忠译：《淮南子》，北京：中华书局2014年版，第60页。

五星所从起，历数之元，三正之始。”①

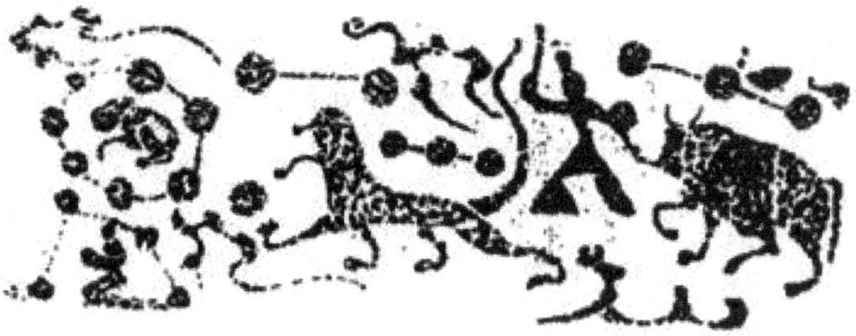

图七

在汉代画像石里，河南南阳白滩汉墓出土的画像石（图七）② 呈现了牵牛织女星宿的分布。这幅画画面充实复杂，展现的东西比较多。结合图像，我们能清晰地看到左上角有一七星环连，中间有一坐伏的兔子，左下角有一个身形纤细、梳着高发髻的女子跪坐在一个不规则的四连星里，图中心有一奔跑的虎，虎前爪有一星，虎头上有一二连星，虎背上有一三连星，图右上角在一个“一”字形的三连星，下面有一人右手扬鞭、左手牵着一只牛。对于这幅画，《汉代画像石》有两种解释。第一种解释认为图中为牛郎织女星，“右上角的三连星是牛郎星，由于牛郎星又称‘牵牛’，所以一个人扬鞭牵牛是牛郎星的图解；左下角的四连星，从星的数字和形状都不像织女星，然而与牛郎星遥遥相对的理应是织女星，所以这四连星也是象征性的，用以表示织室”③。第二种解释认为图中是牛郎星、牛宿、女宿。“《史记·天官书》的注释中说：‘河鼓三星在牵牛北’，意思是牛郎星位于牵牛星的北面，这里的‘牵牛’是指北宫玄武中的第二宿‘牛宿’。牛宿由六颗星组成。画像的右上角三连星是牛郎星，下面一人扬鞭牵牛是牛宿的示意图。三连星在牛宿的上面，恰恰与‘河鼓三星在牵牛北’这句话相吻合；左下角的四连星，在星的数目和形状上极像北宫玄武中的第三宿女宿。”④ 两种解释的正确与否我们不予讨论，但是这两种解释都表明了汉人对于牵牛星的重视。这种重视表现在两个方面：一是牵牛织女的神话增加了汉人对长生成仙的渴望；二是表现了牛在人们的生活中有举足轻重的作用。人们把牛列入星宿名也表现了人们祈求农耕顺利、农业丰收的愿望。

在道教经典中，同样可以看到牵牛星崇拜所带来的影响。如道教咒语中“遁形咒”说：“那那驿驿，左带南斗，右带北极，以江为宅。天翻地覆，九道昏塞。以东为西，以南为北。使其邪鬼，心地迷惑。来追我者，路不可得。乘车逐我，必折其轴。乘马追我，盲其两月。飞行寻我，秃其两翼。步行追我，肿其两足。天翻地覆，玉道皆塞。来也无踪，去也无迹。

① 班固：《汉书》，北京：中华书局2007年版，第215页。

② 吴曾德：《汉代画像石》，北京：文物出版社1984年，第59页。

③ 同上书，第58页。

④ 王吉美：《牵牛织女故事的形成及其在汉魏六朝时期的流变》，四川师范大学硕士论文，2012年，第34页。

天地真机，鬼神难测。明星北斗，万里却敌。黄神越章，诛鬼除殃。憎我者死，背我者亡。牵牛织女，隔断两江。急急如律令。”① 其中“牵牛织女，隔断两江”的语句，体现了汉代神话在道教咒语中的意义。此外，在《通占大象历星经》中更突出了牵牛星的地位，文曰：“牵牛六星，主阖梁工，异主大路，中主牛。木星，春夏大，秋冬火。中央火星为政始，日月五星行起于此皆，携星远汉，天下牛贵。明、亦贵。暗小，贼入汉中井役死直米谷价牛曲米贵。失常色，牛多死，谷不成。木星守，天下和平。久守，水灾，人冻死，米贵，卖子，虎害人，臣谋主。木逆久守，有水，道不通。火星守，老臣逆，牛贵十倍，人相食，兵起，将军死，大水灾，津梁不通。土星守，臣谋主，君有失位臣。金星守，地气泄，兵起至城，天下人多死。水守辰星，常顷冬朝牵牛，若不朝，来年五谷不熟，大水损害。客守，二十日兵起。彗平行牛中，兵越，有自王者。彗出牛中，七十日有政更像。虹蜺出牛，必有坏城临淮。月晕十围牛，损小兄，灾变也。八度八月昏中氏中，去北辰一百十度。”② 文中谈到牵牛六星的变化与人世间的关系，体现了汉代的灾异思想。

四、“牛首人身”形象崇拜

在汉代人眼里，东王公与西王母是一对夫妇，二人共掌凡人生死仙箓。值得注意的是在陕西出土的东王公画像石中出现了一个牛首人身的形象（见右图）③。

其实神仙之论起于战国燕、齐之地，齐威王、齐宣王与燕昭王都曾派使者入海求仙，“三神山”之说也由此而起，“自威、宣、燕昭使人入海求蓬莱、方丈、瀛洲。此三神山者，其傅在勃海中，去人不远；患且至，则船风引而去。盖尝有至者，诸仙人及不死之药皆在焉。其物禽兽尽白，而黄金银为宫阙”④。秦始皇时期曾多次求仙，但都以失败告终。虽然求仙失败，但是统治阶级的行为在民间产生了巨大的影响。继秦以后，汉初文帝、景帝、窦太后都以黄

---

① 《道藏》第 2 册，文物出版社、上海书店、天津古籍出版社联合出版 1988 年版，第 73 页。以下所引《道藏》皆出自此版本。

② 《道藏》第 5 册，第 16 页。

③ 蒋英炬、杨爱国：《汉代画像石和画像砖》，北京：文物出版社 2001 年版，第 134 页。

④ （西汉）司马迁：《史记》，北京：中华书局 1959 年版，第 1369－1370 页。

老之学为标榜，“窦太后好黄帝、老子言，帝及太子诸窦不得不读《黄帝》《老子》，尊其术”①。神仙的形象寄托的正是人世间的百态，而西王母和东王公可以看作统治者在神界的映像。

那么东王公身旁牛头人身又代表怎样的意象呢？首先看这种形象出现的时间，《浅析“鸡首人身”“牛首人身”图像》一文中说：“李淞认为鲁南苏北画像石中鸡首人身、牛首人身出现最早，时间为东汉初期，陕北晋西北形象出现在后，前者是后者的图像来源。”② 这表明牛首人身形象在东汉初期出现，且并非偶然或个例，可以看作一种较为普遍的民间信仰。

那么牛首人身形象在人们的信仰中，到底处在一个什么地位呢？郑红莉在她的论文《两千年前的一场造神运动——陕北东汉画像石上的“鸟首人身”与“牛首人身”图像》中阐述了鸟首人身、牛首人身形象在汉代人的信仰中演变的一个动态过程。她认为：在东汉早期的画像石墓中，鸟首人身和牛首人身是西王母和东王公的下属仙人，类似于使者，他们居于西王母、东王公两侧，扮演着迎接、引导墓主进入西王母王国的角色；东汉中期时，出现了鸟首人身和牛首人身独居昆仑山的画像石，表明了他们脱离了西王母、东王公的隶属地位，成为独立神格，在墓门上，他们占据了以往西王母、东王公的地位，成为整幅画像的主神，表现出此时鸟首人身和牛首人身形象超过西王母、东王公成为陕北民众中流行最广的信仰；而在东汉晚期时，鸟首人身和牛首人身的形象更加趋向世俗化，他们演变成身穿长袍、手持物恭、居门柱下格的门吏③。

为什么要用鸟首人身、牛首人身来塑造这个形象呢？其实人兽结合是《山海经》中早期神仙形象较为普遍的特点，西王母最初也以人兽结合形象出现，《山海经》说：“又西三百五十里，曰玉山，是西王母所居也。西王母其状如人，豹尾虎齿而善啸，蓬发戴胜，是司天之厉及五残。”④ 西王母形象如虎豹，蓬发戴胜，全身皆白，反映了西王母的原始特点。这种原始性也可以增加神秘感，从而强化其在受众心中的神圣地位。

牛首人身形象的出现，同样反映了自然与人结合的特点。牛代表力量，人们依靠牛所提供的力量改善生活，这种对于牛的崇拜则反映在牛首人身的形象中。在道经中也有类似表述，《玄经原旨发挥》中说：“物初生民，与动物同出一气，分形未清，故有蛇身人首者，有人身牛首者，如天之二十八宿，地之十二宫神，皆以禽兽之名而名。”⑤ 也就是说，在天地初生之时，人和万物出于一气，那个时候，人和动物的界限还不是那么分明，所以天地的星

① （西汉）司马迁：《史记》，北京：中华书局1959年版，第1975页。

② 韩莎：《浅析“鸡首人身”“牛首人身”图像》，《文艺生活·文海艺苑》2011年第10期。

③ 郑红莉：《两千年前的一场造神运动——陕北东汉画像石上的“鸟首人身”与“牛首人身”图像》，《收藏》2017年第3期。

④ 袁珂：《山海经校译》，上海：上海古籍出版社1985年版，第31页。

⑤ 《道藏》第12册，第762页。

辰、宫神都带有禽兽的形象。

同时，牛首人身形象的发展轨迹可以看作汉代求仙的向下兼容的过程。汉代世俗权利的集中，形成了集权统治。作为统治核心君主，他们的求仙之路反映在神仙信仰中，则形成了西王母与东王公。而随着时间的推移，普通民众同样渴求长生久视，但是普通人和高高在上的神仙之间总有隔阂，为了连接人和仙，牛首人身和鸡头人身的形象开始出现，他们成为沟通普通人和神仙的中介，并在历史的发展中，成为独立的神，被人们膜拜信仰。

此外，单独存在的牛首人身形象还有一种作用，即辟邪。图八[①]是黑崮堆石椁墓中的画像，画像刻在石椁的内壁上，一共有四幅画，分别位于东南西北四个侧板。我们现在看到的这副画像是北侧板画像，它分为三格，右格画像是一蛇在食一鱼。中格有四个人物，左侧二人戴着高冠，侧着身体对立着、似在交谈，中间的人物宽袍肥袖，上身穿着短褐，下身赤裸着，像是武士，右边有一牛首人身、戴高冠的神人在向武士行拱手礼。左格画像是一水鸟在食鱼。该石椁的主要题材是辟邪。左格的食鱼水鸟画像与战国时期漆棺上描绘的食鱼、食蛇的水鸟几乎一样，都是辟邪的象征。而中间的牛头人身之所以也能辟邪可能与汉代人把牛头人身看作独立的神明有关。

图八

牛首人身形象不仅存在于汉代的民间信仰中，而且在此后的道教经书中也有相关阐发。例如《文始真经注》说：

关尹子曰：汝见蛇首人身者，牛臂鱼鳞者，鬼形禽翼者，汝勿怪。

汝者，普指世间人也。世间人，或见人生头似蛇而人身者，或见人生臂似牛上有鳞如鱼者，或见人生似鬼形状而两腋有翅如禽翼者，汝世人勿怪。如古人伏牺蛇身人首，神农牛首而人身，岑彭鬼面，此中国之共知也。如东方朔所载四夷之人，西北荒有人，面目手足皆人同，而两腋有翼而不能飞者，西南荒有人，身毛猪头者，东北荒有人，朱发蛇身人面，而无手足者，南荒有人，口如乌而有翼，能飞无足者，西荒有人，如虎长

① 张从军编著：《汉画像石》，济南：山东友谊出版社 2002 年版，第 31 页。

毛，人面虎足狈牙，尾长一丈八尺者，西北荒又有人，状如虎而食人，有翼而能飞，知人言语，此皆感阴阳错戾之气，而有非常之形，岂足怪哉。故云汝见蛇首人身者，牛臂鱼鳞者，鬼形禽翼者，汝勿怪也。①

这一段文字主要表达了在原始时期，人与兽之间的形象结合的现象较为普遍。例如神农就是牛头人身，这是中国人都知道的事情，并不奇怪。

此后道教吸取了佛教思想，将地狱观念加入其中，如此也形成了道教的牛头罗刹、牛头狱吏形象。如《太上灵宝朝天谢罪大忏》中说："若人前世积善，天人扶卫，魂超福境；若人生平积业，牛头罗刹，驱入地狱，受诸苦恼。"② 又如《灵宝无量度人上经大法》中说："右奉太上敕赦生天宝箓，告下酆都北府，内外宫洞，三官九府，百二十曹，五帝考官，司命司录，司功司杀，四明真公，宾友僚佐，九幽二十四狱，四方三十六狱，八十一狱，天一北狱，女青四十九狱，大小铁围无间地狱，剑林火山，泉曲寒池，四方诸大地狱，六宫掾吏，五道都符，溟泠大神，金头铁面，执罚神兵，巨天力士，天绉甲卒，牛头狱吏，威剑神王，六洞大魔，三涂五苦，主役考魂冥官，三元水府，九江五湖，四渎四海，十二河源，三河九泽，十二溪谷河伯河侯，考校阴治，五岳十山，七十二司，五岳缘吏，诸大地狱，二十八治，阴曹考校，一切官属，九州社令，城隍主者，阴治冥官，六道四生十道主者。"③

无论是牛头罗刹还是牛头狱吏，都可以看作是汉代牛首人身形象在历史中的进一步扩展，是中国本土信仰形式吸取外来佛教思想后的发展。

综上所述，以画像石为主的出土材料所展示的牛的不同形象，让人们了解到在中国汉代牛崇拜的特点，即：一方面牛与人们的日常生产生活密不可分，牛不仅是生活的必需品且还能为人们的农耕生活带来趣味性，这表现在牛耕与斗牛的形象中；另一方面，牛还寄托着古人奇幻的信仰，包括星辰崇拜、动物崇拜等，如牵牛星、牛头人身形象以及牛所展现的辟邪性。这些特性是原始民间信仰的重要组成部分，同时也被道教所吸收运用。如在牛崇拜的基础上，在道教早期经典中，融合了佛教因素，有牛头魔王与牛头鬼王的内容，这可以看作牛崇拜的进一步发展。

---

① 《道藏》第14册，第660页。

② 《道藏》第3册，第492页。

③ 《道藏》第3册，第928页。

高道玄韵

行修孝道和光同尘

——记江西省修水县阐化道院李云山道长

罗永梅　曾　勇　刘思贝*

内容提要：孝道是中华传统文化的重要内容，它既是儒家教化的伦理要义，又是道教修行的基本法门。然而，儒道二教之于孝道，从观念到行为，又各有不同的侧重。本文以江西修水火居道士李云山道长为中心，通过对散居道士的日用常行中点滴孝道的描述，阐释玄门对孝道思想的独到见解与潜心修持。“道”之于万物（含人），内具“慈”“俭”“让”三大善德与真行；玄门修士本着“推天道以明人事”、行人事以合天道的理路，在和光同尘的凡俗生活中，奉道演教、行孝向善、与道合真，这既是对信仰之“道”的遵从与奉行，也是对理想之“仙”的践履与坚守，二者在人伦日用中达到了有机统一。

关键词：道教　李云山　孝道　合真

前些年在成立江西省国学文化研究会的筹备会议上，据商海律师事务所资深律师金桑先生介绍说，修水县大椿乡有一位以行修孝道见长的李云山道长。闻此，笔者顿生拜访李道长的想法。这一方面出于好奇——人们常将孝道与儒家关联起来，即便道门有净明忠孝道派，那也是古代发生在南昌西山万寿宫一带的神仙故事，笔者想知道处于湘鄂赣交界的幕阜山区的当代道人，在信息时代于现实生活中如何行修孝道、阐真了性；另一方面本于专业——本人从事伦理学的教学与研究，长期致力于传统文化及其创造性转化、创新性发展的理论与实践，笔者一直留意现实生活中的典型人物及其点滴事迹，试图从民间社会生活中探究中华优秀传统伦理文化基因得以不断继承与发展的内在动因。

---

* 罗永梅，女，法学学士，湖北枣阳人，江西师范大学政法学院实验员；曾勇，男，哲学博士（后），湖北枣阳人，江西师范大学副教授、硕士生导师；刘思贝，女，江西南昌人，江西师范大学2019级中国哲学专业硕士研究生。

一

因缘际会，时机终于成熟。2017 年 12 月 18 号，农历丁酉年冬月初一，笔者陪同恩师詹石窗教授，携带王大帅、李帅帅这两名江西师范大学在读研究生，如约一同前往阐化道院与李道长会晤。两个年轻人对这次深山问道充满了期待，急于近距离接触当代玄门修士，走进他们的日常生活，深度了解行修孝道何以体玄合真。

上午八点多钟，车子驶离修水县城不久，我们就接到李道长的电话，问及我们所到位置，交代我们“山路弯曲狭窄，行车注意安全”，表示他会在村头路边欢迎詹师莅临。话虽不多，但句句暖心。

车子下了高速转国道，出了国道转县道，接着就是乡道，再往前行基本就是单行道了，进入传说中的幕阜山区。山区气温更低，尽管未到冬至，但路边草木上已覆盖了冻霜，宛然昨夜下了一场小雪。望着窗外掠过的风景，期待即将拜访的道人，回味各种不可思议的神仙故事，预想当代道人的日用常行，我们也就顾不上山路的蜿蜒曲折与颠簸难行了。

两个多钟头后，我们陪詹师顺利抵达大椿乡八角亭。未到村头，我们老远就看见李道长守候在路边。一阵寒暄过后，李道长带我们走进阐化道院。

詹师与李道长很是投缘，二位一见如故，交谈甚欢。据了解，李云山道长，道号龙铉，又名宁静道人，乃阐化道院住持；于 1984 年入教，一向尊师重道，得先师周筱云道长（修水道协前副会长）真传，为道祖派第 61 代传人。他身居大山，弘道不止；多年来在俗世生活中行修孝道，传播大爱，并以自身修为带动周遭向善向上，受到民众高度好评。

在詹师与道长交流间隙，两个年轻人迫不及待地插起话来，指着桌上放置的村里颁发的“孝道奖”牌，问及玄门修真体道怎么跟践行孝道关联起来，而且还得了奖。詹师也表示愿闻其详。

“自我记事起我家就以孝传家”，李道长娓娓道来，“我亲眼看到父亲每天早上起床之后就去奶奶房间请安，再帮老人穿戴整齐走出卧室，伺候老人洗漱、吃饭。那时奶奶年高体弱，父母一直相伴在奶奶左右，侍奉她日常生活。其实二老身体也不是很好，毕竟也都年近六旬。”李道长换了口气，继续讲解老人们的故事：“我母亲患有脚病，却克服病痛，坚持照料病中的奶奶。奶奶从病重到离世，前后历时 42 个月，都是我母亲负责奶奶的清洁卫生。本是病人的房间，却没有丝毫异味。”所有在座的听众，异口同声地感叹：“那可真不容易！”

“父母自己从不做坏事，也教育我们兄弟姊妹要行善积德。村里若是修路架桥，他们不仅出力还会捐款。我们这一家孩子多，我排行最后，家大口阔，条件有限，但乡里的善事义举总少不了我父母的参与。父母就这样常年不断地做好人、做好事，并且不求任何回报，他们用自己的言行教育并影响着我们做子女的。在我心目中，父母就是我立身处世的好榜样。”

“父母与人为善。他们不仅善待自己的家人，而且也关爱乡邻，甚至是路人……老人家广结

善缘，深得乡亲们盛赞，也为子女们造福。”李道长一方面追述父母的言传身教，肯定“孝道的种子”在他幼小时就由父母教化而较早萌芽；另一方面褒扬父母弘扬“孝”“义”，广济世人。

“我与师父的结缘，得益于我父母的善行。我父母本是地地道道的庄稼人，没读过书，没啥文化，也不知有什么宗教，但心地善良、怜贫悯疾、慈俭济人，是他们的生活习惯。我有个伯父，是个道士，1984 年冬月初一羽化的。伯父与周师是同门师兄弟。伯父是看着我长大的，他也很喜欢我。是伯父推荐我拜师入道的。其实在追随周师学道之前，父母与周师已有交情。我在 1984 年端午节正式拜师，成为恩师的关门弟子。几个月之后，周师食道生疾，不能吃东西。父母当即让我把师父接到我家，请来老中医，给师父调理。前后耗时 3 个月，医患配合，加上我们的精心护理，师父终于病愈。平常护理就是我和我父母，自不必多说，师父治病的费用，也是我父母一手承担。”

不难看出，父母如何在为孩子修德积福；也可以想象，初入道者“事师如父”，如何在为道门培德修性。

“1988—1989 年间，师父健康又出状况，半身不遂。我们再度把师父接到家里，同我们一起生活，便于医治与照料。自此之后，直到 1995 年十月初二羽化，师父基本上每年住在我家疗养 7—8 个月，也就是说一年中四分之三的时间都在我家度过，过得比较开心。先师有四女一儿——儿为过继，但与我更亲近，有啥事总是第一时间告知我。师门弟子 70 余人，我入道最迟、年龄最小。师父待我情深谊厚……我非常感恩父母，感恩先师。是他们引导我步入人生正道，教会我生存的本领，引领我生命的发展……”

生活经验告诉我，大凡把人世间美好的物事归功于他人的人，往往是谦卑的、低调的；伦理学知识告诉我，父慈子孝的人伦关系是双向的、对等的，亲子间情与理的良性互动不是无条件的，至少需要双方有道德共识。在道门中，这一共识就是在“道法自然”之下，对血亲自然的敬畏，对人伦秩序的认可，加之对情理交融的共鸣，对生命超越的同趣。

二

李道长一席话，给了我们无限的遐想，詹师也陷入沉思。不知何时起，冬日已经当空，正照着“阐化道院”匾额，满院虽冬而犹春。

我在思索，行修孝道者只字不提自己的孝行，却不断褒扬父母的慈爱、恩师的厚爱，从儒家的立场看，无疑是在“显亲扬名”，属于孝行；若用道门的观点评判，不知是否也契合修道证仙的仪轨。于是，我便向道长请教。

《道德经》第六十七章云：“我有三宝，持而保之。一曰慈，二曰俭，三曰不敢为天下先。”[1] 道祖老君认为，“慈”“俭”“不敢为天下先”，乃人生“三宝”，并未言及“孝”。这

---

① （魏）王弼注，楼宇烈校释：《老子道德经注校释》，北京：中华书局 2008 年版，第 170 页。

该作何解？玄门弟子行孝，与修持“三宝”有何关联？

李道长认为，一般人是把“孝”“慈”对举，如大家熟知的“父慈子孝”，就是从现实人伦出发，对亲子双方分别提出道德要求，构成彼此的伦理义务。太上老君论及“三宝”，是从“道”的高度审视人的独特，发现与他物相较，人与生俱有“慈”“俭”“让”三种“德性”。修道的人，就是要从这三宝修持做起，像太阳普照万物那样，把三宝之德施与万物，善待他人，而不居功自傲。就道人的现实生活而言，就是要根据不同的对象与内容，施予相应的关爱，如对父母敬孝，对子女行慈，对日用从俭戒奢，对名利相让不争。所有这些就是在事上磨炼，通过磨炼心性而“立德达道”，在凡俗事务中证道合真。或者说，通过“慈”“俭”“让”的修为，追求“上善若水”的境界。

两位研究生一听茅塞顿开，一位感叹：“哦，这就是《道德经》所谓‘上善若水，水利万物而不争’的伦理旨趣了!”另一位新生疑惑，随口发问：“现代社会充满了竞争，《道德经》主张‘不敢为天下先’，那道长您如何去做?”

李道长一听哈哈大笑，提出自己的见解：“《道德经》第四十二章曰：‘道生一，一生二，二生三，三生万物。’① 我的理解是，太上这里告诫我们，大道衍生万物，构成大千世界，这是一个 1+2+3=6 的过程，也是道生人事物理的过程。对我而言，这是我修道合真的基础，也是我为人处事的起点。为此，我不要做第一，只要做第七，也就是‘6+1’。”

不做“第一”，只做“第七”，这不就是谦让吗？是对太上老君“不敢为天下先”精神的体悟与修为。让出前六，也就腾出时空，淡出名利，从而少私寡欲，便有了清静自定，在尘世中修持心性，提升境界。

詹师对李道长所持“不做第一，只做第七”的人生态度，表示十分认同。先生联系《周易·复卦》卦辞，“亨。出入无疾，朋来无咎；反复其道，七日来复。利有攸往”②，补充强调：“我们知道，《复》卦象征回复，意味着亨通。本意为：阳气内生外长无所疾患，刚健友朋前来无所危害；返转回复沿着一定的规律，过不了七日必将转至回复之时。故而，利于有所前往。”在詹师看来，《复》卦描绘的事物正气回复、生机更新的情状意境，与道长体悟修持的生命图景是一致的。这种一致性在于，二者都表征了生命剥落不尽，一阳终将来复，正道复兴不可抗拒的自然规律。进而，詹师赋诗一首，赞曰：

阐真了性隐尘间，
化气悠修自得闲。
道法归宗心入静，
院通四海守深山。

---

① （魏）王弼注，楼宇烈校释：《老子道德经注校释》，北京：中华书局 2008 年版，第 117 页。

② 黄寿祺、张善文译注：《周易》，上海：上海古籍出版社 2007 年版，第 143 页。

闻此，笔者颔首称赞：好一首“阐化道院”的藏头诗！该诗真切地道出了李道长的生命状态：既讲述了道长静心修道的闲适气象，又蕴涵着其洞达道真的超迈意境。这不也正是《道德经》第四章倡导的“挫其锐，解其纷，和其光，同其尘”[①] 的生存状态吗？——像大道那样，由于不与万物相争，就更有解脱纷扰的宽宏大量；如此一来，在光明的地方，有他的存在；在尘埃的地方，有他的存在；在清静的地方，也有他的存在。其中蕴涵何等高妙的生存智慧啊！

在修行者看来，人生或许就是一个体道、悟道、修道、合道的过程。在旁人眼里，从认知的层面而言，“大道至简”并非难以理解，但要在凡俗生活中始终坚守这至简的大道而毫不动摇，遵循这至简的规律而无所背离，却绝非易事。犹如烟民，无不知晓“吸烟有害于健康”的道理，却难以把烟戒掉。鉴于此，笔者向李道长请教，如何在纷繁复杂的人间事务中，保持定力施慈、力俭、行让，或者说，有什么妙法一以贯之于日用常行。

李道长微微一笑，淡淡地说：“我这个人很简单，不会去算计，但是，我与人打交道时也保持一种习惯，这就是我总要问问自己，与他人交往，我能为人家做点什么？我能给予别人什么？而不是说，我想要从别人那里得到什么，要跟别人捞点什么好处……帮助别人，我不求回报，只求心安理得；该帮的，我尽力去帮，不讲条件，义无反顾。这样，我就过得比较轻松，没有心理负担，经历过的人与事，也就较少有遗憾。”

与人交往，专注于“给予”而非“索取”，这不正是大道的奉献精神吗？以此要求自己的日用常行，岂不正是在以道心修习人心，以人心契合道心？如果这样的人生作为不算证道合真，笔者很难想象还有怎样的入世修为法门。

三

我们交谈正酣，忽然传来“准备吃饭”的招呼声。寻声望去，道长夫人正微笑着示意大家用餐。

李道长转向称赞道：“我老婆非常贤惠，我很感激她。熟悉她的人，都夸奖她，说她是个‘好媳妇’‘好妈妈’。我们上有老，下有小，因为工作的缘故，我经常出门。家里地里、上上下下，全靠她打理。先父生病期间，行动多有不便。她带父亲看医生，抓药煎药，端吃端喝，不辞劳苦。最让我感动的是，夏天她帮年迈的父亲洗澡擦汗。父亲身高、人胖、体重，行动也不便，她就让我母亲搭把手，一起把父亲挪到洗澡间，亲自给父亲擦洗身子，之后再涂上爽身粉，以免长痱子，包括下身也不避讳。她真把公公视为亲生父亲。我母亲夸她是个好媳妇，她说这没什么，人都有老去的一天；村里给她颁发孝道奖，她坚决不要。”

正说着，李夫人端菜过来了。

---

① （魏）王弼注，楼宇烈校释：《老子道德经注校释》，北京：中华书局2008年版，第10页。

詹师夸她是个“贤内助”，学生说应加大宣传。她却平静地说：“孝敬父母，是我们的本分，也是祖传的家风，真的不用宣传。”接着补充一句：“真要是说点啥，其实我也是受丈夫的影响。”说话的同时，满脸洋溢着幸福与喜悦。

是啊，孝道本于大道自然，无须外来表彰。孝乃“百行之本”。从实践而言，“夫孝，始于事亲，中于事君，终于立身”①。然而，孝道的传承需要榜样的力量，需要执道的定力，尤其是在日益功利的时代，在过分强调个人权利的地方，个人愈来愈分化的当下，愈发需要树立孝道典范，引领社会风尚，使人记得追溯生命本源，让人不忘人生本来，再将孝道的力量扩充发散，惠及普罗众生。

返程前，不经意间，学生看到一封感谢信，落款是甘肃省临夏县桥寺乡朱墩村小学。经了解得知，事情发生在党的十八大召开后不久。阐化道院、道祖学院全体道职人员，在李道长的带领下认真学习大会精神。通过学习，大家更加自觉地接受中国共产党的领导，表示要将会议精神贯彻到各项具体工作中，更加注重济世利人。经实地考察，得知朱墩村小部分学生在寒冷的冬天没有保暖棉衣可穿。经李道长倡导，全院捐赠 100 件新的保暖棉衣送至学校，转交给有需要的孩子，让他们温暖过冬。该校校长武小红代表学校及学生，对道祖学院的“暖冬行动”深表感谢，寄来这封感谢信。来信写道：

是你们的援助改善了山区的办学条件，开创了朱墩小学有史以来的新局面，是你们让久旱的孩子得到长久的润泽，是你们让信息闭塞的山村豁然开朗，是你们的爱心温暖了山里的娃娃……感激之情，真让人难以言表！你们寄衣服送温暖，每一次的传递、每一次的相聚、每一次的感动，实属仁慈大爱之举。这比山还高、比海还深的情谊，我们怎能忘记！

你们功德无量的仁慈之爱，温暖无限的爱心真情，定能得以切实传递。

作为老师，关爱学生是我们义不容辞的责任，我们一定将你们的爱心接力棒传递下去，把你们无私援助的精神发扬光大。

诚然，社会需要爱心接力，人间需要温暖传递，玄门修道之士，岂能袖手旁观？玄门需要更多像李云山道长这样的有“道”之“士”，将自己对道的体悟付诸日用常行，并以行修孝道为合真起点，将大道之爱传播释放，在济世利人中修持本心，在修持活动中弘扬道教，接续传承弥久日新的生命事业。

---

① （明）项霦：《孝经述注》，（清）纪昀：《文渊阁四库全书》第 182 册，台北：台湾商务印书馆 1986 年版，第 144 页。

老子學刊

书评

道教南宗文献研究的拓新之作

——逄礼文《〈修真十书〉研究》述评

杨荣涛*

《修真十书》，计六十卷，收录于明《正统道藏·洞真部·方法类》，收入今《道藏》（三家版）第4册。作为道教南宗的经典文献，《修真十书》一直受到道门、学界的推崇和关注。经过中外几代学人的勤奋耕耘，《修真十书》的相关研究取得了一定的成果。但学界的研究多是以《道藏》为中心的《修真十书》研究，或是针对《修真十书》子书子篇的具体研究，尚无以《修真十书》为主题的系统、深入的研究。正如英国李约瑟所说：“《修真十书》本身在重要性上堪与《云笈七籤》相比……其中有许多急需作更加仔细的研究。”[①] 逄礼文著《〈修真十书〉研究》（宗教文化出版社2019年版）即是系统、深入探讨《修真十书》的一种尝试和努力。仔细阅读该书，笔者认为其具有以下学术思想和特色。

一、立足前沿，继承拓展

道教南宗经典与修道思想十分宏富，《修真十书》则为辑录道教南宗文献的大型文献丛书，除少数文献在《道藏》中别有单行本外，其中多数只见于此书，具有重要的学术价值。截至目前，笔者在中国知网以“修真十书”为主题进行检索，发现以“修真十书”为题的专门研究仅有逄礼文发表的《〈修真十书〉“六气法”解析》[②]《〈修真十书〉研究文献综述》[③]两篇文章。由此说明要对《修真十书》做系统、深入的考察是有较大难度的。《〈修真十书〉

---

* 杨荣涛，哲学博士，四川师范大学四川文化教育高等研究院助理研究员

① ［英］李约瑟著，邹海波译：《中国科学技术史》第五卷《化学及相关技术》第五分册《炼丹术的发现和发明：内丹》，科学出版社、上海古籍出版社2011年版，第80页。

② 逄礼文：《〈修真十书〉“六气法”解析》，《广西职业技术学院学报》2018年第1期。

③ 逄礼文：《〈修真十书〉研究文献综述》，《山西大同大学学报》（社会科学版）2018年第2期。

研究》是作者立足道教南宗学术前沿，迎难而上，潜心努力多年的创获。

《〈修真十书〉研究》继承了此前学者的研究成果。作者以盖建民教授《道教金丹派南宗考论：道派、历史、文献与思想综合研究》的相关研究成果作为重要支撑，故作者在文中特别指出此书“值得隆重推介”[①]，并认为此书为作者的研究提供了“范式与路径”。在评述潘雨廷先生《道藏书目提要》时，作者认为潘先生的“这些研究对进一步研究《修真十书》及其子目录的成书时间、内丹思想等方面提供了登高之梯”[②]。此外，该书还参考了王沐、杨讷、徐中舒、任继愈、卿希泰、陈兵、胡孚琛、詹石窗、丁培仁、张广保、郭武、祝亚平、王敬、唐兰、李约瑟、施舟人、戴斯博等诸位先生的研究成果。作者严格遵守学术规范，引用前人成果皆标明出处。

《〈修真十书〉研究》拓展了道教南宗文献的研究。作者在撰写此书期间曾以“以生知之资，志困勉之学”为座右铭，具有强烈的学术责任和问题意识，在文献考辨、版本考订以及“修真”内蕴的思想等方面用力，是截至目前较为系统且深入考察《修真十书》的成果。盖建民先生赞誉该研究“弥补了现阶段学术界对《修真十书》研究的阙失”[③]。总而言之，该书拓展和推进了学界对《修真十书》的认识和研究。

二、结构合理，资料丰富

该书在结构上分为五章，另有绪论和结语。绪论对中外学者《修真十书》研究现状做了梳理和展望，并阐明本书的研究方法，为进一步考察《修真十书》奠定了坚实的基础。第一章《修真十书》所存文献与版本源流考论，第二章《修真十书》子书文献考辨，第三章《修真十书》之“修真”旨要，第四章《修真十书》身体观及图景系统，第五章《修真十书》养生术及其思想，结语部分总括全文。这样的安排遵循从文本考证到内容探究的逻辑结构，即从对《修真十书》的版本源流、成书时间与编辑者、十书的考证到对《修真十书》蕴含的“修真”旨要、身体观及图景系统、养生术思想等加以“从外到内”的做系统性、深入性的考察。这样能让读者既看到“森林”，又看到“树木”。

作者在考察《修真十书》的过程中利用了大量古典文献和该领域的中外研究资料。书中使用了《道藏》《道藏目录详注》《重刊道藏辑要》《道藏精华录》《藏外道书》《道藏提要》《道藏源流考》《道藏书目提要》《道藏分类解题》《道藏索引》《增注新修道藏目录》《景印文渊阁四库全书》《续修四库全书》等重要的中文古典文献和研究资料；所用的外国研究资料具有典型性、针对性，如李约瑟《中国科学技术史》、丹波元胤《中国医籍考》、施舟人《道

① 逄礼文：《〈修真十书〉研究》，北京：宗教文化出版社 2019 年版，第 4 页。

② 同上书，第 2 页。

③ 同上书，《序言》第 3 页。

藏通考》、戴思博《〈修真图〉——道教与人体》等。值得注意的是，作者引用上述文献和研究材料时，不是简单的罗列，而是与之“对话”并得出一些新见。此外，书中的插图亦引人注目，如《天地交乾之图》《日月合璧之图》《四象图》《仙化图》《混元仙派之图》《脏腑图》《太极图》《无极图》《性命图》《烟萝子首部图》《烟萝子超真图》《内境左侧之图》《内境右侧之图》《内境正面之图》《内境背面之图》《内景图》《修真图》“八段锦图势”等。这些图成为直观的论据，如《混元仙派之图》呈现出陈朴与陈楠并非一人且陈朴要早于陈楠的师承辈分关系；《烟萝子首部图》《烟萝子超真图》《内境左侧之图》《内境右侧之图》《内境正面之图》《内境背面之图》不仅呈现了人体首部与脏腑所对应的神祇名称与形象，还包括人体生理结构和内丹修炼过程的展示；“八段锦图势”则是将《修真十书》钟离八段锦法、《遵生八笺》八段锦导引法图、《万寿仙书》八段锦坐功图诀等放入表格加以比较，很直观地展示出各经典中“八段锦”的特色及其间的异同。总之，该书资料丰富、图文并茂，显示出作者扎实的学术功底。

三、视角多维，考辨严谨

《修真十书》是一部集丹道修炼和养生学说为一体的丛书。鉴于《修真十书》繁多的内容，作者借鉴和运用文献学、文字学、图像类比法、比较法等学科理论和方法，对全书做了多向度的关照。通过文献学的方法对《修真十书》的版本、成书时间、编辑者以及子目篇章、珍贵文献等加以考证和解读，显示出作者在《修真十书》研究中试图从整体性、系统性上加以架构的努力。作者借鉴文字学的方法对“修真”“养生”做了词源上的考辨和论述，深究“修真”“养生”的内涵和外延，以此凸显《修真十书》中“修真”与“养生”的特色。图像类比方法、比较法，能更为直观地体现异同，增进了研究的深度。

作者在对《修真十书》及其子书文献考辨的过程中，言之有据且措辞严谨。例如，在考察《玉隆集》《上清集》《武夷集》版本源流时，作者据《宋人别集叙录》《藏园订补郘亭知见传本书目》中的记载指出“元代余觉华还是收入《修真十书》之中的《玉隆集》《上清集》《武夷集》之刊行者，如此，余觉华与《修真十书》的关系变得更为密切了”[1]。盖建民教授认为作者的研究“颇符古人倡导的‘考镜源流’‘辨章学术’的治学精神，这在当下学界不愿坐冷板凳、急于求成的世风下，的确难能可贵”[2]。

本研究的优长颇多，但也存在少许瑕疵。例如，第三章第五节《修真与易学关系考略》第一部分《〈周易参同契〉与南宗修真》指出南宗弟子萧廷芝读《参同契》后作《读〈参同契〉作》，作者录文《读〈参同契〉作》后仅以“这其实也是借《参同契》之话语明南宗内

---

① 逄礼文：《〈修真十书〉研究》，北京：宗教文化出版社2019年版，第105页。

② 同上书，《序言》第5页。

丹之修炼。可以看出《周易参同契》和《黄庭经》一样，对南宗丹法的阐释颇有影响”[①] 数语结束该部分的论述，没有将《读〈参同契〉作》与《周易参同契》做进一步的对比分析并对《读〈参同契〉作》蕴含的修真思想做深入的挖掘与阐释。再如，第一章第一节《“十书”解题》在梳理第三书《钟吕传道集》（三卷）卷十四收录之篇目时，由于笔误，导致出现《论天地》《论天地》[②] 的情况，实则仅有一篇《论天地》；表 1《修真十书》子目与《道藏目录详注》相应对比表[③]内涉及第三书《钟吕传道集》时亦出现相同的情况。此外，文末参考文献部分对文献做了分类，但各类文献的排列无规律可循。但瑕不掩瑜，总体而言，该书是第一部较为系统且深入研究《修真十书》的专著，不仅深化了中国道教研究，而且推进了道教南宗文献研究的进度。《〈修真十书〉研究》由中国道教学界的三位大家作序并得到赞誉，足见该书是一部值得阅读和参考、具有重要学术价值的著作。

---

① 逄礼文：《〈修真十书〉研究》，北京：宗教文化出版社 2019 年版，第 218 页。

② 同上书，第 15 页。

③ 同上书，第 40 页。

《老子学刊》稿约

《老子学刊》是由四川大学老子研究院主办的综合性学术刊物，本刊坚持马列主义指导原则，以发掘道家道教思想和传统国学智慧为特色，以传承优秀文化、启迪创新思维、提高健康水平、服务现代生活为宗旨，注重学术性、科学性和知识性相统一，力求雅俗共赏。

本刊主要内容包括但不限于：特稿、老子专题研究、道藏专题研究、易学新论、道家道教研究、传统文化研究、探索争鸣、研究生论坛、学术动态等。

本刊海内外公开发行。凡是有关老子、道家道教以及中国传统文化等方面的研究成果，均欢迎赐稿。本刊所刊发之文稿均为作者之研究成果，文责自负，不代表编辑部观点；同时，凡有剽窃或抄袭他人作品之情形，由该文稿作者承担相应的一切法律责任。

凡所投本刊的文稿，恕不退还。本刊对来稿拥有修改、删节等相应权利，如果投稿者不同意，请在投稿时予以说明告知。基于传播和推广学术思想之考虑，本刊对所刊发的文稿，拥有择优转发、推送等权利，如果著作权人不同意，请在投稿时予以说明告知，如未说明，视为同意。

为适应我国信息化建设，扩大本刊及作者知识信息交流渠道，本刊已被《中国学术期刊网络出版总库》及CNKI系列数据库收录，其作者文章著作权使用费与本刊稿酬一次性给付。免费提供作者文章引用统计分析资料。如作者不同意文章被收录，请在来稿时向本刊声明，本刊将做适当处理。

来稿请以电子Word文本发送至我刊电子邮箱，并附上作者的联系地址、邮编、电话、电子信箱，以及是否允许我刊修改、推送等信息，以方便编辑部与您联系相关事宜。同时，所赐文稿亦请寄送纸本打印稿至我刊编辑部。

本刊编辑部的联系地址及主要联系人：

联系地址：

四川省成都市望江路29号四川大学道教与宗教文化研究所

四川大学老子研究院（或者《老子学刊》编辑部）　　收

邮政编码：610064

联系人：于国庆、李　冀、余晓红

编辑部电子邮箱：lzxk2009@126. com

撰稿须知

Ⅰ. 来稿应包括论文题目（中英文）、内容提要（中英文，200 字左右）、关键词（中英文，3—5 个）、作者简介（中英文）、正文等内容，字数一般控制在 7000—12000 字。

Ⅱ. 引文出处或者说明性的注释，请采用脚注，置于每页下，具体格式为：

（1）文中格式：以括号①、②……为系列标记，文中设序号：×××①

（2）脚注格式：脚注序号须与文中序号相对应。具体规范如下：

1. 凡引用专著，须注明：作者、书名、出版地、出版社、出版年、页码。例如：

①詹石窗：《新编中国哲学史》，北京：中国书店 2002 年版，第 25 页。

2. 如果引用《道藏》《四库全书》等大丛书，必须首先注明所引的书名或者篇名，然后注明丛书名与册数及页码。

例如：

①《玄肤论·金液玉液论》，《藏外道书》第 5 册，第 363 页。

如果在行文中已经出现书名、篇名，在脚注中可以省略书名及篇名，直接注明丛书名与册数及页码即可。

例如：

①《道藏》第 5 册，第 666 页。

3. 如果引用期刊论文或论文集论文，须注明：作者、篇名、期刊（论文集）名、期刊序号（出版地、出版社、出版年）、页码。

例如：

①詹石窗：《关于道教思想史的若干思考》，《哲学动态》2009 年第 2 期，第 9 页。

②圆顿子：《论〈四库提要〉不识道家学术之全体》，张广保：《超越心性：20 世纪中国道教文化学术论集》，北京：中国广播电视出版社 1999 年版，第 342 页。

4. 如果引用译著，须注明：国籍、作者、译者、书名、出版地、出版社、出版年、页码。例如：

①［德］马克斯·韦伯著，王容芬译：《儒教与道教》，北京：商务印书馆 2004 年版，第 133 页。

5. 如果引用报纸文章，须注明：作者、篇名、报纸名、出版日期（版次）。

例如：

①吴文俊：《东方数学的使命》，《光明日报》2003－12－12（B1 版）。

6. 如果引用外文文献，须注明：作者、书名、出版地、出版社、出版年、页码。

例如：

①Millton M. Chiu，The *Tao of Chinese Religion*，New York：University Press of America，1984，p. 17.